Œuvres complètes de Gustave Flaubert (Tome 4)

L'éducation sentimentale, v. 2

Gustave Flaubert

Alpha Editions

This edition published in 2023

ISBN : 9789357941297

Design and Setting By
Alpha Editions
www.alphaedis.com
Email - info@alphaedis.com

As per information held with us this book is in Public Domain.
This book is a reproduction of an important historical work. Alpha Editions uses the best technology to reproduce historical work in the same manner it was first published to preserve its original nature. Any marks or number seen are left intentionally to preserve its true form.

Contents

DEUXIÈME PARTIE (SUITE) .... - 1 -
IV .... - 2 -
V .... - 42 -
VI .... - 52 -
TROISIÈME PARTIE .... - 81 -
I .... - 82 -
II .... - 131 -
III .... - 144 -
IV .... - 161 -
V .... - 191 -
VI .... - 205 -
VII .... - 210 -

DEUXIÈME PARTIE
(SUITE)

IV

La Maréchale était prête et l'attendait.

«C'est gentil, cela!» dit-elle, en fixant sur lui ses jolis yeux, à la fois tendres et gais.

Quand elle eut fait le nœud de sa capote, elle s'assit sur le divan et resta silencieuse.

«Partons-nous?» dit Frédéric.

Elle regarda la pendule.

«Oh! non! pas avant une heure et demie», comme si elle eût posé en elle-même cette limite à son incertitude.

Enfin l'heure ayant sonné:

«Eh bien, *andiamo, caro mio!*»

Et elle donna un dernier tour à ses bandeaux, fit des recommandations à Delphine.

«Madame revient dîner?

—Pourquoi donc? Nous dînerons ensemble quelque part, au café Anglais, où vous voudrez.

—Soit!»

Ses petits chiens jappaient autour d'elle.

«On peut les emmener, n'est-ce pas?»

Frédéric les porta lui-même jusqu'à la voiture. C'était une berline de louage avec deux chevaux de poste et un postillon; il avait mis sur le siège de derrière son domestique. La Maréchale parut satisfaite de ses prévenances, puis, dès qu'elle fut assise, lui demanda s'il avait été chez Arnoux, dernièrement.

«Pas depuis un mois, dit Frédéric.

—Moi, je l'ai rencontré avant-hier, il serait même venu aujourd'hui. Mais il a toute sorte d'embarras, encore un procès, je ne sais quoi. Quel drôle d'homme!

—Oui, très drôle!»

Frédéric ajouta d'un air indifférent:

«A propos, voyez-vous toujours... comment donc l'appelez-vous?... cet ancien chanteur..., Delmar?»

Elle répliqua sèchement:

«Non! c'est fini.»

Ainsi leur rupture était certaine. Frédéric en conçut de l'espoir.

Ils descendirent au pas le quartier Bréda; les rues, à cause du dimanche, étaient désertes, et des figures de bourgeois apparaissaient derrière des fenêtres. La voiture prit un train plus rapide; le bruit des roues faisait se retourner les passants, le cuir de la capote rabattue brillait, le domestique se cambrait la taille, et les deux havanais l'un près de l'autre semblaient deux manchons d'hermine posés sur les coussins. Frédéric se laissait aller au bercement des soupentes. La Maréchale tournait la tête, à droite et à gauche, en souriant.

Son chapeau de paille nacrée avait une garniture de dentelle noire. Le capuchon de son burnous flottait au vent; et elle s'abritait du soleil sous une ombrelle de satin lilas, pointue par le haut comme une pagode.

«Quels amours de petits doigts! dit Frédéric en lui prenant doucement l'autre main, la gauche ornée d'un bracelet d'or en forme de gourmette. Tiens! c'est mignon; d'où cela vient-il?

—Oh! il y a longtemps que je l'ai», dit la Maréchale.

Le jeune homme n'objecta rien à cette réponse hypocrite. Il aima mieux «profiter de la circonstance». Et, lui tenant toujours le poignet, il appuya dessus ses lèvres, entre le gant et la manchette.

«Finissez, on va nous voir!»

—Bah! qu'est-ce que cela fait!»

Après la place de la Concorde, ils prirent par le quai de la Conférence et le quai de Billy, où l'on remarque un cèdre dans un jardin. Rosanette croyait le Liban situé en Chine; elle rit elle-même de son ignorance et pria Frédéric de lui donner des leçons de géographie. Puis, laissant à droite le Trocadéro, ils traversèrent le pont d'Iéna et s'arrêtèrent enfin, au milieu du Champ de Mars, près des autres voitures, déjà rangées dans l'Hippodrome.

Les tertres de gazon étaient couverts de menu peuple. On apercevait des curieux sur le balcon de l'École militaire; et les deux pavillons en dehors du pesage, les deux tribunes comprises dans son enceinte, et une troisième devant celle du Roi se trouvaient remplis d'une foule en toilette qui témoignait, par son maintien, de la révérence pour ce divertissement encore nouveau. Le public des courses, plus spécial dans ce temps-là, avait un aspect moins vulgaire; c'était l'époque des sous-pieds, des collets de velours et des gants blancs. Les femmes, vêtues de couleurs brillantes, portaient des robes à taille longue, et assises sur les gradins des estrades, elles faisaient comme de grands massifs de fleurs, tachetées de noir, çà et là, par les sombres costumes des hommes. Mais tous les regards se tournaient vers le célèbre Algérien Bou-Maza, qui se tenait impassible, entre deux officiers d'état-major, dans une des tribunes particulières. Celle du Jockey-Club contenait exclusivement des messieurs graves.

Les plus enthousiastes s'étaient placés, en bas, contre la piste, défendue par deux lignes de bâtons supportant des cordes; dans l'ovale immense que décrivait cette allée, des marchands de coco agitaient leur crécelle, d'autres vendaient le programme des courses, d'autres criaient des cigares, un vaste bourdonnement s'élevait; les gardes municipaux passaient et repassaient; une cloche, suspendue à un poteau couvert de chiffres, tinta. Cinq chevaux parurent, et on rentra dans les tribunes.

Cependant de gros nuages effleuraient de leurs volutes la cime des ormes en face. Rosanette avait peur de la pluie.

«J'ai des riflards, dit Frédéric, et tout ce qu'il faut pour se distraire, ajouta-t-il en soulevant le coffre, où il y avait des provisions de bouche dans un panier.

—Bravo! nous nous comprenons!

—Et on se comprendra encore mieux, n'est-ce pas?

—Cela se pourrait!» fit-elle en rougissant.

Les jockeys, en casaque de soie, tâchaient d'aligner leurs chevaux et les retenaient à deux mains. Quelqu'un abaissa un drapeau rouge. Alors, tous les cinq, se penchant sur les crinières, partirent. Ils restèrent d'abord serrés en une seule masse; bientôt elle s'allongea, se coupa; celui qui portait la casaque jaune, au milieu du premier tour, faillit tomber; longtemps il y eut de l'incertitude entre Filly et Tibi; puis Tom-Pouce parut en tête; mais Clubstick, en arrière depuis le départ, les rejoignit et arriva premier, battant Sir Charles de deux longueurs; ce fut une surprise, on criait; les baraques de planches vibraient sous les trépignements.

«Nous nous amusons! dit la Maréchale. Je t'aime, mon chéri!»

Frédéric ne douta plus de son bonheur; ce dernier mot de Rosanette le confirmait.

A cent pas de lui, dans un cabriolet milord, une dame parut. Elle se penchait en dehors de la portière, puis se renfonçait vivement; cela recommença plusieurs fois, Frédéric ne pouvait distinguer sa figure. Un soupçon le saisit, il lui sembla que c'était Mme Arnoux. Impossible, cependant! Pourquoi serait-elle venue?

Il descendit de voiture, sous prétexte de flâner au pesage.

«Vous n'êtes guère galant!» dit Rosanette.

Il n'écouta rien et s'avança. Le milord, tournant bride, se mit au trot.

Frédéric, au même moment, fut happé par Cisy.

«Bonjour, cher! comment allez-vous? Hussonnet est là-bas! Écoutez donc!»

Frédéric tâchait de se dégager pour rejoindre le milord. La Maréchale lui faisait signe de retourner près d'elle. Cisy l'aperçut et voulait obstinément lui dire bonjour.

Depuis que le deuil de sa grand'mère était fini, il réalisait son idéal, parvenait *à avoir du cachet*. Gilet écossais, habit court, larges bouffettes sur l'escarpin et carte d'entrée dans la ganse du chapeau, rien ne manquait effectivement à ce qu'il appelait lui-même son «chic», un chic anglomane et mousquetaire. Il commença par se plaindre du Champ de Mars, turf exécrable, parla ensuite des courses de Chantilly et des farces qu'on y faisait, jura qu'il pouvait boire douze verres de vin de Champagne pendant les douze coups de minuit, proposa à la Maréchale de parier, caressait doucement ses deux bichons; et de l'autre coude s'appuyant sur la portière, il continuait à débiter des sottises, le pommeau de son stick dans la bouche, les jambes écartées, les reins tendus. Frédéric, à côté de lui, fumait, tout en cherchant à découvrir ce que le milord était devenu.

La cloche ayant tinté, Cisy s'en alla, au grand plaisir de Rosanette, qu'il ennuyait beaucoup, disait-elle.

La seconde épreuve n'eut rien de particulier, la troisième non plus, sauf un homme qu'on emporta sur un brancard. La quatrième, où huit chevaux disputèrent le prix de la ville, fut plus intéressante.

Les spectateurs des tribunes avaient grimpé sur les bancs. Les autres, debout dans les voitures, suivaient avec des lorgnettes à la main l'évolution des jockeys; on les voyait filer comme des taches rouges, jaunes, blanches et bleues sur toute la longueur de la foule, qui bordait le tour de l'Hippodrome. De loin, leur vitesse n'avait pas l'air excessive; à l'autre bout du Champ de Mars, ils semblaient même se ralentir et ne plus avancer que par une sorte de glissement, où les ventres des chevaux touchaient la terre sans que leurs jambes étendues pliassent. Mais, revenant bien vite, ils grandissaient; leur passage coupait le vent, le sol tremblait, les cailloux volaient; l'air s'engouffrant dans les casaques des jockeys les faisait palpiter comme des voiles; à grands coups de cravache, ils fouaillaient leurs bêtes pour atteindre le poteau, c'était le but. On enlevait les chiffres, un autre était hissé; et, au milieu des applaudissements, le cheval victorieux se traînait jusqu'au pesage, tout couvert de sueur, les genoux raidis, l'encolure basse, tandis que son cavalier, comme agonisant sur sa selle, se tenait les côtes.

Une contestation retarda le dernier départ. La foule qui s'ennuyait se répandit. Des groupes d'hommes causaient au bas des tribunes. Les propos étaient libres; des femmes du monde partirent scandalisées par le voisinage des lorettes.

Il y avait aussi des illustrations de bals publics, des comédiennes du boulevard;—et ce n'était pas les plus belles qui recevaient le plus d'hommages. La vieille Georgine Aubert, celle qu'un vaudevilliste appelait le Louis XI de la prostitution, horriblement maquillée et poussant de temps à autre une espèce de rire pareil à un grognement, restait tout étendue dans sa longue calèche, sous une palatine de martre comme en plein hiver. Mme de Remoussot, mise à la mode par son procès, trônait sur le siège d'un break en compagnie d'Américains; et Thérèse Bachelu, avec son air de vierge gothique, emplissait de ses douze falbalas l'intérieur d'un escargot qui avait, à la place du tablier, une jardinière pleine de roses. La Maréchale fut jalouse de ces gloires; pour qu'on la remarquât, elle se mit à faire de grands gestes et à parler très haut.

Des gentlemen la reconnurent, lui envoyèrent des saluts. Elle y répondait en disant leurs noms à Frédéric. C'étaient tous comtes, vicomtes, ducs et marquis, et il se rengorgeait, car tous les yeux exprimaient un certain respect pour sa bonne fortune.

Cisy n'avait pas l'air moins heureux dans le cercle d'hommes mûrs qui l'entourait. Ils souriaient du haut de leurs cravates, comme se moquant de lui; enfin il tapa dans la main du plus vieux et s'avança vers la Maréchale.

Elle mangeait avec une gloutonnerie affectée une tranche de foie gras; Frédéric, par obéissance, l'imitait, en tenant une bouteille de vin sur ses genoux.

Le milord reparut, c'était Mme Arnoux. Elle pâlit extraordinairement.

«Donne-moi du champagne!» dit Rosanette.

Et levant le plus haut possible son verre rempli, elle s'écria:

«Ohé là-bas! les femmes honnêtes, l'épouse de mon protecteur, ohé!»

Des rires éclatèrent autour d'elle, le milord disparut. Frédéric la tirait par sa robe, il allait s'emporter. Mais Cisy était là dans la même attitude que tout à l'heure; et, avec un surcroît d'aplomb, il invita Rosanette à dîner pour le soir même.

«Impossible! répondit-elle. Nous allons ensemble au café Anglais.»

Frédéric, comme s'il n'eût rien entendu, demeura muet, et Cisy quitta la Maréchale d'un air désappointé.

Tandis qu'il lui parlait, debout contre la portière de droite, Hussonnet était survenu du côté gauche, et, relevant ce mot de café Anglais:

«C'est un joli établissement! si l'on y cassait une croûte, hein?

—Comme vous voudrez, dit Frédéric, qui, affaissé dans le coin de la berline, regardait à l'horizon le milord disparaître, sentant qu'une chose irréparable venait de se faire et qu'il avait perdu son grand amour. Et l'autre était là, près de lui, l'amour joyeux et facile! Mais, lassé, plein de désirs contradictoires et ne sachant même plus ce qu'il voulait, il éprouvait une tristesse démesurée, une envie de mourir.

Un grand bruit de pas et de voix lui fit relever la tête; les gamins, enjambant les cordes de la piste, venaient regarder les tribunes; on s'en allait. Quelques gouttes de pluie tombèrent. L'embarras des voitures augmenta. Hussonnet était perdu.

«Eh bien, tant mieux! dit Frédéric.

—On préfère être seul?» reprit la Maréchale, en posant la main sur la sienne.

Alors passa devant eux, avec des miroitements de cuivre et d'acier, un splendide landau attelé de quatre chevaux, conduits à la Daumont par deux jockeys en veste de velours, à crépines d'or. Mme Dambreuse était près de son mari, Martinon sur l'autre banquette en face; tous les trois avaient des figures étonnées.

«Ils m'ont reconnu!» se dit Frédéric.

Rosanette voulut qu'on arrêtât, pour mieux voir le défilé. Mme Arnoux pouvait reparaître. Il cria au postillon:

«Va donc! va donc! en avant!»

Et la berline se lança vers les Champs-Élysées au milieu des autres voitures, calèches, briskas, wurts, tandems, tilburys, dog-carts, tapissières à rideaux de cuir où chantaient des ouvriers en goguette, demi-fortune que dirigeaient avec prudence des pères de famille eux-mêmes. Dans des victorias bourrées de monde, quelque garçon, assis sur les pieds des autres, laissait pendre en dehors ses deux jambes. De grands coupés à siège de drap promenaient des douairières qui sommeillaient; ou bien un stopper magnifique passait, emportant une chaise, simple et coquette comme l'habit noir d'un dandy. L'averse cependant redoublait. On tirait les parapluies, les parasols, les mackintosh; on se criait de loin: «Bonjour!—Ça va bien?—Oui!—Non!—A tantôt!» et les figures se succédaient avec une vitesse d'ombres chinoises. Frédéric et Rosanette ne se parlaient pas, éprouvant une sorte d'hébétude à voir auprès d'eux continuellement toutes ces roues tourner.

Par moments, les files de voitures, trop pressées, s'arrêtaient toutes à la fois sur plusieurs lignes. Alors, on restait les uns près des autres, et l'on s'examinait. Du bord des panneaux armoriés, des regards indifférents tombaient sur la foule; des yeux pleins d'envie brillaient au fond des fiacres; des sourires de dénigrement répondaient aux ports de tête orgueilleux; des bouches grandes ouvertes exprimaient des admirations imbéciles; et, çà et là, quelque flâneur, au milieu de la voie, se rejetait en arrière d'un bond pour éviter un cavalier qui galopait entre les voitures et parvenait à en sortir. Puis tout se remettait en mouvement; les cochers lâchaient les rênes, abaissaient leurs longs fouets; les chevaux, animés, secouant leur gourmette, jetaient de l'écume autour d'eux; et les croupes et les harnais humides fumaient, dans la vapeur d'eau que le soleil couchant traversait. Passant sous l'Arc de triomphe, il allongeait à hauteur d'homme une lumière roussâtre, qui faisait étinceler les moyeux des roues, les poignées des portières, le bout des timons, les anneaux des sellettes; et sur les deux côtés de la grande avenue,—pareille à un fleuve où ondulaient des crinières, des vêtements, des têtes humaines,—les arbres tout reluisants de pluie se dressaient, comme deux murailles vertes. Le bleu du ciel, au-dessus, reparaissant à de certaines places, avait des douceurs de satin.

Alors, Frédéric se rappela les jours déjà loin où il enviait l'inexprimable bonheur de se trouver dans une de ces voitures, à côté d'une de ces femmes. Il le possédait, ce bonheur-là, et n'en était pas plus joyeux.

La pluie avait fini de tomber. Les passants, réfugiés entre les colonnes du Garde-Meuble, s'en allaient. Des promeneurs, dans la rue Royale, remontaient vers le boulevard. Devant l'hôtel des Affaires étrangères, une file de badauds stationnait sur les marches.

A la hauteur des Bains Chinois, comme il y avait des trous dans le pavé, la berline se ralentit. Un homme en paletot noisette marchait au bord du trottoir. Une éclaboussure, jaillissant de dessous les ressorts, s'étala dans son dos. L'homme se retourna, furieux. Frédéric devint pâle; il avait reconnu Deslauriers.

A la porte du café Anglais, il renvoya la voiture. Rosanette était montée devant lui, pendant qu'il payait le postillon.

Il la retrouva dans l'escalier, causant avec un monsieur. Frédéric prit son bras. Mais au milieu du corridor, un deuxième seigneur l'arrêta.

«Va toujours! dit-elle, je suis à toi!»

Et il entra seul dans le cabinet. Par les deux fenêtres ouvertes on apercevait du monde aux croisées des autres maisons vis-à-vis. De larges moires frissonnaient sur l'asphalte qui séchait, et un magnolia posé au bord du balcon embaumait l'appartement. Ce parfum et cette fraîcheur détendirent ses nerfs; il s'affaissa sur le divan rouge, au-dessous de la glace.

La Maréchale revint, et le baisant au front:

«On a des chagrins, pauvre Mimi?

—Peut-être! répliqua-t-il.

—Tu n'es pas le seul, va! ce qui voulait dire: Oublions chacun les nôtres dans une félicité commune!»

Puis elle posa un pétale de fleur entre ses lèvres et le lui tendit à becqueter. Ce mouvement, d'une grâce et presque d'une mansuétude lascive, attendrit Frédéric.

«Pourquoi me fais-tu de la peine? dit-il en songeant à Mme Arnoux.

—Moi, de la peine?»

Et, debout devant lui, elle le regardait, les cils rapprochés et les deux mains sur les épaules.

Toute sa vertu, toute sa rancune sombra dans une lâcheté sans fond.

Il reprit:

«Puisque tu ne veux pas m'aimer!» en l'attirant sur ses genoux.

Elle se laissait faire; il lui entourait la taille à deux bras; le pétillement de sa robe de soie l'enflammait.

«Où sont-ils?» dit la voix d'Hussonnet dans le corridor.

La Maréchale se leva brusquement et alla se mettre à l'autre bout du cabinet, tournant le dos à la porte.

Elle demanda des huîtres et ils s'attablèrent.

Hussonnet ne fut pas drôle. A force d'écrire quotidiennement sur toute sorte de sujets, de lire beaucoup de journaux, d'entendre beaucoup de discussions et d'émettre des paradoxes pour éblouir, il avait fini par perdre la notion exacte des choses, s'aveuglant lui-même avec ses faibles pétards. Les embarras d'une vie légère autrefois, mais à présent difficile, l'entretenaient dans une agitation perpétuelle; et son impuissance, qu'il ne voulait pas s'avouer, le rendait hargneux, sarcastique. A propos d'*Ozaï*, un ballet nouveau, il fit une sortie à fond contre la danse, et, à propos de la danse, contre l'Opéra; puis, à propos de l'Opéra, contre les Italiens, remplacés maintenant par une troupe d'acteurs espagnols, «comme si l'on n'était pas rassasié des Castilles»! Frédéric fut choqué dans son amour romantique de l'Espagne; et, afin de rompre la conversation, il s'informa du Collège de France, d'où l'on venait d'exclure Edgar Quinet et Mickiewicz. Mais Hussonnet, admirateur de M. de Maistre, se déclara pour l'Autorité et le Spiritualisme. Il doutait cependant des faits les mieux prouvés, niait l'histoire et contestait les choses les plus positives, jusqu'à s'écrier au mot géométrie: «Quelle blague que la géométrie!» Le tout entremêlé d'imitations d'acteurs. Sainville était particulièrement son modèle.

Ces calembredaines assommaient Frédéric. Dans un mouvement d'impatience, il attrapa, avec sa botte, un des bichons sous la table.

Tous deux se mirent à aboyer d'une façon odieuse.

«Vous devriez les faire reconduire!» dit-il brusquement.

Rosanette n'avait confiance en personne.

Alors, il se tourna vers le bohème.

«Voyons, Hussonnet, dévouez-vous!

—Oh! oui, mon petit! Ce serait bien aimable!»

Hussonnet s'en alla sans se faire prier.

De quelle manière payait-on sa complaisance? Frédéric n'y pensa pas. Il commençait même à se réjouir du tête-à-tête, lorsqu'un garçon entra.

«Madame, quelqu'un vous demande!

—Comment! encore?

—Il faut pourtant que je voie!» dit Rosanette.

Il en avait soif, besoin. Cette disparition lui semblait une forfaiture, presque une grossièreté. Que voulait-elle donc? n'était-ce pas assez d'avoir outragé Mme Arnoux? Tant pis pour celle-là, du reste! Maintenant il haïssait toutes les femmes; et des pleurs l'étouffaient, car son amour était méconnu et sa concupiscence trompée.

La Maréchale rentra, et, lui présentant Cisy:

«J'ai invité monsieur. J'ai bien fait, n'est-ce pas?

—Comment donc! certainement!» Frédéric, avec un sourire de supplicié, fit signe au gentilhomme de s'asseoir.

La Maréchale se mit à parcourir la carte en s'arrêtant aux noms bizarres.

«Si nous mangions, je suppose, un turban de lapins à la Richelieu et un pudding à la d'Orléans?

—Oh! pas d'Orléans! s'écria Cisy, lequel était légitimiste et crut faire un mot.

—Aimez-vous mieux un turbot à la Chambord?» reprit-elle.

Cette politesse choqua Frédéric.

La Maréchale se décida pour un simple tourne-dos, des écrevisses, des truffes, une salade d'ananas, des sorbets à la vanille.

«Nous verrons ensuite. Allez toujours. Ah! j'oubliais! Apportez-moi un saucisson! pas à l'ail!»

Et elle appelait le garçon «jeune homme», frappait son verre avec son couteau, jetait au plafond la mie de son pain. Elle voulut boire tout de suite du vin de Bourgogne.

«On n'en prend pas dès le commencement», dit Frédéric.

Cela se faisait quelquefois, suivant le vicomte.

«Eh non! jamais!

—Si fait, je vous assure!

—Ah! tu vois!»

Le regard dont elle accompagna cette phrase signifiait: «C'est un homme riche, celui-là, écoute-le.»

Cependant la porte s'ouvrait à chaque minute, les garçons glapissaient, et, sur un infernal piano, dans le cabinet à côté, quelqu'un tapait une valse. Puis les courses amenèrent à parler d'équitation et des deux systèmes rivaux. Cisy défendait Baucher, Frédéric le comte d'Aure, quand Rosanette haussa les épaules.

«Assez, mon Dieu! il s'y connaît mieux que toi, va!»

Elle mordait dans une grenade, le coude posé sur la table; les bougies du candélabre devant elle tremblaient au vent; cette lumière blanche pénétrait sa peau de tons nacrés, mettait du rose à ses paupières, faisait briller les globes de ses yeux; la rougeur du fruit se confondait avec la pourpre de ses lèvres, ses narines minces battaient; et toute sa personne avait quelque chose d'insolent, d'ivre et de noyé qui exaspérait Frédéric et pourtant lui jetait au cœur des désirs fous.

Puis, elle demanda, d'une voix calme, à qui appartenait ce grand landau avec une livrée marron.

«A la comtesse Dambreuse, répliqua Cisy.

—Ils sont très riches, n'est-ce pas?

—Oh! très riches! bien que Mme Dambreuse, qui est tout simplement une demoiselle Boutron, la fille d'un préfet, ait une fortune médiocre.»

Son mari, au contraire, devait recueillir plusieurs héritages; Cisy les énuméra: fréquentant les Dambreuse, il savait leur histoire.

Frédéric, pour lui être désagréable, s'entêta à le contredire. Il soutint que Mme Dambreuse s'appelait de Boutron, certifia sa noblesse.

«N'importe! je voudrais bien avoir son équipage!» dit la Maréchale, en se renversant sur le fauteuil.

Et la manche de sa robe, glissant un peu, découvrit, à son poignet gauche, un bracelet orné de trois opales.

Frédéric l'aperçut.

«Tiens! mais...»

Ils se considérèrent tous les trois et rougirent.

La porte s'entre-bâilla discrètement, le bord d'un chapeau parut, puis le profil d'Hussonnet.

«Excusez, si je vous dérange, les amoureux!»

Mais il s'arrêta, étonné de voir Cisy et de ce que Cisy avait pris sa place.

On apporta un autre couvert; et, comme il avait grand'faim, il empoignait au hasard, parmi les restes du dîner, de la viande dans un plat, un fruit dans une corbeille, buvait d'une main, se servait de l'autre, tout en racontant sa mission. Les deux toutous étaient reconduits. Rien de neuf au domicile. Il avait trouvé la cuisinière avec un soldat, histoire fausse uniquement inventée pour produire de l'effet.

La Maréchale décrocha de la patère sa capote. Frédéric se précipita sur la sonnette en criant de loin au garçon:

«Une voiture!

—J'ai la mienne, dit le vicomte.

—Mais, monsieur!

—Cependant, monsieur!»

Et ils se regardaient dans les prunelles, pâles tous les deux et les mains tremblantes.

Enfin, la Maréchale prit le bras de Cisy, et, en montrant le bohème attablé:

«Soignez-le donc! il s'étouffe. Je ne voudrais pas que son dévouement pour mes roquets le fît mourir!»

La porte retomba.

«Eh bien? dit Hussonnet.

—Eh bien, quoi?

—Je croyais...

—Qu'est-ce que vous croyiez?

—Est-ce que vous ne...»

Il compléta sa phrase par un geste.

«Eh non! jamais de la vie!»

Hussonnet n'insista pas davantage.

Il avait eu un but en s'invitant à dîner. Son journal, qui ne s'appelait plus *l'Art*, mais *le Flambard*, avec cette épigraphe: «Canonniers, à vos pièces!» ne prospérant nullement, il avait envie de le transformer en une revue hebdomadaire, seul, sans le secours de Deslauriers. Il reparla de l'ancien projet et exposa son plan nouveau.

Frédéric, ne comprenant pas sans doute, répondit par des choses vagues. Hussonnet empoigna plusieurs cigares sur la table, dit: «Adieu, mon bon», et disparut.

Frédéric demanda la note. Elle était longue; et le garçon, la serviette sous le bras, attendait son argent, quand un autre, un individu blafard qui ressemblait à Martinon, vint lui dire:

«Faites excuse, on a oublié au comptoir de porter le fiacre.

—Quel fiacre?

—Celui que ce monsieur a pris tantôt pour les petits chiens.»

Et la figure du garçon s'allongea, comme s'il eût plaint le pauvre jeune homme. Frédéric eut envie de le gifler. Il donna de pourboire les vingt francs qu'on lui rendait.

«Merci, monseigneur!» dit l'homme à la serviette, avec un grand salut.

Frédéric passa la journée du lendemain à ruminer sa colère et son humiliation. Il se reprochait de n'avoir pas souffleté Cisy. Quant à la Maréchale, il se jura de ne plus la revoir; d'autres aussi belles ne manquaient pas; et, puisqu'il fallait de l'argent pour posséder ces femmes-là, il jouerait à la Bourse le prix de sa ferme, il serait riche, il écraserait de son luxe la Maréchale et tout le monde. Le soir venu, il s'étonna de n'avoir pas songé à Mme Arnoux.

«Tant mieux! à quoi bon?»

Le surlendemain, dès huit heures, Pellerin vint lui faire visite. Il commença par des admirations sur le mobilier, des cajoleries. Puis, brusquement:

«Vous étiez aux courses dimanche?

—Oui, hélas!»

Alors le peintre déclama contre l'anatomie des chevaux anglais, vanta les chevaux de Géricault, les chevaux du Parthénon. «Rosanette était avec vous?» Et il entama son éloge adroitement.

La froideur de Frédéric le décontenança. Il ne savait comment en venir au portrait.

Sa première intention avait été de faire un Titien. Mais peu à peu, la coloration variée de son modèle l'avait séduit; et il avait travaillé franchement, accumulant pâte sur pâte et lumière sur lumière. Rosanette fut enchantée d'abord; ses rendez-vous avec Delmar avaient interrompu les séances et laissé à Pellerin tout le temps de s'éblouir. Puis, l'admiration s'apaisant, il s'était demandé si sa peinture ne manquait point de grandeur. Il avait été revoir les Titien, avait compris la distance, reconnu sa faute; et il s'était mis à repasser ses contours simplement. Ensuite, il avait cherché, en les rongeant, à y perdre, à y mêler les tons de la tête et ceux des fonds; et la figure avait pris de la consistance, les ombres de la vigueur; tout paraissait plus ferme. Enfin la Maréchale était revenue. Elle s'était même permis des objections, l'artiste naturellement avait persévéré. Après de grandes fureurs contre sa sottise, il s'était dit qu'elle pouvait avoir raison. Alors, avait commencé l'ère des doutes, tiraillements de la pensée qui provoquent les crampes d'estomac, les insomnies, la fièvre, le dégoût de soi-même; il avait eu le courage de faire des retouches, mais sans cœur et sentant que sa besogne était mauvaise.

Il se plaignit seulement d'avoir été refusé au Salon, puis reprocha à Frédéric de ne pas être venu voir le portrait de la Maréchale.

«Je me moque bien de la Maréchale!»

Une déclaration pareille l'enhardit.

«Croiriez-vous que cette bête-là n'en veut plus maintenant?»

Ce qu'il ne disait point, c'est qu'il avait réclamé d'elle mille écus. Or la Maréchale s'était peu souciée de savoir qui payerait, et, préférant tirer d'Arnoux des choses plus urgentes, ne lui en avait même pas parlé.

«Eh bien, et Arnoux? dit Frédéric.

Elle l'avait relancé vers lui. L'ancien marchand de tableaux n'avait que faire du portrait.

«Il soutient que ça appartient à Rosanette.

—En effet, c'est à elle.

—Comment! c'est elle qui m'envoie vers vous!» répliqua Pellerin.

S'il eût cru à l'excellence de son œuvre, il n'eût pas songé peut-être à l'exploiter. Mais une somme (et une somme considérable) serait un démenti à la critique, un raffermissement pour lui-même. Frédéric, afin de s'en délivrer, s'enquit de ses conditions courtoisement.

L'extravagance du chiffre le révolta, il répondit:

«Non! ah! non!

—Vous êtes pourtant son amant, c'est vous qui m'avez fait la commande!

—J'ai été l'intermédiaire, permettez!

—Mais je ne peux pas rester avec ça sur les bras!»

L'artiste s'emportait.

«Ah! je ne vous croyais pas si cupide.

—Ni vous si avare. Serviteur!»

Il venait de partir que Sénécal se présenta.

Frédéric, troublé, eut un mouvement d'inquiétude.

«Qu'y a-t-il?»

Sénécal conta son histoire.

«Samedi, vers neuf heures, Mme Arnoux a reçu une lettre qui l'appelait à Paris; comme personne, par hasard, ne se trouvait là pour aller à Creil chercher une voiture, elle avait envie de m'y faire aller moi-même. J'ai refusé, car ça ne rentre pas dans mes fonctions. Elle est partie, et revenue dimanche soir. Hier matin, Arnoux tombe à la fabrique. La Bordelaise s'est plainte. Je ne sais pas ce qui se passe entre eux, mais il a levé son amende devant tout le monde. Nous avons échangé des paroles vives. Bref, il m'a donné mon compte, et me voilà!»

Puis, détachant ses paroles:

«Au reste, je ne me repens pas, j'ai fait mon devoir. N'importe, c'est à cause de vous.

—Comment?» s'écria Frédéric, ayant peur que Sénécal ne l'eût deviné.

Sénécal n'avait rien deviné, car il reprit:

«C'est-à-dire que, sans vous, j'aurais peut-être trouvé mieux.»

Frédéric fut saisi d'une espèce de remords.

«En quoi puis-je vous servir maintenant?»

Sénécal demandait un emploi quelconque, une place.

«Cela vous est facile. Vous connaissez tant de monde, M. Dambreuse entre autres, à ce que m'a dit Deslauriers.»

Ce rappel de Deslauriers fut désagréable à son ami. Il ne se souciait guère de retourner chez les Dambreuse depuis la rencontre du Champ de Mars.

«Je ne suis pas suffisamment intime dans la maison pour recommander quelqu'un.»

Le démocrate essuya ce refus stoïquement, et, après une minute de silence:

«Tout cela, j'en suis sûr, vient de la Bordelaise et aussi de votre Mme Arnoux.»

Ce *votre* ôta du cœur de Frédéric le peu de bon vouloir qu'il gardait. Par délicatesse, cependant, il atteignit la clef de son secrétaire.

Sénécal le prévint.

«Merci!»

Puis, oubliant ses misères, il parla des choses de la patrie, les croix d'honneur prodiguées à la fête du Roi, un changement de cabinet, les affaires Drouillard et Bénier, scandales de l'époque, déclama contre les bourgeois et prédit une révolution.

Un crid japonais suspendu contre le mur arrêta ses yeux. Il le prit, en essaya le manche, puis le rejeta sur le canapé avec un air de dégoût.

«Allons, adieu! Il faut que j'aille à Notre-Dame de Lorette.

—Tiens! pourquoi?

—C'est aujourd'hui le service anniversaire de Godefroy Cavaignac. Il est mort à l'œuvre, celui-là! Mais tout n'est pas fini!... Qui sait?»

Et Sénécal tendit sa main bravement.

«Nous ne nous reverrons peut-être jamais! adieu!»

Cet adieu, répété deux fois, son froncement de sourcils en contemplant le poignard, sa résignation et son air solennel surtout firent rêver Frédéric, qui bientôt n'y pensa plus.

Dans la même semaine, son notaire du Havre lui envoya le prix de sa ferme, cent soixante-quatorze mille francs. Il en fit deux parts, plaça la première sur l'État, et alla porter la seconde chez un agent de change pour la risquer à la Bourse.

Il mangeait dans les cabarets à la mode, fréquentait les théâtres et tâchait de se distraire, quand Hussonnet lui adressa une lettre, où il narrait gaiement que la Maréchale, dès le lendemain des courses, avait congédié Cisy. Frédéric en fut heureux, sans chercher pourquoi le bohème lui apprenait cette aventure.

Le hasard voulut qu'il rencontrât Cisy trois jours après. Le gentilhomme fit bonne contenance et l'invita même à dîner pour le mercredi suivant.

Frédéric, le matin de ce jour-là, reçut une notification d'huissier, où M. Charles-Jean-Baptiste Oudry lui apprenait qu'aux termes d'un jugement du tribunal, il s'était rendu acquéreur d'une propriété sise à Belleville appartenant au sieur Jacques Arnoux, et qu'il était prêt à payer les deux cent vingt-trois mille francs montant du prix de la vente. Mais il résultait du même acte que, la somme des hypothèques dont l'immeuble était grevé dépassant le prix de l'acquisition, la créance de Frédéric se trouvait complètement perdue.

Tout le mal venait de n'avoir pas renouvelé en temps utile une inscription hypothécaire. Arnoux s'était chargé de cette démarche et l'avait ensuite oubliée. Frédéric s'emporta contre lui, et, quand sa colère fut passée:

«Eh bien, après..., quoi? si cela peut le sauver, tant mieux! je n'en mourrai pas! n'y pensons plus!»

Mais, en remuant ses paperasses sur sa table, il rencontra la lettre d'Hussonnet et aperçut le post-scriptum, qu'il n'avait point remarqué la première fois. Le bohème demandait cinq mille francs, tout juste, pour mettre l'affaire du journal en train.

«Ah! celui-là m'embête!»

Et il le refusa brutalement dans un billet laconique. Après quoi, il s'habilla pour se rendre à la Maison d'Or.

Cisy présenta ses convives, en commençant par le plus respectable, un gros monsieur à cheveux blancs:

«Le marquis Gilbert des Aulnays, mon parrain. M. Anselme de Forchambeaux», dit-il ensuite (c'était un jeune homme blond et fluet, déjà chauve); puis, désignant un quadragénaire d'allures simples: «Joseph Boffreu, mon cousin; et voici mon ancien professeur M. Vezou», personnage moitié charretier, moitié séminariste, avec de gros favoris et une longue redingote boutonnée dans le bas par un seul bouton, de manière à faire châle sur la poitrine.

Cisy attendait encore quelqu'un, le baron de Comaing, «qui peut-être viendra, ce n'est pas sûr». Il sortait à chaque minute, paraissait inquiet; enfin, à huit heures, on passa dans une salle éclairée magnifiquement et trop spacieuse pour le nombre des convives. Cisy l'avait choisie par pompe, tout exprès.

Un surtout de vermeil, chargé de fleurs et de fruits, occupait le milieu de la table, couverte de plats d'argent, suivant la vieille mode française; des raviers, pleins de salaisons et d'épices, formaient bordure tout autour; des cruches de vin rosat frappé de glace se dressaient de distance en distance; cinq verres de hauteur différente étaient alignés devant chaque assiette avec des choses dont on ne savait pas l'usage, mille ustensiles de bouche ingénieux;—et il y avait, rien que pour le premier service: une hure d'esturgeon mouillée de champagne, un jambon d'York au tokay, des grives au gratin, des cailles rôties, un vol-au-vent Béchamel, un sauté de perdrix rouges, et, aux deux bouts de tout cela, des effilés de pommes de terre qui étaient mêlés à des truffes. Un lustre et des girandoles illuminaient l'appartement, tendu de damas rouge. Quatre domestiques en habit noir se tenaient derrière les fauteuils de maroquin. A ce spectacle, les convives se récrièrent, le précepteur surtout:

«Notre amphitryon, ma parole, a fait de véritables folies! C'est trop beau!

—Ça? dit le vicomte de Cisy, allons donc!»

Et, dès la première cuillerée:

«Eh bien, mon vieux des Aulnays, avez-vous été au Palais-Royal, voir *Père et Portier?*

—Tu sais bien que je n'ai pas le temps!» répliqua le marquis.

Ses matinées étaient prises par un cours d'arboriculture, ses soirées par le Cercle agricole, et toutes ses après-midi par des études dans les fabriques d'instruments aratoires. Habitant la Saintonge les trois quarts de l'année, il profitait de ses voyages dans la capitale pour s'instruire; et son chapeau à larges bords, posé sur une console, était plein de brochures.

Mais Cisy, s'apercevant que M. de Forchambeaux refusait du vin:

«Buvez donc, saprelotte! Vous n'êtes pas crâne pour votre dernier repas de garçon!»

A ce mot, tous s'inclinèrent, on le congratulait.

«Et la jeune personne, dit le précepteur, est charmante, j'en suis sûr?

—Parbleu! s'écria Cisy. N'importe, il a tort: c'est si bête, le mariage!

—Tu parles légèrement, mon ami!» répliqua M. des Aulnays, tandis qu'une larme roulait dans ses yeux, au souvenir de sa défunte.

Et Forchambeaux répéta plusieurs fois de suite en ricanant:

«Vous y viendrez vous-même, vous y viendrez!»

Cisy protesta. Il aimait mieux se divertir, «être régence». Il voulait apprendre la savate, pour visiter les tapis francs de la Cité, comme le prince Rodolphe des *Mystères de Paris*, tira de sa poche un brûle-gueule, rudoyait les domestiques, buvait extrêmement; et, afin de donner de lui bonne opinion, dénigrait tous les plats. Il renvoya même les truffes, et le précepteur, qui s'en délectait, dit par bassesse:

«Cela ne vaut pas les œufs à la neige de madame votre grand'mère!»

Puis il se remit à causer avec son cousin l'agronome, lequel trouvait au séjour de la campagne beaucoup d'avantages, ne serait-ce que de pouvoir élever ses filles dans des goûts simples. Le précepteur applaudissait à ses idées et le flagornait, lui supposant de l'influence sur son élève, dont il désirait secrètement être l'homme d'affaires.

Frédéric était venu plein d'humeur contre Cisy; sa sottise l'avait désarmé. Mais ses gestes, sa figure, toute sa personne lui rappelant le dîner du café Anglais, l'agaçaient de plus en plus; et il écoutait les remarques désobligeantes que faisait à demi-voix le cousin Joseph, un brave garçon sans fortune, amateur de chasse et boursier. Cisy, par manière de rire, l'appela «voleur» plusieurs fois; puis, tout à coup:

«Ah! le baron!»

Alors entra un gaillard de trente ans, qui avait quelque chose de rude dans la physionomie, de souple dans les membres, le chapeau sur l'oreille, et une fleur à la boutonnière. C'était l'idéal du vicomte. Il fut ravi de le posséder;

et, sa présence l'excitant, il tenta même un calembour, car il dit, comme on passait un coq de bruyère:

«Voilà le meilleur des caractères de La Bruyère!»

Ensuite, il adressa à M. de Comaing une foule de questions sur des personnes inconnues à la société; puis, comme saisi d'une idée:

«Dites donc! avez-vous pensé à moi?»

L'autre haussa les épaules.

«Vous n'avez pas l'âge, mon petiot! Impossible!»

Cisy l'avait prié de le faire admettre à son club. Mais le baron, ayant sans doute pitié de son amour-propre:

—Ah! j'oubliais! Mille félicitations pour votre pari, mon cher!

—Quel pari?

—Celui que vous avez fait, aux courses, d'aller le soir même chez cette dame.»

Frédéric éprouva comme la sensation d'un coup de fouet. Il fut calmé tout de suite par la figure décontenancée de Cisy.

En effet, la Maréchale, dès le lendemain, en était aux regrets, quand Arnoux, son premier amant, son homme, s'était présenté ce jour-là même. Tous deux avaient fait comprendre au vicomte qu'il «gênait», et on l'avait flanqué dehors avec peu de cérémonie.

Il eut l'air de ne pas entendre. Le baron ajouta:

«Que devient-elle, cette brave Rose?... a-t-elle toujours d'aussi jolies jambes? prouvant par ce mot qu'il la connaissait intimement.

Frédéric fut contrarié de la découverte.

«Il n'y a pas de quoi rougir, reprit le baron; c'est une bonne affaire!»

Cisy claqua de la langue.

«Peuh! pas si bonne!

—Ah!»

—Mon Dieu, oui! D'abord, moi, je ne lui trouve rien d'extraordinaire, et puis on en récolte de pareilles tant qu'on veut, car enfin... elle est à vendre!»

«Pas pour tout le monde! reprit aigrement Frédéric.

—Il se croit différent des autres! répliqua Cisy, quelle farce!»

Et un rire parcourut la table.

Frédéric sentait les battements de son cœur l'étouffer. Il avala deux verres d'eau coup sur coup.

Mais le baron avait gardé bon souvenir de Rosanette.

«Est-ce qu'elle est toujours avec un certain Arnoux?

—Je n'en sais rien, dit Cisy. Je ne connais pas ce monsieur!»

Il avança néanmoins que c'était une manière d'escroc.

«Un moment! s'écria Frédéric.

—Cependant la chose est certaine! Il a même eu un procès.

—Ce n'est pas vrai!»

Frédéric se mit à défendre Arnoux. Il garantissait sa probité, finissait par y croire, inventait des chiffres, des preuves. Le vicomte, plein de rancune, et qui était gris d'ailleurs, s'entêta dans ses assertions, si bien que Frédéric lui dit gravement:

«Est-ce pour m'offenser, monsieur?»

Et il le regardait avec des prunelles ardentes comme son cigare.

«Oh! pas du tout! je vous accorde même qu'il a quelque chose de très bien: sa femme.

—Vous la connaissez?»

—Parbleu! Sophie Arnoux, tout le monde connaît ça!

—Vous dites!»

Cisy, qui s'était levé, répéta en balbutiant:

—Tout le monde connaît ça!

—Taisez-vous! Ce ne sont pas celles-là que vous fréquentez!

—Je m'en flatte!»

Frédéric lui lança son assiette au visage.

Elle passa comme un éclair par-dessus la table, renversa deux bouteilles, démolit un compotier, et, se brisant contre le surtout en trois morceaux, frappa le ventre du vicomte.

Tous se levèrent pour le retenir. Il se débattait en criant, pris d'une sorte de frénésie; M. des Aulnays répétait:

«Calmez-vous! voyons! cher enfant!

—Mais c'est épouvantable!» vociférait le précepteur.

Forchambeaux, livide comme les prunes, tremblait; Joseph riait aux éclats; les garçons épongeaient le vin, ramassaient par terre les débris; et le baron alla fermer la fenêtre, car le tapage, malgré le bruit des voitures, aurait pu s'entendre du boulevard.

Comme tout le monde, au moment où l'assiette avait été lancée, parlait à la fois, il fut impossible de découvrir la raison de cette offense, si c'était à cause d'Arnoux, de Mme Arnoux, de Rosanette ou d'un autre. Ce qu'il y avait de certain, c'était la brutalité inqualifiable de Frédéric; il se refusa positivement à en témoigner le moindre regret.

M. des Aulnays tâcha de l'adoucir, le cousin Joseph, le précepteur, Forchambeaux lui-même. Le baron, pendant ce temps-là, réconfortait Cisy, qui, cédant à une faiblesse nerveuse, versait des larmes. Frédéric, au contraire, s'irritait de plus en plus; et l'on serait resté là jusqu'au jour si le baron n'avait dit pour en finir:

«Le vicomte, monsieur, enverra demain chez vous ses témoins.

—Votre heure?

—A midi, s'il vous plaît.

—Parfaitement, monsieur.»

Frédéric, une fois dehors, respira à pleins poumons. Depuis trop longtemps, il contenait son cœur. Il venait de le satisfaire enfin; il éprouvait comme un orgueil de virilité, une surabondance de forces intimes qui l'enivraient. Il avait besoin de deux témoins. Le premier auquel il songea fut Regimbart, et il se dirigea tout de suite vers un estaminet de la rue Saint-Denis. La devanture était close. Mais de la lumière brillait à un carreau, au-dessus de la porte. Elle s'ouvrit, et il entra, en se courbant très bas sous l'auvent.

Une chandelle, au bord du comptoir, éclairait la salle déserte. Tous les tabourets, les pieds en l'air, étaient posés sur les tables. Le maître et la maîtresse avec leur garçon soupaient dans l'angle près de la cuisine;—et Regimbart, le chapeau sur la tête, partageait leur repas, et même gênait le garçon, qui était contraint à chaque bouchée de se tourner de côté quelque peu. Frédéric, lui ayant conté la chose brièvement, réclama son assistance. Le citoyen commença par ne rien répondre; il roulait des yeux, avait l'air de réfléchir, fit plusieurs tours dans la salle et dit enfin:

«Oui, volontiers!»

Et un sourire homicide le dérida, en apprenant que l'adversaire était un noble.

«Nous le ferons marcher tambour battant, soyez tranquille! D'abord,... avec l'épée...

—Mais peut-être, objecta Frédéric, que je n'ai pas le droit...

—Je vous dis qu'il faut prendre l'épée! répliqua brutalement le citoyen. Savez-vous tirer?

—Un peu!

—Ah! un peu! voilà comme ils sont tous! Et ils ont la rage de faire assaut! Qu'est-ce que ça prouve, la salle d'armes! Écoutez-moi: tenez-vous bien à distance en vous enfermant toujours dans des cercles, et rompez! rompez! C'est permis. Fatiguez-le! Puis fendez-vous dessus franchement! Et surtout pas de malice, pas de coups à la La Fougère! non! de simples une-deux, des dégagements. Tenez, voyez-vous? en tournant le poignet comme pour ouvrir une serrure.—Père Vauthier, donnez-moi votre canne! Ah! cela suffit.»

Il empoigna la baguette qui servait à allumer le gaz, arrondit le bras gauche, plia le droit et se mit à pousser des bottes contre la cloison. Il frappait du pied, s'animait, feignait même de rencontrer des difficultés, tout en criant: «Y es-tu, là? y es-tu?» et sa silhouette énorme se projetait sur la muraille, avec son chapeau qui semblait toucher au plafond. Le limonadier disait de temps en temps: «Bravo! très bien!» Son épouse également l'admirait, quoique émue; et Théodore, un ancien soldat, en restait cloué d'ébahissement, étant, du reste, fanatique de M. Regimbart.

Le lendemain, de bonne heure, Frédéric courut au magasin de Dussardier. Après une suite de pièces, toutes remplies d'étoffes garnissant des rayons, ou étendues en travers sur des tables, tandis que, çà et là, des champignons de bois supportaient des châles, il l'aperçut dans une espèce de cage grillée, au milieu de registres, et écrivant debout sur un pupitre. Le brave garçon lâcha immédiatement sa besogne.

Les témoins arrivèrent avant midi. Frédéric, par bon goût, crut devoir ne pas assister à la conférence.

Le baron et M. Joseph déclarèrent qu'ils se contenteraient des excuses les plus simples. Mais Regimbart, ayant pour principe de ne céder jamais, et qui tenait à défendre l'honneur d'Arnoux (Frédéric ne lui avait point parlé d'autre chose), demanda que le vicomte fît des excuses. M. de Comaing fut révolté de l'outrecuidance. Le citoyen n'en voulut pas démordre. Toute conciliation devenant impossible, on se battrait.

D'autres difficultés surgirent, car le choix des armes légalement appartenait à Cisy, l'offensé. Mais Regimbart soutint que, par l'envoi du cartel, il se constituait l'offenseur. Ses témoins se récrièrent qu'un soufflet cependant était la plus cruelle des offenses. Le citoyen épilogua sur les mots, un coup n'étant pas un soufflet. Enfin, on décida qu'on s'en rapporterait à des militaires; et les quatre témoins sortirent pour aller consulter des officiers dans une caserne quelconque.

Ils s'arrêtèrent à celle du quai d'Orsay. M. de Comaing, ayant abordé deux capitaines, leur exposa la contestation.

Les capitaines n'y comprirent goutte, embrouillée qu'elle fut par les phrases incidentes du citoyen. Bref, ils conseillèrent à ces messieurs d'écrire un procès-verbal; après quoi, ils décideraient. Alors, on se transporta dans un café; et, même pour faire les choses plus discrètement, on désigna Cisy par H et Frédéric par un K.

Puis on retourna à la caserne. Les officiers étaient sortis. Ils reparurent et déclarèrent qu'évidemment le choix des armes appartenait à M. H. Tous s'en revinrent chez Cisy. Regimbart et Dussardier restèrent sur le trottoir.

Le vicomte, en apprenant la solution, fut pris d'un si grand trouble, qu'il se la fit répéter plusieurs fois; et, quand M. de Comaing en vint aux prétentions de Regimbart, il murmura «cependant», n'étant pas loin en lui-même d'y obtempérer. Puis il se laissa choir dans un fauteuil et déclara qu'il ne se battrait pas.

«Hein? comment?» dit le baron.

Alors, Cisy s'abandonna à un flux labial désordonné. Il voulait se battre au tromblon, à bout portant, avec un seul pistolet.

«Ou bien on mettra de l'arsenic dans un verre, qui sera tiré au sort. Ça se fait quelquefois; je l'ai lu!»

Le baron, peu endurant naturellement, le rudoya.

«Ces messieurs attendent votre réponse. C'est indécent, à la fin! Que prenez-vous? voyons! Est-ce l'épée?»

Le vicomte répliqua «oui» par un signe de tête, et le rendez-vous fut fixé pour le lendemain, à la porte Maillot, à sept heures juste.

Dussardier étant contraint de s'en retourner à ses affaires, Regimbart alla prévenir Frédéric.

On l'avait laissé toute la journée sans nouvelles; son impatience était devenue intolérable.

«Tant mieux!» s'écria-t-il.

Le citoyen fut satisfait de sa contenance.

«On réclamait de nous des excuses, croiriez-vous? Ce n'était rien, un simple mot! Mais je les ai envoyés joliment bouler! Comme je le devais, n'est-ce pas?

—Sans doute», dit Frédéric tout en songeant qu'il eût mieux fait de choisir un autre témoin.

Puis, quand il fut seul, il se répéta tout haut plusieurs fois:

«Je vais me battre. Tiens, je vais me battre! C'est drôle!»

Et, comme il marchait dans sa chambre, en passant devant sa glace, il s'aperçut qu'il était pâle.

«Est-ce que j'aurais peur?»

Une angoisse abominable le saisit à l'idée d'avoir peur sur le terrain.

«Si j'étais tué cependant? Mon père est mort de la même façon. Oui, je serai tué!»

Et, tout à coup, il aperçut sa mère en robe noire; des images incohérentes se déroulèrent dans sa tête. Sa propre lâcheté l'exaspéra. Il fut pris d'un paroxysme de bravoure, d'une soif carnassière. Un bataillon ne l'eût pas fait reculer. Cette fièvre calmée, il se sentit, avec joie, inébranlable. Pour se distraire, il se rendit à l'Opéra, où l'on donnait un ballet. Il écouta la musique, lorgna les danseuses et but un verre de punch pendant l'entr'acte. Mais, en rentrant chez lui, la vue de son cabinet, de ses meubles, où il se retrouvait peut-être pour la dernière fois, lui causa une faiblesse.

Il descendit dans son jardin. Les étoiles brillaient; il les contempla. L'idée de se battre pour une femme le grandissait à ses yeux, l'ennoblissait. Puis il alla se coucher tranquillement.

Il n'en fut pas de même de Cisy. Après le départ du baron, Joseph avait tâché de remonter son moral, et, comme le vicomte demeurait froid:

«Pourtant, mon brave, si tu préfères en rester là, j'irai le dire.»

Cisy n'osa répondre «certainement», mais il en voulut à son cousin de ne pas lui rendre ce service sans en parler.

Il souhaita que Frédéric, pendant la nuit, mourût d'une attaque d'apoplexie, ou qu'une émeute survenant, il y eût le lendemain assez de barricades pour fermer tous les abords du bois de Boulogne, ou qu'un événement empêchât un des témoins de s'y rendre; car le duel faute de témoins manquerait. Il avait envie de se sauver par un train express n'importe où. Il regretta de ne pas savoir la médecine pour prendre quelque chose qui, sans exposer ses jours, ferait croire à sa mort. Il arriva jusqu'à désirer être malade gravement.

Afin d'avoir un conseil, un secours, il envoya chercher M. des Aulnays. L'excellent homme était retourné en Saintonge, sur une dépêche lui apprenant l'indisposition d'une de ses filles. Cela parut de mauvais augure à Cisy. Heureusement que M. Vezou, son précepteur, vint le voir. Alors il s'épancha.

«Comment faire, mon Dieu! comment faire?

—Moi, à votre place, monsieur le comte, je payerais un fort de la halle pour lui flanquer une raclée.

—Il saurait toujours de qui ça vient!» reprit Cisy.

Et, de temps à autre, il poussait un gémissement; puis:

«Mais est-ce qu'on a le droit de se battre en duel?

—C'est un reste de barbarie! Que voulez-vous!»

Par complaisance, le pédagogue s'invita lui-même à dîner. Son élève ne mangea rien et, après le repas, sentit le besoin de faire un tour.

Il dit en passant devant une église:

«Si nous entrions un peu... pour voir?»

M. Vezou ne demanda pas mieux et même lui présenta de l'eau bénite.

C'était le mois de Marie, des fleurs couvraient l'autel, des voix chantaient, l'orgue résonnait. Mais il lui fut impossible de prier, les pompes de la religion lui inspirant des idées de funérailles; il entendait comme des bourdonnements de *De profundis*.

«Allons-nous-en! Je ne me sens pas bien!»

Ils employèrent toute la nuit à jouer aux cartes. Le vicomte s'efforça de perdre, afin de conjurer la mauvaise chance, ce dont M. Vezou profita. Enfin, au petit jour, Cisy, qui n'en pouvait plus, s'affaissa sur le tapis vert et eut un sommeil plein de songes désagréables.

Si le courage, pourtant, consiste à vouloir dominer sa faiblesse, le vicomte fut courageux, car, à la vue de ses témoins qui venaient le chercher, il se raidit de toutes ses forces, la vanité lui faisant comprendre qu'une reculade le perdrait. M. de Comaing le complimenta sur sa bonne mine.

Mais, en route, le bercement du fiacre et la chaleur du soleil matinal l'énervèrent. Son énergie était retombée. Il ne distinguait même plus où l'on était.

Le baron se divertit à augmenter sa frayeur, en parlant du «cadavre» et de la manière de le rentrer en ville clandestinement. Joseph donnait la réplique; tous deux, jugeant l'affaire ridicule, étaient persuadés qu'elle s'arrangerait.

Cisy gardait sa tête sur sa poitrine; il la releva doucement et fit observer qu'on n'avait pas pris de médecin.

«C'est inutile, dit le baron.

—Il n'y a pas de danger, alors?»

Joseph répliqua d'un ton grave:

«Espérons-le.»

Et personne dans la voiture ne parla plus.

A sept heures dix minutes, on arriva devant la porte Maillot. Frédéric et ses témoins s'y trouvaient, habillés de noir tous les trois. Regimbart, au lieu de cravate, avait un col de crin comme un troupier; et il portait une espèce de longue boîte à violon, spéciale pour ce genre d'aventures. On échangea froidement un salut. Puis tous s'enfoncèrent dans le bois de Boulogne, par la route de Madrid, afin d'y trouver une place convenable.

Regimbart dit à Frédéric, qui marchait entre lui et Dussardier:

«Eh bien, et cette venette, qu'en fait-on? Si vous avez besoin de quelque chose, ne vous gênez pas, je connais ça! La crainte est naturelle à l'homme.»

Puis, à voix basse:

«Ne fumez plus, ça amollit!»

Frédéric jeta son cigare qui le gênait, et continua d'un pied ferme. Le vicomte avançait par derrière, appuyé sur le bras de ses deux témoins.

De rares passants les croisaient. Le ciel était bleu, et on entendait par moments des lapins bondir. Au détour d'un sentier, une femme en madras causait avec un homme en blouse, et, dans la grande avenue sous les marronniers, des domestiques en veste de toile promenaient leurs chevaux.

Cisy se rappelait les jours heureux où, monté sur son alezan et le lorgnon dans l'œil, il chevauchait à la portière des calèches; ces souvenirs renforçaient son angoisse; une soif intolérable le brûlait; la susurration des mouches se confondait avec le battement de ses artères; ses pieds enfonçaient dans le sable; il lui semblait qu'il était en train de marcher depuis un temps infini.

Les témoins, sans s'arrêter, fouillaient de l'œil les deux bords de la route. On délibéra si l'on irait à la croix Catelan ou sous les murs de Bagatelle. Enfin, on prit à droite et on s'arrêta dans une espèce de quinconce, entre des pins.

L'endroit fut choisi de manière à répartir également le niveau du terrain. On marqua les deux places où les adversaires devaient se poser. Puis Regimbart ouvrit sa boîte. Elle contenait, sur un capitonnage de basane rouge, quatre épées charmantes, creuses au milieu, avec des poignées garnies de filigrane. Un rayon lumineux, traversant les feuilles, tomba dessus; et elles parurent à Cisy briller comme des vipères d'argent sur une mare de sang.

Le citoyen fit voir qu'elles étaient de longueur pareille; il prit la troisième pour lui-même, afin de séparer les combattants en cas de besoin. M. de Comaing tenait une canne. Il y eut un silence. On se regarda. Toutes les figures avaient quelque chose d'effaré ou de cruel.

Frédéric avait mis bas sa redingote et son gilet. Joseph aida Cisy à faire de même; sa cravate étant retirée, on aperçut à son cou une médaille bénite. Cela fit sourire de pitié Regimbart.

Alors, M. de Comaing (pour laisser à Frédéric encore un moment de réflexion) tâcha d'élever des chicanes. Il réclama le droit de mettre un gant, celui de saisir l'épée de son adversaire avec la main gauche; Regimbart, qui était pressé, ne s'y refusa pas. Enfin le baron, s'adressant à Frédéric:

«Tout dépend de vous, monsieur! Il n'y a jamais de déshonneur à reconnaître ses fautes.»

Dussardier l'approuva du geste. Le citoyen s'indigna.

«Croyez-vous que nous sommes ici pour plumer les canards, fichtre?... En garde!»

Les adversaires étaient l'un devant l'autre, leurs témoins de chaque côté. Il cria le signal:

«Allons!»

Cisy devint effroyablement pâle. Sa lame tremblait par le bout comme une cravache. Sa tête se renversait, ses bras s'écartèrent, il tomba sur le dos évanoui. Joseph le releva; et, tout en lui poussant sous les narines un flacon, il le secouait fortement. Le vicomte rouvrit les yeux, puis tout à coup bondit comme un furieux sur son épée. Frédéric avait gardé la sienne; et il l'attendait, l'œil fixe, la main haute.

«Arrêtez, arrêtez!» cria une voix qui venait de la route, en même temps que le bruit d'un cheval au galop; et la capote d'un cabriolet cassait les branches! Un homme penché en dehors agitait un mouchoir et criait toujours: «Arrêtez, arrêtez!»

M. de Comaing, croyant à une intervention de la police, leva sa canne.

«Finissez donc! le vicomte saigne!

—Moi?» dit Cisy.

En effet, il s'était, dans sa chute, écorché le pouce de la main gauche.

«Mais c'est en tombant», ajouta le citoyen.

Le baron feignit de ne pas entendre.

Arnoux avait sauté du cabriolet.

«J'arrive trop tard! Non! Dieu soit loué!»

Il tenait Frédéric à pleins bras, le palpait, lui couvrait le visage de baisers.

«Je sais le motif; vous avez voulu défendre votre vieil ami! C'est bien, cela, c'est bien! Jamais je ne l'oublierai! Comme vous êtes bon! Ah! cher enfant!»

Il le contemplait et versait des larmes, tout en ricanant de bonheur. Le baron se tourna vers Joseph.

«Je crois que nous sommes de trop dans cette petite fête de famille. C'est fini, n'est-ce pas, messieurs?—Vicomte, mettez votre bras en écharpe; tenez, voilà mon foulard.» Puis, avec un geste impérieux: «Allons! pas de rancune! Cela se doit!»

Les deux combattants se serrèrent la main mollement. Le vicomte, M. de Comaing et Joseph disparurent d'un côté, et Frédéric s'en alla de l'autre avec ses amis.

Comme le restaurant de Madrid n'était pas loin, Arnoux proposa de s'y rendre pour boire un verre de bière.

«On pourrait même déjeuner», dit Regimbart.

Mais, Dussardier n'en ayant pas le loisir, ils se bornèrent à un rafraîchissement dans le jardin. Tous éprouvaient cette béatitude qui suit les dénouements heureux. Le citoyen cependant était fâché qu'on eût, interrompu le duel au bon moment.

Arnoux en avait eu connaissance par un nommé Compain, ami de Regimbart; et dans un élan de cœur, il était accouru pour l'empêcher, croyant, du reste, en être la cause. Il pria Frédéric de lui fournir là-dessus quelques détails. Frédéric, ému par les preuves de sa tendresse, se fit scrupule d'augmenter son illusion:

«De grâce, n'en parlons plus!»

Arnoux trouva cette réserve fort délicate. Puis, avec sa légèreté ordinaire, passant à une autre idée:

«Quoi de neuf, citoyen?»

Et ils se mirent à causer traites, échéances. Afin d'être plus commodément, ils allèrent même chuchoter à l'écart sur une autre table.

Frédéric distingua ces mots: «Vous allez me souscrire.—Oui! mais, vous, bien entendu...—Je l'ai négocié enfin pour trois cents!—Jolie commission, ma foi!» Bref, il était clair qu'Arnoux tripotait avec le citoyen beaucoup de choses.

Frédéric songea à lui rappeler ses quinze mille francs. Mais sa démarche récente interdisait les reproches, même les plus doux. D'ailleurs, il se sentait fatigué. L'endroit n'était pas convenable. Il remit cela à un autre jour.

Arnoux, assis à l'ombre d'un troène, fumait d'un air hilare. Il leva les yeux vers les portes des cabinets donnant toutes sur le jardin, et dit qu'il était venu là autrefois bien souvent.

«Pas seul, sans doute? répliqua le citoyen.

—Parbleu!

—Quel polisson vous faites! un homme marié!

—Eh bien, et vous donc! reprit Arnoux; et, avec un sourire indulgent: Je suis même sûr que ce gredin-là possède quelque part une chambre, où il reçoit des petites filles!»

Le citoyen confessa que c'était vrai, par un simple haussement de sourcils. Alors, ces deux messieurs exposèrent leurs goûts: Arnoux préférait maintenant la jeunesse, les ouvrières; Regimbart détestait «des mijaurées» et tenait avant tout au positif. La conclusion, fournie par le marchand de faïence, fut qu'on ne devait pas traiter les femmes sérieusement.

«Cependant il aime la sienne!» songeait Frédéric, en s'en retournant; et il le trouvait un malhonnête homme. Il lui en voulait de ce duel, comme si c'eût été pour lui qu'il avait tout à l'heure risqué sa vie.

Mais il était reconnaissant à Dussardier de son dévouement; le commis, sur ses instances, arriva bientôt à lui faire une visite tous les jours.

Frédéric lui prêtait des livres: Thiers, Dulaure, Barante, *les Girondins* de Lamartine. Le brave garçon l'écoutait avec recueillement et acceptait ses opinions comme celles d'un maître.

Il arriva un soir tout effaré.

Le matin, sur le boulevard, un homme qui courait à perdre haleine s'était heurté contre lui; et, l'ayant reconnu pour un ami de Sénécal, lui avait dit:

«On vient de le prendre, je me sauve!»

Rien de plus vrai. Dussardier avait passé la journée aux informations. Sénécal était sous les verrous, comme prévenu d'attentat politique.

Fils d'un contremaître, né à Lyon et ayant eu pour professeur un ancien disciple de Chalier, dès son arrivée à Paris, il s'était fait recevoir de la Société des familles; ses habitudes étaient connues; la police le surveillait. Il s'était battu dans l'affaire de mai 1839 et depuis lors se tenait à l'ombre, mais s'exaltant de plus en plus, fanatique d'Alibaud, mêlant ses griefs contre la société à ceux du peuple contre la monarchie, et s'éveillant chaque matin avec l'espoir d'une révolution qui, en quinze jours ou un mois, changerait le monde. Enfin, écœuré par la mollesse de ses frères, furieux des retards qu'on opposait à ses rêves et désespérant de la patrie, il était entré comme chimiste dans le complot des bombes incendiaires; et on l'avait surpris portant de la poudre qu'il allait essayer à Montmartre, tentative suprême pour établir la république.

Dussardier ne la chérissait pas moins, car elle signifiait, croyait-il, affranchissement et bonheur universel. Un jour,—à quinze ans,—dans la rue Transnonain, devant la boutique d'un épicier, il avait vu des soldats la baïonnette rouge de sang, avec des cheveux collés à la crosse de leur fusil; depuis ce temps-là, le gouvernement l'exaspérait comme l'incarnation même de l'injustice. Il confondait un peu les assassins et les gendarmes; un mouchard valait à ses yeux un parricide. Tout le mal répandu sur la terre, il l'attribuait naïvement au Pouvoir et il le haïssait d'une haine essentielle, permanente, qui lui tenait tout le cœur et raffinait sa sensibilité. Les déclamations de Sénécal l'avaient ébloui. Qu'il fût coupable ou non, et sa tentative odieuse, peu importait! Du moment qu'il était la victime de l'autorité, on devait le servir.

«Les pairs le condamneront certainement! Puis il sera emmené dans une voiture cellulaire comme un galérien et on l'enfermera au Mont-Saint-Michel, où le gouvernement les fait mourir! Austen est devenu fou! Steuben s'est tué! Pour transférer Barbès dans un cachot, on l'a tiré par les jambes, par les cheveux! On lui piétinait le corps, et sa tête rebondissait à chaque marche tout le long de l'escalier. Quelle abomination! les misérables!»

Des sanglots de colère l'étouffaient, et il tournait dans la chambre, comme pris d'une grande angoisse.

«Il faudrait faire quelque chose cependant! Voyons! moi, je ne sais pas! si nous tâchions de le délivrer, hein? Pendant qu'on le mènera au Luxembourg, on peut se jeter sur l'escorte dans le couloir! Une douzaine d'hommes déterminés, ça passe partout!»

Il y avait tant de flamme dans ses yeux, que Frédéric en tressaillit.

Sénécal lui apparut plus grand qu'il ne croyait. Il se rappela ses souffrances, sa vie austère; sans avoir pour lui l'enthousiasme de Dussardier, il éprouvait néanmoins cette admiration qu'inspire tout homme se sacrifiant à une idée. Il se disait que, s'il l'eût secouru, Sénécal n'en serait pas là; et les deux amis cherchèrent laborieusement quelque combinaison pour le sauver.

Il leur fut impossible de parvenir jusqu'à lui.

Frédéric s'enquérait de son sort dans les journaux et pendant trois semaines fréquenta les cabinets de lecture.

Un jour, plusieurs numéros du *Flambard* lui tombèrent sous la main. L'article de fond invariablement était consacré à démolir un homme illustre. Venaient ensuite les nouvelles du monde, les cancans. Puis, on blaguait l'Odéon, Carpentras, la pisciculture, et les condamnés à mort quand il y en avait. La disparition d'un paquebot fournit matières à plaisanteries pendant un an. Dans la troisième colonne, un courrier des arts donnait, sous forme d'anecdote ou de conseil, des réclames de tailleurs, avec des comptes rendus de soirées, des annonces de ventes, des analyses d'ouvrages, traitant de la même encre un volume de vers et une paire de bottes. La seule partie sérieuse était la critique des petits théâtres, où l'on s'acharnait sur deux ou trois directeurs; et les intérêts de l'art étaient invoqués à propos des décors des Funambules ou d'une amoureuse des Délassements.

Frédéric allait rejeter tout cela quand ses yeux rencontrèrent un article intitulé: *Une poulette entre trois cocos*. C'était l'histoire de son duel, narrée en style sémillant, gaulois. Il se reconnut sans peine, car il était désigné par cette plaisanterie, laquelle revenait souvent: «Un jeune homme du collège de Sens et qui en manque.» On le représentait même comme un pauvre diable de provincial, un obscur nigaud tâchant de frayer avec les grands seigneurs. Quant au vicomte, il avait le beau rôle, d'abord dans le souper, où il s'introduisait de force, ensuite dans le pari, puisqu'il emmenait la demoiselle, et finalement sur le terrain, où il se comportait en gentilhomme. La bravoure de Frédéric n'était pas niée précisément, mais on faisait comprendre qu'un intermédiaire, le *protecteur* lui-même, était survenu juste à temps. Le tout se terminait par cette phrase, grosse peut-être de perfidie:

«D'où vient leur tendresse? Problème! et, comme dit Bazile, qui diable est-ce qu'on trompe ici?»

C'était, sans le moindre doute, une vengeance d'Hussonnet contre Frédéric, pour son refus des cinq mille francs.

Que faire? S'il lui en demandait raison, le bohème protesterait de son innocence, et il n'y gagnerait rien. Le mieux était d'avaler la chose silencieusement. Personne, après tout, ne lisait *le Flambard*.

En sortant du cabinet de lecture, il aperçut du monde devant la boutique d'un marchand de tableaux. On regardait un portrait de femme, avec cette ligne écrite au bas en lettres noires: «Mlle Rose-Annette Bron, appartenant à M. Frédéric Moreau, de Nogent.»

C'était bien elle,—ou à peu près,—vue de face, les seins découverts, les cheveux dénoués, et tenant dans ses mains une bourse de velours rouge, tandis que, par derrière, un paon avançait son bec sur son épaule, en couvrant la muraille de ses grandes plumes en éventail.

Pellerin avait fait cette exhibition pour contraindre Frédéric au payement, persuadé qu'il était célèbre et que tout Paris, s'animant en sa faveur, allait s'occuper de cette misère.

Était-ce une conjuration? Le peintre et le journaliste avaient-ils monté leur coup ensemble?

Son duel n'avait rien empêché. Il devenait ridicule, tout le monde se moquait de lui.

Trois jours après, à la fin de juin, les actions du Nord ayant fait quinze francs de hausse, comme il en avait acheté deux mille l'autre mois, il se trouva gagner trente mille francs. Cette caresse de la fortune lui redonna confiance. Il se dit qu'il n'avait besoin de personne, que tous ses embarras venaient de sa timidité, de ses hésitations. Il aurait dû commencer avec la Maréchale brutalement, refuser Hussonnet dès le premier jour, ne pas se compromettre avec Pellerin; et, pour montrer que rien ne le gênait, il se rendit chez Mme Dambreuse à une de ses soirées ordinaires.

Au milieu de l'antichambre, Martinon, qui arrivait en même temps que lui, se retourna.

«Comment, tu viens ici, toi? avec l'air surpris et même contrarié de le voir.

—Pourquoi pas?»

Et, tout en cherchant la cause d'un tel abord, Frédéric s'avança dans le salon.

La lumière était faible, malgré les lampes posées dans les coins; car les trois fenêtres, grandes ouvertes, dressaient parallèlement trois larges carrés d'ombre noire. Des jardinières, sous les tableaux, occupaient jusqu'à hauteur d'homme les intervalles de la muraille; et une théière d'argent avec un samovar se mirait au fond dans une glace. Un murmure de voix discrètes s'élevait. On entendait des escarpins craquer sur le tapis.

Il distingua des habits noirs, puis une table ronde éclairée par un grand abat-jour, sept ou huit femmes en toilettes d'été, et, un peu plus loin, Mme Dambreuse dans un fauteuil à bascule. Sa robe de taffetas lilas avait des manches à crevés, d'où s'échappaient des bouillons de mousseline, le ton doux de l'étoffe se mariant à la nuance de ses cheveux; et elle se tenait quelque peu renversée en arrière, avec le bout de son pied sur un coussin,— tranquille comme une œuvre d'art pleine de délicatesse, une fleur de haute culture.

M. Dambreuse et un vieillard à chevelure blanche se promenaient dans toute la longueur du salon. Quelques-uns s'entretenaient au bord des petits divans, çà et là; les autres, debout, formaient un cercle au milieu.

Ils causaient de votes, d'amendements, de sous-amendements, du discours de M. Grandin, de la réplique de M. Benoist. Le tiers parti décidément allait trop loin! Le centre gauche aurait dû se souvenir un peu mieux de ses origines! Le ministère avait reçu de graves atteintes! Ce qui devait rassurer pourtant, c'est qu'on ne lui voyait point de successeur. Bref, la situation était complètement analogue à celle de 1834.

Comme ces choses ennuyaient Frédéric, il se rapprocha des femmes. Martinon était près d'elles, debout, le chapeau sous le bras, la figure de trois quarts, et si convenable, qu'il ressemblait à de la porcelaine de Sèvres. Il prit une *Revue des Deux Mondes* traînant sur la table, entre une *Imitation* et un *Annuaire de Gotha*, et jugea de haut un poète illustre, dit qu'il allait aux conférences de Saint-François, se plaignit de son larynx, avalait de temps à autre une boule de gomme et cependant parlait musique, faisait le léger. Mlle Cécile, la nièce de M. Dambreuse, qui se brodait une paire de manchettes, le regardait en dessous avec ses prunelles d'un bleu pâle; et miss John, l'institutrice à nez camus, en avait lâché sa tapisserie; toutes deux paraissaient s'écrier intérieurement:

«Qu'il est beau!»

Mme Dambreuse se tourna vers lui:

«Donnez-moi donc mon éventail, qui est sur cette console, là-bas. Vous vous trompez! l'autre!»

Elle se leva; et, comme il revenait, ils se rencontrèrent au milieu du salon, face à face; elle lui adressa quelques mots vivement, des reproches sans doute, à en juger par l'expression altière de sa figure; Martinon tâchait de sourire; puis il alla se mêler au conciliabule des hommes sérieux. Mme Dambreuse reprit sa place, et, se penchant sur le bras de son fauteuil, elle dit à Frédéric:

«J'ai vu quelqu'un, avant-hier, qui m'a parlé de vous, M. de Cisy; vous le connaissez, n'est-ce pas?

—Oui... un peu.»

Tout à coup Mme Dambreuse s'écria:

«Duchesse, ah! quel bonheur!»

Et elle s'avança jusqu'à la porte, au-devant d'une vieille petite dame, qui avait une robe de taffetas carmélite et un bonnet de guipure à longues pattes. Fille d'un compagnon d'exil du comte d'Artois et veuve d'un maréchal de l'empire créé pair de France en 1830, elle tenait à l'ancienne cour comme à la nouvelle et pouvait obtenir beaucoup de choses. Ceux qui causaient debout s'écartèrent, puis reprirent leur discussion.

Maintenant, elle roulait sur le paupérisme, dont toutes les peintures, d'après ces messieurs, étaient fort exagérées.

«Cependant, objecta Martinon, la misère existe, avouons-le! Mais le remède ne dépend ni de la science ni du pouvoir. C'est une question purement individuelle. Quand les basses classes voudront se débarrasser de leurs vices, elles s'affranchiront de leurs besoins. Que le peuple soit plus moral et il sera moins pauvre!»

Suivant M. Dambreuse, on n'arriverait à rien de bien sans une surabondance du capital. Donc, le seul moyen possible était de confier, «comme le voulaient, du reste, les saint-simoniens (mon Dieu, ils avaient du bon! soyons justes envers tout le monde), de confier, dis-je, la cause du progrès à ceux qui peuvent accroître la fortune publique». Insensiblement on aborda les grandes exploitations industrielles, les chemins de fer, la houille. Et M. Dambreuse, s'adressant à Frédéric, lui dit tout bas:

«Vous n'êtes pas venu pour notre affaire.»

Frédéric allégua une maladie; mais, sentant que l'excuse était trop bête:

«D'ailleurs, j'ai eu besoin de mes fonds.

—Pour acheter une voiture?» reprit Mme Dambreuse, qui passait près de lui une tasse de thé à la main; et elle le considéra pendant une minute, la tête un peu tournée sur son épaule.

Elle le croyait l'amant de Rosanette; l'allusion était claire. Il sembla même à Frédéric que toutes les dames le regardaient de loin en chuchotant. Pour mieux voir ce qu'elles pensaient, il se rapprocha d'elles encore une fois.

De l'autre côté de la table, Martinon, auprès de Mlle Cécile, feuilletait un album. C'étaient des lithographies représentant des costumes espagnols. Il lisait tout haut les légendes: «Femme de Séville,—Jardinier de Valence,—Picador andalous»; et, descendant une fois jusqu'au bas de la page, il continua d'une haleine:

«Jacques Arnoux, éditeur.—Un de tes amis, hein?

—C'est vrai, dit Frédéric, blessé par son air. Mme Dambreuse reprit:

—En effet, vous êtes venu, un matin... pour... une maison, je crois? oui, une maison appartenant à sa femme. (Cela signifiait: C'est votre maîtresse.)

Il rougit jusqu'aux oreilles, et M. Dambreuse, qui arrivait au même moment, ajouta:

—Vous paraissiez même vous intéresser beaucoup à eux.»

Ces derniers mots achevèrent de décontenancer Frédéric. Son trouble, que l'on voyait, pensait-il, allait confirmer les soupçons, quand M. Dambreuse lui dit de plus près d'un ton grave:

«Vous ne faites pas d'affaires ensemble, je suppose?»

Il protesta par des secousses de tête multipliées, sans comprendre l'intention du capitaliste, qui voulait lui donner un conseil.

Il avait envie de partir. La peur de sembler lâche le retint. Un domestique enlevait les tasses de thé; Mme Dambreuse causait avec un diplomate en habit bleu; deux jeunes filles, rapprochant leurs fronts, se faisaient voir une bague; les autres, assises en demi-cercle sur des fauteuils, remuaient doucement leurs blancs visages, bordés de chevelures noires ou blondes; personne enfin ne s'occupait de lui. Frédéric tourna les talons; et, par une suite de longs zigzags, il avait presque gagné la porte, quand, passant près d'une console, il remarqua dessus, entre un vase de Chine et la boiserie, un journal plié en deux. Il le tira quelque peu et lut ces mots: *le Flambard*.

Qui l'avait apporté? Cisy! Pas un autre évidemment. Qu'importait, du reste! Ils allaient croire, tous déjà croyaient peut-être à l'article. Pourquoi cet acharnement? Une ironie silencieuse l'enveloppait. Il se sentait comme perdu dans un désert. Mais la voix de Martinon s'éleva:

«A propos d'Arnoux, j'ai lu parmi les prévenus des bombes incendiaires le nom d'un de ses employés, Sénécal. Est-ce le nôtre?

—Lui-même», dit Frédéric.

Martinon répéta, en criant très haut:

«Comment, notre Sénécal! notre Sénécal!»

Alors, on le questionna sur le complot; sa place d'attaché au parquet devait lui fournir des renseignements.

Il confessa n'en pas avoir. Du reste, il connaissait fort peu le personnage, l'ayant vu deux ou trois fois seulement, et le tenait en définitive pour un assez mauvais drôle. Frédéric, indigné, s'écria:

«Pas du tout! c'est un très honnête garçon!

—Cependant, monsieur, dit un propriétaire, on n'est pas honnête quand on conspire!»

La plupart des hommes qui étaient là avaient servi au moins quatre gouvernements; et ils auraient vendu la France ou le genre humain pour garantir leur fortune, s'épargner un malaise, un embarras, ou même par simple bassesse, adoration instinctive de la force. Tous déclarèrent les crimes politiques inexcusables. Il fallait plutôt pardonner à ceux qui provenaient du besoin! Et on ne manqua pas de mettre en avant l'éternel exemple du père de famille volant l'éternel morceau de pain chez l'éternel boulanger.

Un administrateur s'écria même:

«Moi, monsieur, si j'apprenais que mon frère conspire, je le dénoncerais!»

Frédéric invoqua le droit de résistance; et, se rappelant quelques phrases que lui avait dites Deslauriers, il cita Desolmes, Blackstone, le bill des droits en Angleterre, et l'article 2 de la Constitution de 91. C'était même en vertu de ce droit-là qu'on avait proclamé la déchéance de Napoléon; il avait été reconnu en 1830, inscrit en tête de la Charte.

«D'ailleurs, quand le souverain manque au contrat, la justice veut qu'on le renverse.

—Mais c'est abominable!» exclama la femme d'un préfet.

Toutes les autres se taisaient, vaguement épouvantées, comme si elles eussent entendu le bruit des balles. Mme Dambreuse se balançait dans son fauteuil et l'écoutait parler en souriant.

Un industriel, ancien carbonaro, tâcha de lui démontrer que les d'Orléans étaient une belle famille; sans doute, il y avait des abus...

«Eh bien, alors?

—Mais on ne doit pas les dire, cher monsieur! Si vous saviez comme toutes ces criailleries de l'Opposition nuisent aux affaires!

—Je me moque des affaires!» reprit Frédéric.

La pourriture de ces vieux l'exaspérait; et, emporté par la bravoure qui saisit quelquefois les plus timides, il attaqua les financiers, les députés, le gouvernement, le roi, prit la défense des Arabes, débita beaucoup de sottises. Quelques-uns l'encourageaient ironiquement: «Allez donc! continuez!» tandis que d'autres murmuraient: «Diable! quelle exaltation!» Enfin, il jugea convenable de se retirer; et, comme il s'en allait, M. Dambreuse lui dit, faisant allusion à la place de secrétaire:

«Rien n'est terminé encore! Mais dépêchez-vous!»

Et Mme Dambreuse:

«A bientôt, n'est-ce pas?»

Frédéric jugea leur adieu une dernière moquerie. Il était déterminé à ne jamais revenir dans cette maison, à ne plus fréquenter tous ces gens-là. Il croyait les avoir blessés, ne sachant pas quel large fonds d'indifférence le monde possède! Ces femmes surtout l'indignaient. Pas une qui l'eût soutenu, même du regard. Il leur en voulait de ne pas les avoir émues. Quant à Mme Dambreuse, il lui trouvait quelque chose à la fois de langoureux et de sec, qui empêchait de la définir par une formule. Avait-elle un amant? Quel amant? Était-ce le diplomate ou un autre? Martinon, peut-être? Impossible! Cependant il éprouvait une espèce de jalousie contre lui et envers elle une malveillance inexplicable.

Dussardier, venu ce soir-là comme d'habitude, l'attendait. Frédéric avait le cœur gonflé; il le dégorgea, et ses griefs, bien que vagues et difficiles à comprendre, attristèrent le brave commis; il se plaignait même de son isolement. Dussardier, en hésitant un peu, proposa de se rendre chez Deslauriers.

Frédéric, au nom de l'avocat, fut pris par un besoin extrême de le revoir. Sa solitude intellectuelle était profonde, et la compagnie de Dussardier insuffisante. Il lui répondit d'arranger les choses comme il voudrait.

Deslauriers, également, sentait depuis leur brouille une privation dans sa vie. Il céda sans peine à des avances cordiales.

Tous deux s'embrassèrent, puis se mirent à causer de choses indifférentes.

La réserve de Deslauriers attendrit Frédéric; et, pour lui faire une sorte de réparation, il lui conta le lendemain sa perte de quinze mille francs, sans dire que ces quinze mille francs lui étaient primitivement destinés. L'avocat n'en douta pas néanmoins. Cette mésaventure, qui lui donnait raison dans ses préjugés contre Arnoux, désarma tout à fait sa rancune; et il ne parla point de l'ancienne promesse.

Frédéric, trompé par son silence, crut qu'il l'avait oubliée. Quelques jours après, il lui demanda s'il n'existait pas de moyens de rentrer dans ses fonds.

On pouvait discuter les hypothèques précédentes, attaquer Arnoux comme stellionataire, faire des poursuites au domicile contre la femme.

«Non! non! pas contre elle!» s'écria Frédéric; et, cédant aux questions de l'ancien clerc, il avoua la vérité. Deslauriers fut convaincu qu'il ne la disait pas complètement, par délicatesse sans doute. Ce défaut de confiance le blessa.

Ils étaient cependant aussi liés qu'autrefois, et même ils avaient tant de plaisir à se trouver ensemble, que la présence de Dussardier les gênait. Sous prétexte de rendez-vous, ils arrivèrent à s'en débarrasser peu à peu. Il y a des hommes n'ayant pour mission parmi les autres que de servir d'intermédiaires; on les franchit comme des ponts, et l'on va plus loin.

Frédéric ne cachait rien à son ancien ami. Il lui dit l'affaire des houilles, avec la proposition de M. Dambreuse. L'avocat devint rêveur.

«C'est drôle! il faudrait pour cette place quelqu'un d'assez fort en droit!

—Mais tu pourras m'aider, reprit Frédéric.

—Oui..., tiens..., parbleu! certainement.»

Dans la même semaine, il lui montra une lettre de sa mère.

Mme Moreau s'accusait d'avoir mal jugé M. Roque, lequel avait donné de sa conduite des explications satisfaisantes. Puis elle parlait de sa fortune et de la possibilité, pour plus tard, d'un mariage avec Louise.

«Ce ne serait peut-être pas bête!» dit Deslauriers.

Frédéric s'en rejeta loin; le père Roque, d'ailleurs, était un vieux filou. Cela n'y faisait rien, selon l'avocat.

A la fin de juillet, une baisse inexplicable fit tomber les actions du Nord. Frédéric n'avait pas vendu les siennes; il perdit d'un seul coup soixante mille francs. Ses revenus se trouvaient sensiblement diminués. Il devait ou restreindre sa dépense, ou prendre un état, ou faire un beau mariage.

Alors, Deslauriers lui reparla de M{^{lle}} Roque. Rien ne l'empêchait d'aller voir un peu les choses par lui-même. Frédéric était un peu fatigué; la province et la maison maternelle le délasseraient. Il partit.

L'aspect des rues de Nogent, qu'il monta sous le clair de la lune, le reporta dans de vieux souvenirs; et il éprouvait une sorte d'angoisse, comme ceux qui reviennent après de longs voyages.

Il y avait chez sa mère tous les habitués d'autrefois: MM. Gamblin, Heudras et Chambrion, la famille Lebrun, «ces demoiselles Auger»; de plus, le père Roque, et, en face de M{^{me}} Moreau, devant une table de jeu, M{^{lle}} Louise. C'était une femme à présent. Elle se leva en poussant un cri. Tous s'agitèrent. Elle était restée immobile, debout; et les quatre flambeaux d'argent posés sur la table augmentaient sa pâleur. Quand elle se remit à jouer, sa main tremblait. Cette émotion flatta démesurément Frédéric, dont l'orgueil était malade; il se dit: «Tu m'aimeras, toi!» et, prenant sa revanche des déboires qu'il avait essuyés là-bas, il se mit à faire le Parisien, le lion, donna des nouvelles des théâtres, rapporta des anecdotes du monde, puisées dans les petits journaux, enfin éblouit ses compatriotes.

Le lendemain, M{^{me}} Moreau s'étendit sur les qualités de Louise; puis elle énuméra les bois, les fermes qu'elle posséderait. La fortune de M. Roque était considérable.

Il l'avait acquise en faisant des placements pour M. Dambreuse; car il prêtait à des personnes pouvant offrir de bonnes garanties hypothécaires, ce qui lui permettait de demander des suppléments d'intérêts ou des commissions. Le capital, grâce à une surveillance active, ne risquait rien. D'ailleurs, le père Roque n'hésitait jamais devant une saisie; puis il rachetait à bas prix les biens hypothéqués, et M. Dambreuse, voyant ainsi rentrer ses fonds, trouvait ses affaires très bien faites. Mais cette manipulation extra-légale le compromettait vis-à-vis de son régisseur. Il n'avait rien à lui refuser. C'était sur ses instances qu'il avait si bien accueilli Frédéric.

En effet, le père Roque couvait au fond de son âme une ambition. Il voulait que sa fille fût comtesse; et, pour y parvenir, sans mettre en jeu le bonheur de son enfant, il ne connaissait pas d'autre jeune homme que celui-là.

Par la protection de M. Dambreuse, on lui ferait avoir le titre de son aïeul, M{^{me}} Moreau étant la fille d'un comte de Fouvens, apparentée, d'ailleurs, aux plus vieilles familles champenoises, les Lavernade, les d'Étrigny. Quant aux Moreau, une inscription gothique près des moulins de Villeneuve-l'Archevêque parlait d'un Jacob Moreau qui les avait réédifiés en 1596; et la tombe de son fils, Pierre Moreau, premier écuyer du roi sous Louis XIV, se voyait dans la chapelle Saint-Nicolas.

Tant d'honorabilité fascinait M. Roque, fils d'un ancien domestique. Si la couronne comtale ne venait pas, il s'en consolerait sur autre chose; car Frédéric pouvait parvenir à la députation quand M. Dambreuse serait élevé à la pairie, et alors l'aider dans ses affaires, lui obtenir des fournitures, des concessions. Le jeune homme lui plaisait personnellement. Enfin il le voulait pour gendre, parce que depuis longtemps il s'était féru de cette idée, qui ne faisait que s'accroître.

Maintenant, il fréquentait l'église;—et il avait séduit Mme Moreau par l'espoir du titre surtout. Elle s'était gardée cependant de faire une réponse décisive.

Donc, huit jours après sans qu'aucun engagement eût été pris, Frédéric passait pour «le futur» de Mlle Louise; et le père Roque, peu scrupuleux, les laissait ensemble quelquefois.

V

Deslauriers avait emporté de chez Frédéric la copie de l'acte de subrogation, avec une procuration en bonne forme lui conférant de pleins pouvoirs; mais, quand il eut remonté ses cinq étages, et qu'il fut seul, au milieu de son triste cabinet, dans son fauteuil de basane, la vue du papier timbré l'écœura.

Il était las de ces choses, et des restaurants à trente-deux sous, des voyages en omnibus, de sa misère, de ses efforts. Il reprit les paperasses; d'autres se trouvaient à côté; c'étaient les prospectus de la compagnie houillère avec la liste des mines et le détail de leur contenance, Frédéric lui ayant laissé tout cela pour avoir dessus son opinion.

Une idée lui vint: celle de se présenter chez M. Dambreuse et de demander la place de secrétaire. Cette place, bien sûr, n'allait pas sans l'achat d'un certain nombre d'actions. Il reconnut la folie de son projet et se dit:

«Oh non! ce serait mal.»

Alors, il chercha comment s'y prendre pour recouvrer les quinze mille francs. Une pareille somme n'était rien pour Frédéric! Mais, s'il l'avait eue, lui, quel levier! Et l'ancien clerc s'indigna que la fortune de l'autre fût grande.

«Il en fait un usage pitoyable. C'est un égoïste. Eh! je me moque bien de ses quinze mille francs!»

Pourquoi les avait-il prêtés? Pour les beaux yeux de Mme Arnoux. Elle était sa maîtresse! Deslauriers n'en doutait pas. «Voilà une chose de plus à quoi sert l'argent!» Des pensées haineuses l'envahirent.

Puis, il songea à la personne même de Frédéric. Elle avait toujours exercé sur lui un charme presque féminin, et il arriva bientôt à l'admirer pour un succès dont il se reconnaissait incapable.

Cependant est-ce que la volonté n'était pas l'élément capital des entreprises? et, puisque avec elle on triomphe de tout...

«Ah! ce serait drôle!»

Mais il eut honte de cette perfidie, et, une minute après:

«Bah! est-ce que j'ai peur?»

Mme Arnoux (à force d'en entendre parler) avait fini par se peindre dans son imagination extraordinairement. La persistance de cet amour l'irritait comme un problème. Son austérité un peu théâtrale l'ennuyait maintenant. D'ailleurs, la femme du monde (ou ce qu'il jugeait telle) éblouissait l'avocat comme le symbole et le résumé de mille plaisirs inconnus. Pauvre, il convoitait le luxe sous la forme la plus claire.

«Après tout, quand il se fâcherait, tant pis! Il s'est trop mal comporté envers moi, pour que je me gêne! Rien ne m'assure qu'elle est sa maîtresse! Il me l'a nié. Donc, je suis libre!»

Le désir de cette démarche ne le quitta plus. C'était une épreuve de ses forces qu'il voulait faire;—si bien qu'un jour, tout à coup, il vernit lui-même ses bottes, acheta des gants blancs, et se mit en route, se substituant à Frédéric et s'imaginant presque être lui, par une singulière évolution intellectuelle, où il y avait à la fois de la vengeance et de la sympathie, de l'imitation et de l'audace.

Il fit annoncer «le docteur Deslauriers».

Mme Arnoux fut surprise, n'ayant réclamé aucun médecin.

«Ah! mille excuses! c'est docteur en droit. Je viens pour les intérêts de M. Moreau».

Ce nom parut la troubler.

«Tant mieux! pensa l'ancien clerc; puisqu'elle a bien voulu de lui, elle voudra de moi!» s'encourageant par l'idée reçue qu'il est plus facile de supplanter un amant qu'un mari.

Il avait eu le plaisir de la rencontrer une fois au Palais; il cita même la date. Tant de mémoire étonna Mme Arnoux. Il reprit d'un ton doucereux:

«Vous aviez déjà... quelques embarras... dans vos affaires!»

Elle ne répondit rien; donc, c'était vrai.

Il se mit à causer de choses et d'autres, de son logement, de la fabrique; puis, apercevant, aux bords de la glace, des médaillons:

«Ah! des portraits de famille, sans doute?»

Il remarqua celui d'une vieille femme, la mère de Mme Arnoux.

«Elle a l'air d'une excellente personne, un type méridional.»

Et, sur l'objection qu'elle était de Chartres:

«Chartres! jolie ville.»

Il en vanta la cathédrale et les pâtés; puis, revenant au portrait, y trouva des ressemblances avec Mme Arnoux, et lui lança des flatteries indirectement.

Elle n'en fut pas choquée. Il prit confiance et dit qu'il connaissait Arnoux depuis longtemps.

«C'est un brave garçon! mais qui se compromet! Pour cette hypothèque, par exemple, on n'imagine pas une étourderie...

—Oui! je sais», dit-elle, en haussant les épaules.

Ce témoignage involontaire de mépris engagea Deslauriers à poursuivre.

«Son histoire de kaolin, vous l'ignorez peut-être, a failli tourner très mal, et même sa réputation...»

Un froncement de sourcils l'arrêta.

Alors, se rabattant sur les généralités, il plaignit les pauvres femmes dont les époux gaspillent la fortune...

«Mais elle est à lui, monsieur; moi, je n'ai rien!»

N'importe! on ne savait pas... Une personne d'expérience pouvait servir. Il fit des offres de dévouement, exalta ses propres mérites; et il la regardait en face, à travers ses lunettes qui miroitaient.

Une torpeur vague la prenait; mais, tout à coup:

«Voyons l'affaire, je vous prie!»

Il exhiba le dossier.

«Ceci est la procuration de Frédéric. Avec un titre pareil aux mains d'un huissier qui fera un commandement, rien n'est plus simple: dans les vingt-quatre heures... (Elle restait impassible, il changea de manœuvre.) Moi, du reste, je ne comprends pas ce qui le pousse à réclamer cette somme; car enfin il n'en a aucun besoin!

—Comment! M. Moreau s'est montré assez bon...

—Oh! d'accord!»

Et Deslauriers entama son éloge, puis vint à le dénigrer, tout doucement, le donnant pour oublieux, personnel, avare.

«Je le croyais votre ami, monsieur?

—Cela ne m'empêche pas de voir ses défauts. Ainsi, il reconnaît bien peu... comment dirai-je? la sympathie...»

Mme Arnoux tournait les feuilles du gros cahier.

Elle l'interrompit pour avoir l'explication d'un mot.

Il se pencha sur son épaule, et si près d'elle, qu'il effleura sa joue. Elle rougit; cette rougeur enflamma Deslauriers; il lui baisa la main voracement.

«Que faites-vous, monsieur!»

Et, debout contre la muraille, elle le maintenait immobile, sous ses grands yeux noirs irrités.

«Écoutez-moi! Je vous aime!»

Elle partit d'un éclat de rire, un rire aigu, désespérant, atroce. Deslauriers sentit une colère à l'étrangler. Il se contint; et, avec la mine d'un vaincu, demandant grâce:

«Ah! vous avez tort! Moi, je n'irai pas comme lui...

— De qui donc parlez-vous?

— De Frédéric!

— Eh! M. Moreau m'inquiète peu, je vous l'ai dit!

— Oh! pardon!... pardon!»

Puis, d'une voix mordante, et faisant traîner ses phrases:

«Je croyais même que vous vous intéressiez suffisamment à sa personne, pour apprendre avec plaisir...»

Elle devint toute pâle. L'ancien clerc ajouta:

«Il va se marier.

— Lui!

— Dans un mois, au plus tard, avec Mlle Roque, la fille du régisseur de M. Dambreuse. Il est même parti à Nogent, rien que pour cela.»

Elle porta la main sur son cœur, comme au choc d'un grand coup; mais tout de suite elle tira la sonnette. Deslauriers n'attendit pas qu'on le mît dehors. Quand elle se retourna, il avait disparu.

Mme Arnoux suffoquait un peu. Elle s'approcha de la fenêtre pour respirer.

De l'autre côté de la rue, sur le trottoir, un emballeur en manches de chemise clouait une caisse. Des fiacres passaient. Elle ferma la croisée et vint se rasseoir. Les hautes maisons voisines interceptant le soleil, un jour froid tombait dans l'appartement. Ses enfants étaient sortis, rien ne bougeait autour d'elle. C'était comme une désertion immense.

«Il va se marier! est-ce possible!»

Et un tremblement nerveux la saisit.

«Pourquoi cela? est-ce que je l'aime?»

Puis, tout à coup:

«Mais oui, je l'aime!... je l'aime!...»

Il lui semblait descendre dans quelque chose de profond, qui n'en finissait plus. La pendule sonna trois heures. Elle écouta les vibrations du timbre mourir. Et elle restait au bord de son fauteuil, les prunelles fixes, et souriant toujours.

Le même après-midi, au même moment, Frédéric et M{ lle} Louise se promenaient dans le jardin que M. Roque possédait au bout de l'île. La vieille Catherine les surveillait de loin; ils marchaient côte à côte, et Frédéric disait:

«Vous souvenez-vous quand je vous emmenais dans la campagne?

—Comme vous étiez bon pour moi! répondit-elle. Vous m'aidiez à faire des gâteaux avec du sable, à remplir mon arrosoir, à me balancer sur l'escarpolette!

—Toutes vos poupées, qui avaient des noms de reines ou de marquises, que sont-elles devenues?

—Ma foi, je n'en sais rien!

—Et votre roquet Moricaud?

—Il s'est noyé, le pauvre chéri!

—Et le *Don Quichotte*, dont nous colorions ensemble les gravures?

—Je l'ai encore!»

Il lui rappela le jour de sa première communion et comme elle était gentille aux vêpres, avec son voile blanc et son grand cierge, pendant qu'elles défilaient toutes autour du chœur et que la cloche tintait.

Ces souvenirs, sans doute, avaient peu de charme pour M{ lle} Roque; elle ne trouva rien à répondre, et une minute après:

«Méchant! qui ne m'a pas donné une seule fois de ses nouvelles!»

Frédéric objecta ses nombreux travaux.

«Qu'est-ce donc que vous faites?»

Il fut embarrassé de la question, puis dit qu'il étudiait la politique.

«Ah!»

Et, sans en demander davantage:

«Cela vous occupe, mais moi!...»

Alors, elle lui conta l'aridité de son existence, n'ayant personne à voir, pas le moindre plaisir, la moindre distraction! Elle désirait monter à cheval.

«Le vicaire prétend que c'est inconvenant pour une jeune fille; est-ce bête, les convenances! Autrefois, on me laissait faire tout ce que je voulais; à présent, rien!

—Votre père vous aime pourtant!

—Oui, mais...»

Et elle poussa un soupir qui signifiait: «Cela ne suffit pas à mon bonheur.»

Puis, il y eut un silence. Ils n'entendaient que le craquement du sable sous leurs pieds avec le murmure de la chute d'eau; car la Seine, au-dessus de Nogent, est coupée en deux bras. Celui qui fait tourner les moulins dégorge en cet endroit la surabondance de ses ondes, pour rejoindre plus bas le cours naturel du fleuve; et, lorsqu'on vient des ponts, on aperçoit, à droite sur l'autre berge, un talus de gazon que domine une maison blanche. A gauche, dans la prairie, des peupliers s'étendent, et l'horizon, en face, est borné par une courbe de la rivière; elle était plate comme un miroir; de grands insectes patinaient sur l'eau tranquille. Des touffes de roseaux et des joncs la bordent inégalement; toutes sortes de plantes venues là s'épanouissaient en boutons d'or, laissaient pendre des grappes jaunes, dressaient des quenouilles de fleurs amarantes, faisaient au hasard des fusées vertes. Dans une anse du rivage, des nymphéas s'étalaient; et un rang de vieux saules cachant des pièges à loup était, de ce côté de l'île, toute la défense du jardin.

En deçà, dans l'intérieur, quatre murs à chaperon d'ardoises enfermaient le potager, où les carrés de terre, labourés nouvellement, formaient des plaques brunes. Les cloches des melons brillaient à la file sur leur couche étroite; les artichauts, les haricots, les épinards, les carottes et les tomates alternaient jusqu'à un plan d'asperges, qui semblait un petit bois de plumes.

Tout ce terrain avait été, sous le Directoire, ce qu'on appelait *une folie*. Les arbres, depuis lors, avaient démesurément grandi. De la clématite embarrassait les charmilles, les allées étaient couvertes de mousse, partout les ronces foisonnaient. Des tronçons de statue émiettaient leur plâtre sous les herbes. On se prenait en marchant dans quelques débris d'ouvrage en fil de fer. Il ne restait plus du pavillon que deux chambres au rez-de-chaussée avec des lambeaux de papier bleu. Devant la façade s'allongeait une treille à l'italienne, où, sur des piliers en brique, un grillage de bâtons supportait une vigne.

Ils vinrent là-dessus tous les deux, et, comme la lumière tombait par les trous inégaux de la verdure, Frédéric, en parlant à Louise de côté, observait l'ombre des feuilles sur son visage.

Elle avait dans ses cheveux rouges, à son chignon, une aiguille terminée par une boule de verre imitant l'émeraude; et elle portait, malgré son deuil (tant son mauvais goût était naïf), des pantoufles en paille garnies de satin rose, curiosité vulgaire, achetées sans doute dans quelque foire.

Il s'en aperçut et l'en complimenta ironiquement.

«Ne vous moquez pas de moi!» reprit-elle.

Puis, le considérant tout entier, depuis son chapeau de feutre gris jusqu'à ses chaussettes de soie:

«Comme vous êtes coquet!»

Ensuite, elle le pria de lui indiquer des ouvrages à lire. Il en nomma plusieurs, et elle dit:

«Oh! comme vous êtes savant!»

Toute petite, elle s'était prise d'un de ces amours d'enfant qui ont à la fois la pureté d'une religion et la violence d'un besoin. Il avait été son camarade, son frère, son maître, avait amusé son esprit, fait battre son cœur et versé involontairement jusqu'au fond d'elle-même une ivresse latente et continue. Puis il l'avait quittée en pleine crise tragique, sa mère à peine morte, les deux désespoirs se confondant. L'absence l'avait idéalisé dans son souvenir; il revenait avec une sorte d'auréole, et elle se livrait ingénument au bonheur de le voir.

Pour la première fois de sa vie, Frédéric se sentait aimé; et ce plaisir nouveau, qui n'excédait pas l'ordre des sentiments agréables, lui causait comme un gonflement intime; si bien qu'il écarta les deux bras, en se renversant la tête.

Un gros nuage passait alors sur le ciel.

«Il va du côté de Paris, dit Louise; vous voudriez le suivre, n'est-ce pas?

—Moi! pourquoi?

—Qui sait?»

Et, le fouillant d'un regard aigu:

«Peut-être que vous avez là-bas... (elle chercha le mot) quelque affection.

—Eh! je n'ai pas d'affection!

—Bien sûr?

—Mais oui, mademoiselle, bien sûr!»

En moins d'un an, il s'était fait dans la jeune fille une transformation extraordinaire qui étonnait Frédéric. Après une minute de silence, il ajouta:

«Nous devrions nous tutoyer comme autrefois; voulez-vous?

—Non.

—Pourquoi?

—Parce que!»

Il insistait.

Elle répondit en baissant la tête:

«Je n'ose pas!»

Ils étaient arrivés au bout du jardin, sur la grève du Livon. Frédéric, par gaminerie, se mit à faire des ricochets avec un caillou. Elle lui ordonna de s'asseoir. Il obéit; puis, en regardant la chute d'eau:

«C'est comme le Niagara!»

Il vint à parler des contrées lointaines et de grands voyages. L'idée d'en faire la charmait. Elle n'aurait eu peur de rien, ni des tempêtes, ni des lions.

Assis, l'un près de l'autre, ils ramassaient devant eux des poignées de sable, puis les faisaient couler de leurs mains tout en causant;—et le vent chaud qui arrivait des plaines leur apportait par bouffées des senteurs de lavande, avec le parfum du goudron s'échappant d'une barque derrière l'écluse. Le soleil frappait la cascade; les blocs verdâtres du petit mur où l'eau coulait apparaissaient comme sous une gaze d'argent se déroulant toujours. Une longue barre d'écume rejaillissait au pied en cadence. Cela formait ensuite des bouillonnements, des tourbillons, mille courants opposés, et qui finissaient par se confondre en une seule nappe limpide.

Louise murmura qu'elle enviait l'existence des poissons.

«Ce doit être si doux de se rouler là dedans, à son aise, de se sentir caressé partout.»

Et elle frémissait, avec des mouvements d'une câlinerie sensuelle.

Mais une voix cria:

«Où es-tu?

—Votre bonne vous appelle, dit Frédéric.

—Bien! bien!»

Louise ne se dérangeait pas.

«Elle va se fâcher, reprit-il.

—Cela m'est égal! et d'ailleurs..., Mlle Roque faisant comprendre, par un geste, qu'elle la tenait à sa discrétion.

Elle se leva pourtant, puis se plaignit de mal de tête. Et, comme ils passaient devant un vaste hangar qui contenait des bourrées:

«Si nous nous mettions dessous, à *l'égaud*?»

Il feignit de ne pas comprendre ce mot de patois et même la taquina sur son accent. Peu à peu, les coins de sa bouche se pincèrent, elle mordait ses lèvres; elle s'écarta pour bouder.

Frédéric la rejoignit, jura qu'il n'avait pas voulu lui faire de mal et qu'il l'aimait beaucoup.

«Est-ce vrai?» s'écria-t-elle, en le regardant avec un sourire qui éclairait tout son visage, un peu semé de taches de son.

Il ne résista pas à cette bravoure de sentiment, à la fraîcheur de sa jeunesse, et il reprit:

«Pourquoi te mentirais-je?..., tu en doutes... hein?» en lui passant le bras gauche autour de la taille.

Un cri, suave comme un roucoulement, jaillit de sa gorge; sa tête se renversa, elle défaillait, il la soutint. Et les scrupules de sa probité furent inutiles; devant cette vierge qui s'offrait, une peur l'avait saisi. Il l'aida ensuite à faire quelques pas doucement. Ses caresses de langage avaient cessé, et, ne voulant plus dire que des choses insignifiantes, il lui parlait des personnes de la société nogentaise.

Tout à coup elle le repoussa, et, d'un ton amer:

«Tu n'aurais pas le courage de m'emmener!»

Il resta immobile avec un grand air d'ébahissement. Elle éclata en sanglots, et s'enfonçant la tête dans sa poitrine:

«Est-ce que je peux vivre sans toi!»

Il tâchait de la calmer. Elle lui mit ses deux mains sur les épaules pour le mieux voir en face, et, dardant contre les siennes ses prunelles vertes, d'une humidité presque féroce:

«Veux-tu être mon mari?

—Mais..., répliqua Frédéric, cherchant quelque réponse. Sans doute... Je ne demande pas mieux.»

A ce moment la casquette de M. Roque apparut derrière un lilas.

Il emmena son «jeune ami» pendant deux jours faire un petit voyage aux environs, dans ses propriétés; et Frédéric, lorsqu'il revint, trouva chez sa mère trois lettres.

La première était un billet de M. Dambreuse l'invitant à dîner pour le mardi précédent. A propos de quoi cette politesse? On lui avait donc pardonné son incartade?

La seconde était de Rosanette. Elle le remerciait d'avoir risqué sa vie pour elle; Frédéric ne comprit pas d'abord ce qu'elle voulait dire; enfin, après beaucoup d'ambages, elle implorait de lui, en invoquant son amitié, se fiant à sa délicatesse, à deux genoux, disait-elle, vu la nécessité pressante et comme on demande du pain, un petit secours de cinq cents francs. Il se décida tout de suite à les fournir.

La troisième lettre, venant de Deslauriers, parlait de la subrogation et était longue, obscure. L'avocat n'avait pris encore aucun parti. Il l'engageait à ne pas se déranger: «C'est inutile que tu reviennes!» appuyant même là-dessus avec une insistance bizarre.

Frédéric se perdit dans toutes sortes de conjectures, et il eut envie de s'en retourner là-bas; cette prétention au gouvernement de sa conduite le révoltait.

D'ailleurs, la nostalgie du boulevard commençait à le prendre; et puis sa mère le pressait tellement, M. Roque tournait si bien autour de lui et Mlle Louise l'aimait si fort, qu'il ne pouvait rester plus longtemps sans se déclarer. Il avait besoin de réfléchir et jugerait mieux les choses dans l'éloignement.

Pour motiver son voyage, Frédéric inventa une histoire, et il partit en disant à tout le monde et croyant lui-même qu'il reviendrait bientôt.

VI

Son retour à Paris ne lui causa point de plaisir; c'était le soir, à la fin du mois d'août, le boulevard semblait vide, les passants se succédaient avec des mines refrognées, çà et là une chaudière d'asphalte fumait, beaucoup de maisons avaient leurs persiennes entièrement closes; il arriva chez lui; de la poussière couvrait les tentures; et, en dînant tout seul, Frédéric fut pris par un étrange sentiment d'abandon; alors il songea à Mlle Roque.

L'idée de se marier ne lui paraissait plus exorbitante. Ils voyageraient, ils iraient en Italie, en Orient! Et il l'apercevait debout sur un monticule, contemplant un paysage, ou bien appuyée à son bras dans une galerie florentine, s'arrêtant devant les tableaux. Quelle joie ce serait que de voir ce bon petit être s'épanouir aux splendeurs de l'art et de la nature! Sortie de son milieu, en peu de temps, elle ferait une compagne charmante. La fortune de M. Roque le tentait d'ailleurs. Cependant une pareille détermination lui répugnait comme une faiblesse, un avilissement.

Mais il était bien résolu (quoi qu'il dût faire) à changer d'existence, c'est-à-dire à ne plus perdre son cœur dans des passions infructueuses, et même il hésitait à remplir la commission dont Louise l'avait chargé. C'était d'acheter pour elle, chez Jacques Arnoux, deux grandes statuettes polychromes représentant des nègres, comme ceux qui étaient à la préfecture de Troyes. Elle connaissait le chiffre du fabricant, n'en voulait pas d'un autre. Frédéric avait peur, s'il retournait *chez eux*, de tomber encore une fois dans son vieil amour.

Ces réflexions l'occupèrent toute la soirée, et il allait se coucher quand une femme entra.

«C'est moi, dit en riant Mlle Vatnaz. Je viens de la part de Rosanette.»

Elles s'étaient donc réconciliées?

«Mon Dieu, oui! je ne suis pas méchante, vous savez bien. Au surplus, la pauvre fille... Ce serait trop long à vous conter.»

Bref, la Maréchale désirait le voir, elle attendait une réponse, sa lettre s'étant promenée de Paris à Nogent; Mlle Vatnaz ne savait point ce qu'elle contenait. Alors, Frédéric s'informa de la Maréchale.

Elle était maintenant *avec* un homme très riche, un Russe, le prince Tzernoukoff, qui l'avait vue aux courses du Champ de Mars l'été dernier.

«On a trois voitures, cheval de selle, livrée, groom dans le chic anglais, maison de campagne, loge aux Italiens, un tas de choses encore. Voilà, mon cher.»

Et la Vatnaz, comme si elle eût profité de ce changement de fortune, paraissait plus gaie, tout heureuse. Elle retira ses gants et examina dans la chambre les meubles et les bibelots. Elle les cotait à leur prix juste, comme un brocanteur. Il aurait dû la consulter pour les obtenir à meilleur compte, et elle le félicitait de son bon goût:

«Ah! c'est mignon, extrêmement bien! Il n'y a que vous pour ces idées.»

Puis, apercevant au chevet de l'alcôve une porte:

«C'est par là qu'on fait sortir les petites femmes, hein?»

Et, amicalement, elle lui prit le menton. Il tressaillit au contact de ses longues mains, tout à la fois maigres et douces. Elle avait autour des poignets une bordure de dentelle et sur le corsage de sa robe verte des passementeries comme un hussard. Son chapeau de tulle noir, à bords descendants, lui cachait un peu le front; ses yeux brillaient là-dessous; une odeur de patchouli s'échappait de ses bandeaux; la carcel posée sur un guéridon, en l'éclairant d'en bas comme une rampe de théâtre, faisait saillir sa mâchoire;—et tout à coup, devant cette femme laide qui avait dans la taille des ondulations de panthère, Frédéric sentit une convoitise énorme, un désir de volupté bestiale.

Elle lui dit d'une voix onctueuse, en tirant de son porte-monnaie trois carrés de papier:

«Vous allez me prendre ça!»

C'étaient trois places pour une représentation au bénéfice de Delmar.

«Comment! lui?

—Certainement!»

Mlle Vatnaz, sans s'expliquer davantage, ajouta qu'elle l'adorait plus que jamais. Le comédien, à l'en croire, se classait définitivement parmi «des sommités de l'époque». Et ce n'était pas tel ou tel personnage qu'il représentait, mais le génie même de la France, le peuple! Il avait «d'âme humanitaire; il comprenait le sacerdoce de l'art»! Frédéric, pour se délivrer de ces éloges, lui donna l'argent des trois places.

«Inutile que vous en parliez là-bas!—Comme il est tard, mon Dieu! Il faut que je vous quitte. Ah! j'oubliais l'adresse; c'est rue Grange-Batelière, 14.»

Et, sur le seuil:

«Adieu, homme aimé!

—Aimé de qui? se demanda Frédéric. Quelle singulière personne!»

Et il se ressouvint que Dussardier lui avait dit un jour, à propos d'elle: «Oh! ce n'est pas grand'chose!» comme faisant allusion à des histoires peu honorables.

Le lendemain, il se rendit chez la Maréchale. Elle habitait une maison neuve, dont les stores avançaient sur la rue. Il y avait à chaque palier une glace contre le mur, une jardinière rustique devant les fenêtres, tout le long des marches un tapis de toile; et, quand on arrivait du dehors, la fraîcheur de l'escalier délassait.

Ce fut un domestique mâle qui vint ouvrir, un valet en gilet rouge. Dans l'antichambre, sur la banquette, une femme et deux hommes, des fournisseurs sans doute, attendaient, comme dans un vestibule de ministre. A gauche, la porte de la salle à manger, entrebâillée, laissait apercevoir des bouteilles vides sur les buffets, des serviettes au dos des chaises; et parallèlement s'étendait une galerie, où des bâtons couleur d'or soutenaient un espalier de roses. En bas, dans la cour, deux garçons, les bras nus, frottaient un landau. Leur voix montait jusque-là, avec le bruit intermittent d'une étrille que l'on heurtait contre une pierre.

Le domestique revint. «Madame allait recevoir monsieur»; et il lui fit traverser une deuxième antichambre, puis un grand salon, tendu de brocatelle jaune, avec des torsades dans les coins qui se rejoignaient sur le plafond et semblaient continuées par les rinceaux du lustre ayant la forme de câbles. On avait sans doute festoyé la nuit dernière. De la cendre de cigare était restée sur les consoles.

Enfin, il entra dans une espèce de boudoir qu'éclairaient confusément des vitraux de couleur. Des trèfles en bois découpé ornaient le dessus des portes; derrière une balustrade, trois matelas de pourpre formaient divan, et le tuyau d'un narghilé de platine traînait dessus. La cheminée, au lieu de miroir, avait une étagère pyramidale, offrant sur ses gradins toute une collection de curiosités: de vieilles montres d'argent, des cornets de Bohême, des agrafes en pierreries, des boutons de jade, des émaux, des magots, une petite vierge byzantine à chape de vermeil; et tout cela se fondait dans un crépuscule doré, avec la couleur bleuâtre du tapis, le reflet de nacre des tabourets, le ton fauve des murs couverts de cuir marron. Aux angles, sur des piédouches, des vases de bronze contenaient des touffes de fleurs qui alourdissaient l'atmosphère.

Rosanette parut, habillée d'une veste de satin rose, avec un pantalon de cachemire blanc, un collier de piastres, et une calotte rouge entourée d'une branche de jasmin.

Frédéric fit un mouvement de surprise, puis dit qu'il apportait «la chose en question», en lui présentant le billet de banque.

Elle le regarda fort ébahie; et, comme il avait toujours le billet à la main, sans savoir où le poser:

«Prenez-le donc!»

Elle le saisit; puis, l'ayant jeté sur le divan:

«Vous êtes bien aimable.»

C'était pour solder un terrain à Bellevue, qu'elle payait ainsi par annuités. Un tel sans-façon blessa Frédéric. Du reste, tant mieux! cela le vengeait du passé.

«Asseyez-vous! dit-elle, là, plus près. Et, d'un ton grave: D'abord, j'ai à vous remercier, mon cher, d'avoir risqué votre vie.

—Oh! ce n'est rien!

—Comment, mais c'est très beau!»

Et la Maréchale lui témoigna une gratitude embarrassante; car elle devait penser qu'il s'était battu exclusivement pour Arnoux, celui-ci, qui se l'imaginait, ayant dû céder au besoin de le dire.

«Elle se moque de moi, peut-être», songeait Frédéric.

Il n'avait plus rien à faire, et, alléguant un rendez-vous, il se leva.

«Eh non! Restez!»

Il se rassit et la complimenta sur son costume.

Elle répondit, avec un air d'accablement:

«C'est le prince qui m'aime comme ça! Et il faut fumer des machines pareilles, ajouta Rosanette, en montrant le narghilé. Si nous en goûtions? voulez-vous?»

On apporta du feu; le tombac s'allumant difficilement, elle se mit à trépigner d'impatience. Puis une langueur la saisit; et elle restait immobile sur le divan, un coussin sous l'aisselle, le corps un peu tordu, un genou plié, l'autre jambe toute droite. Le long serpent de maroquin rouge, qui formait des anneaux par terre, s'enroulait à son bras. Elle en appuyait le bec d'ambre sur ses lèvres et regardait Frédéric, en clignant les yeux, à travers la fumée dont les volutes l'enveloppaient. L'aspiration de sa poitrine faisait gargouiller l'eau, et elle murmurait de temps à autre:

«Ce pauvre mignon! ce pauvre chéri!»

Il tâchait de trouver un sujet de conversation agréable; l'idée de la Vatnaz lui revint.

Il dit qu'elle lui avait semblé fort élégante.

«Parbleu! reprit la Maréchale. Elle est bien heureuse de m'avoir, celle-là!» sans ajouter un mot de plus, tant il y avait de restriction dans leurs propos.

Tous les deux sentaient une contrainte, un obstacle. En effet, le duel dont Rosanette se croyait la cause avait flatté son amour-propre. Puis elle s'était fort étonnée qu'il n'accourût pas se prévaloir de son action; et, pour le contraindre à revenir, elle avait imaginé ce besoin de cinq cents francs. Comment se faisait-il que Frédéric ne demandait pas en retour un peu de tendresse! C'était un raffinement qui l'émerveillait, et, dans un élan de cœur, elle lui dit:

«Voulez-vous venir avec nous aux bains de mer?

—Qui cela, *nous*?

—Moi et mon oiseau, je vous ferai passer pour mon cousin, comme dans les vieilles comédies.

—Mille grâces!

—Eh bien, alors, vous prendrez un logement près du nôtre.»

L'idée de se cacher d'un homme riche l'humiliait.

«Non! cela est impossible.

—A votre aise!»

Rosanette se détourna, ayant une larme aux paupières. Frédéric l'aperçut; et pour lui marquer de l'intérêt, il se dit heureux de la voir enfin dans une excellente position.

Elle fit un haussement d'épaules. Qui donc l'affligeait? Était-ce, par hasard, qu'on ne l'aimait pas?

«Oh! moi, on m'aime toujours!»

Elle ajouta:

«Reste à savoir de quelle manière.»

Se plaignant «d'étouffer de chaleur», la Maréchale défit sa veste; et, sans autre vêtement autour des reins que sa chemise de soie, elle inclinait la tête sur son épaule, avec un air d'esclave plein de provocations.

Un homme d'un égoïsme moins réfléchi n'eût pas songé que le vicomte, M. de Comaing ou un autre pouvait survenir. Mais Frédéric avait été trop de fois la dupe de ces mêmes regards pour se compromettre dans une humiliation nouvelle.

Elle voulut connaître ses relations, ses amusements; elle arriva même à s'informer de ses affaires et à offrir de lui prêter de l'argent, s'il en avait besoin. Frédéric, n'y tenant plus, prit son chapeau.

«Allons, ma chère, bien du plaisir là-bas; au revoir!»

Elle écarquilla les yeux; puis, d'un ton sec:

«Au revoir!»

Il repassa par le salon jaune et par la seconde antichambre. Il y avait sur la table, entre un vase plein de cartes de visite et une écritoire, un coffret d'argent ciselé. C'était celui de Mme Arnoux! Alors, il éprouva un attendrissement et en même temps comme le scandale d'une profanation. Il avait envie d'y porter les mains, de l'ouvrir. Il eut peur d'être aperçu et s'en alla.

Frédéric fut vertueux. Il ne retourna point chez Arnoux.

Il envoya son domestique acheter les deux nègres, lui ayant fait toutes les recommandations indispensables; et la caisse partit, le soir même, pour Nogent. Le lendemain, comme il se rendait chez Deslauriers, au détour de la rue Vivienne et du boulevard, Mme Arnoux se montra devant lui face à face.

Leur premier mouvement fut de reculer; puis, le même sourire leur vint aux lèvres, et ils s'abordèrent. Pendant une minute, aucun des deux ne parla.

Le soleil l'entourait;—et sa figure ovale, ses longs sourcils, son châle de dentelle noire, moulant la forme de ses épaules, sa robe de soie gorge de pigeon, le bouquet de violette au coin de sa capote, tout lui parut d'une splendeur extraordinaire. Une suavité infinie s'épanchait de ses beaux yeux; et, balbutiant, au hasard, les premières paroles venues:

«Comment se porte Arnoux? dit Frédéric.

—Je vous remercie!

—Et vos enfants?

—Ils vont très bien!

—Ah!... ah!—Quel beau temps nous avons, n'est-ce pas?

—Magnifique, c'est vrai!

—Vous faites des courses?

—Oui.»

Et avec une lente inclination de tête:

«Adieu!»

Elle ne lui avait pas tendu la main, n'avait pas dit un seul mot affectueux, ne l'avait pas même invité à venir chez elle, n'importe! il n'eût point donné cette rencontre pour la plus belle des aventures; et il en ruminait la douceur tout en continuant sa route.

Deslauriers, surpris de le voir, dissimula son dépit,—car il conservait par obstination quelque espérance encore du côté de Mme Arnoux, et il avait écrit à Frédéric de rester là-bas, pour être plus libre dans ses manœuvres.

Il dit cependant qu'il s'était présenté chez elle, afin de savoir si leur contrat stipulait la communauté; alors on aurait pu recourir contre la femme; «et elle a fait une drôle de mine quand je lui ai appris ton mariage».

«Tiens! quelle invention!

—Il le fallait, pour montrer que tu avais besoin de tes capitaux! Une personne indifférente n'aurait pas eu l'espèce de syncope qui l'a prise.

—Vraiment? s'écria Frédéric.

—Ah! mon gaillard, tu te trahis! Sois franc, voyons!»

Une lâcheté immense envahit l'amoureux de Mme Arnoux.

«Mais non!... je t'assure!... ma parole d'honneur!»

Ces molles dénégations achevèrent de convaincre Deslauriers. Il lui fit des compliments. Il lui demanda «des détails». Frédéric n'en donna pas et même résista à l'envie d'en inventer.

Quant à l'hypothèque, il lui dit de ne rien faire, d'attendre. Deslauriers trouva qu'il avait tort, et même fut brutal dans ses remontrances.

Il était d'ailleurs plus sombre, malveillant et irascible que jamais. Dans un an, si la fortune ne changeait pas, il s'embarquerait pour l'Amérique ou se ferait sauter la cervelle. Enfin il paraissait si furieux contre tout et d'un radicalisme tellement absolu que Frédéric ne put s'empêcher de lui dire:

«Te voilà comme Sénécal.»

Deslauriers, à ce propos, lui apprit qu'il était sorti de Sainte-Pélagie, l'instruction n'ayant point fourni assez de preuves, sans doute, pour le mettre en jugement.

Dans la joie de cette délivrance, Dussardier voulut «offrir un punch» et pria Frédéric «d'en être», en l'avertissant toutefois qu'il se trouverait avec Hussonnet, lequel s'était montré excellent pour Sénécal.

En effet, *le Flambard* venait de s'adjoindre un cabinet d'affaires, portant sur ses prospectus: «Comptoir des vignobles.—Office de publicité.—Bureau de recouvrements et renseignements, etc.» Mais le bohème craignait que son industrie ne fît du tort à sa considération littéraire, et il avait pris le mathématicien pour tenir les comptes. Bien que la place fût médiocre, Sénécal, sans elle, serait mort de faim. Frédéric, ne voulant point affliger le brave commis, accepta son invitation.

Dussardier, trois jours d'avance, avait ciré lui-même les pavés rouges de sa mansarde, battu le fauteuil et épousseté la cheminée, où l'on voyait sous un globe une pendule d'albâtre entre une stalactite et un coco. Comme ses deux chandeliers et son bougeoir n'étaient pas suffisants, il avait emprunté au concierge deux flambeaux; et ces cinq luminaires brillaient sur la commode, que recouvraient trois serviettes, afin de supporter plus décemment des macarons, des biscuits, une brioche et douze bouteilles de bière. En face, contre la muraille tendue d'un papier jaune, une petite bibliothèque en acajou contenait les *Fables de Lachambeaudie*, les *Mystères de Paris*, le *Napoléon*, de Norvins,—et, au milieu de l'alcôve, souriait, dans un cadre de palissandre, le visage de Béranger!

Les convives étaient (outre Deslauriers et Sénécal) un pharmacien nouvellement reçu, mais qui n'avait pas les fonds nécessaires pour s'établir; un jeune homme de *sa* maison, un placeur de vins, un architecte et un monsieur employé dans les assurances. Regimbart n'avait pu venir. On le regretta.

Ils accueillirent Frédéric avec de grandes marques de sympathie, tous connaissant par Dussardier son langage chez M. Dambreuse. Sénécal se contenta de lui offrir la main d'un air digne.

Il se tenait debout contre la cheminée. Les autres, assis et la pipe aux lèvres, l'écoutaient discourir sur le suffrage universel, d'où devait résulter le triomphe de la démocratie, l'application des principes de l'Évangile. Du reste, le moment approchait; les banquets réformistes se multipliaient dans les provinces; le Piémont, Naples, la Toscane...

«C'est vrai, dit Deslauriers, lui coupant net la parole, ça ne peut pas durer plus longtemps!»

Et il se mit à faire un tableau de la situation.

Nous avions sacrifié la Hollande pour obtenir de l'Angleterre la reconnaissance de Louis-Philippe; et cette fameuse alliance anglaise, elle était perdue, grâce aux mariages espagnols! En Suisse, M. Guizot, à la remorque de l'Autrichien, soutenait les traités de 1815. La Prusse avec son Zollverein nous préparait des embarras. La question d'Orient restait pendante.

«Ce n'est pas une raison parce que le grand-duc Constantin envoie des présents à M. d'Aumale pour se fier à la Russie. Quant à l'intérieur, jamais on n'a vu tant d'aveuglement, de bêtise! Leur majorité même ne se tient plus! Partout, enfin, c'est, selon le mot connu, rien! rien! rien! Et, devant tant de hontes», poursuivit l'avocat en mettant ses poings sur ses hanches, «ils se déclarent satisfaits»!

Cette allusion à un vote célèbre provoqua des applaudissements. Dussardier déboucha une bouteille de bière; la mousse éclaboussa les rideaux, il n'y prit garde; il chargeait les pipes, coupait la brioche, en offrait, était descendu plusieurs fois pour voir si le punch allait venir; et on ne tarda pas à s'exalter, tous ayant contre le Pouvoir la même exaspération. Elle était violente, sans autre cause que la haine de l'injustice; et ils mêlaient aux griefs légitimes les reproches les plus bêtes.

Le pharmacien gémit sur l'état pitoyable de notre flotte. Le courtier d'assurances ne tolérait pas les deux sentinelles du maréchal Soult. Deslauriers dénonça les jésuites qui venaient de s'installer à Lille publiquement. Sénécal exécrait bien plus M. Cousin; car l'éclectisme, enseignant à tirer la certitude de la raison, développait l'égoïsme, détruisait la solidarité; le placeur de vins, comprenant peu ces matières, remarqua tout haut qu'il oubliait bien des infamies:

«Le wagon royal de la ligne du Nord doit coûter quatre-vingt mille francs! Qui le payera?

—Oui, qui le payera?» reprit l'employé de commerce, furieux comme si on eût puisé cet argent dans sa poche.

Il s'ensuivit des récriminations contre les loups-cerviers de la Bourse et la corruption des fonctionnaires. On devait remonter plus haut, selon Sénécal, et accuser tout d'abord les princes, qui ressuscitaient les mœurs de la Régence.

«N'avez-vous pas vu, dernièrement, les amis du duc de Montpensier revenir de Vincennes, ivres sans doute, et troubler par leurs chansons les ouvriers du faubourg Saint-Antoine?

—On a même crié: A bas les voleurs! dit le pharmacien. J'y étais, j'ai crié!

—Tant mieux! le peuple enfin se réveille depuis le procès Teste-Cubières.

—Moi, ce procès-là m'a fait de la peine, dit Dussardier, parce que ça déshonore un vieux soldat!

—Savez-vous, continua Sénécal, qu'on a découvert chez la duchesse de Praslin...?»

Mais un coup de pied ouvrit la porte. Hussonnet entra.

«Salut, messeigneurs!» dit-il en s'asseyant sur le lit.

Aucune allusion ne fut faite à son article, qu'il regrettait, du reste, la Maréchale l'en ayant tancé vertement.

Il venait de voir, au théâtre de Dumas, *le Chevalier de Maison-Rouge*, et «trouvait ça embêtant».

Un jugement pareil étonna les démocrates,—ce drame, par ses tendances, ses décors plutôt, caressant leurs passions. Ils protestèrent, Sénécal, pour en finir, demanda si la pièce servait la démocratie.

«Oui..., peut-être; mais c'est d'un style...

—Eh bien, elle est bonne, alors; qu'est-ce que le style? c'est l'idée!»

Et, sans permettre à Frédéric de parler:

«J'avançais donc que, dans l'affaire Praslin...» Hussonnet l'interrompit.

«Ah! voilà encore une rengaine, celle-là! M'embête-t-elle!

—Et d'autres que vous! répliqua Deslauriers. Elle a fait saisir rien que cinq journaux! Écoutez-moi cette note.»

Et, ayant tiré son calepin, il lut:

«Nous avons subi, depuis l'établissement de la meilleure des républiques, douze cent vingt-neuf procès de presse, d'où il est résulté pour les écrivains: trois mille cent quarante et un ans de prison, avec la légère somme de sept millions cent dix mille cinq cents francs d'amende.—C'est coquet, hein?

Tous ricanèrent amèrement. Frédéric, animé comme les autres, reprit:

«*La Démocratie pacifique* a un procès pour son feuilleton, un roman intitulé *la Part des Femmes*.

—Allons! bon! dit Hussonnet. Si on nous défend notre part des femmes!

—Mais qu'est-ce qui n'est pas défendu? s'écria Deslauriers. Il est défendu de fumer dans le Luxembourg, défendu de chanter l'hymne à Pie IX!

—Et on interdit le banquet des typographes!» articula une voix sourde.

C'était celle de l'architecte, caché par l'ombre de l'alcôve, et silencieux jusqu'à présent. Il ajouta que, la semaine dernière, on avait condamné pour outrages au roi, un nommé Rouget.

«Rouget est frit!» dit Hussonnet.

Cette plaisanterie parut tellement inconvenante à Sénécal, qu'il lui reprocha de défendre «le jongleur de l'Hôtel de Ville, l'ami du traître Dumouriez».

«Moi? au contraire!»

Il trouvait Louis-Philippe poncif, garde national, tout ce qu'il y avait de plus épicier et bonnet de coton! Et, mettant la main sur son cœur, le bohème débita les phrases sacramentelles:—«C'est toujours avec un nouveau plaisir...—La nationalité polonaise ne périra pas...—Nos grands travaux seront poursuivis...—Donnez-moi de l'argent pour ma petite famille...» Tous riaient beaucoup, le proclamant un gaillard délicieux, plein d'esprit; la joie redoubla à la vue du bol de punch qu'un limonadier apportait.

Les flammes de l'alcool et celles des bougies échauffèrent vite l'appartement; et la lumière de la mansarde, traversant la cour, éclairait en face le bord d'un toit, avec le tuyau d'une cheminée qui se dressait en noir sur la nuit. Ils parlaient très haut, tous à la fois; ils avaient retiré leurs redingotes, ils heurtaient les meubles, ils choquaient les verres.

Hussonnet s'écria:

«Faites monter des grandes dames, pour que ce soit plus Tour de Nesle, couleur locale, et rembranesque, palsambleu!»

Et le pharmacien, qui tournait le punch indéfiniment, entonna à pleine poitrine:

J'ai deux grands bœufs dans mon étable,
Deux grands bœufs blancs...

Sénécal lui mit la main sur la bouche, il n'aimait pas le désordre; et les locataires apparaissaient à leurs carreaux, surpris du tapage insolite qui se faisait dans le logement de Dussardier.

Le brave garçon était heureux et dit que ça lui rappelait leurs petites séances d'autrefois, au quai Napoléon; plusieurs manquaient cependant, «ainsi Pellerin...»

«On peut s'en passer», reprit Frédéric.

Et Deslauriers s'informa de Martinon.

«Que devient-il, cet intéressant monsieur?»

Aussitôt Frédéric, épanchant le mauvais vouloir qu'il lui portait, attaqua son esprit, son caractère, sa fausse élégance, l'homme tout entier. C'était bien un spécimen de paysan parvenu! L'aristocratie nouvelle, la bourgeoisie, ne valait pas l'ancienne, la noblesse. Il soutenait cela; et les démocrates approuvaient,—comme s'il avait fait partie de l'une et qu'ils eussent fréquenté l'autre. On fut enchanté de lui. Le pharmacien le compara même à M. d'Alton-Shée, qui, bien que pair de France, défendait la cause du peuple.

L'heure de s'en aller était venue. Tous se séparèrent avec de grandes poignées de main; Dussardier, par tendresse, reconduisit Frédéric et Deslauriers. Dès qu'ils furent dans la rue, l'avocat eut l'air de réfléchir, et, après un moment de silence:

«Tu lui en veux donc beaucoup, à Pellerin?»

Frédéric ne cacha pas sa rancune.

Le peintre, cependant, avait retiré de la montre le fameux tableau. On ne devait pas se brouiller pour des vétilles! A quoi bon se faire un ennemi?

«Il a cédé à un mouvement d'humeur, excusable dans un homme qui n'a pas le sou. Tu ne peux pas comprendre ça, toi!»

Et Deslauriers remonté chez lui, le commis ne lâcha point Frédéric; il l'engagea même à acheter le portrait. En effet, Pellerin, désespérant de l'intimider, les avait circonvenus pour que, grâce à eux, il prît la chose.

Deslauriers en reparla, insista. Les prétentions de l'artiste étaient raisonnables.

«Je suis sûr que moyennant peut-être cinq cents francs...

—Ah! donne-les! tiens, les voici», dit Frédéric.

Le soir même, le tableau fut apporté. Il lui parut plus abominable encore que la première fois. Les demi-teintes et les ombres s'étaient plombées sous des retouches trop nombreuses, et elles semblaient obscurcies par rapport aux lumières, qui, demeurées brillantes çà et là, détonnaient dans l'ensemble.

Frédéric se vengea de l'avoir payé en le dénigrant amèrement. Deslauriers le crut sur parole et approuva sa conduite, car il ambitionnait toujours de constituer une phalange dont il serait le chef; certains hommes se réjouissent de faire faire à leurs amis des choses qui leur sont désagréables.

Cependant Frédéric n'était pas retourné chez les Dambreuse. Les capitaux lui manquaient. Ce seraient des explications à n'en plus finir; il balançait à se décider. Peut-être avait-il raison? Rien n'était sûr maintenant, l'affaire des houilles pas plus qu'une autre; il fallait abandonner un pareil monde; enfin, Deslauriers le détourna de l'entreprise. A force de haine il devenait vertueux; et puis il aimait mieux Frédéric dans la médiocrité. De cette manière, il restait son égal et en communion plus intime avec lui.

La commission de Mlle Roque avait été fort mal exécutée. Son père l'écrivit, en fournissant les explications les plus précises, et terminait sa lettre par cette badinerie: «Au risque de vous donner un mal de nègre.»

Frédéric ne pouvait faire autrement que de retourner chez Arnoux. Il monta dans le magasin et ne vit personne. La maison de commerce croulant, les employés imitaient l'incurie de leur patron.

Il côtoya la longue étagère, chargée de faïences, qui occupait d'un bout à l'autre le milieu de l'appartement; puis, arrivé au fond, devant le comptoir, il marcha plus fort pour se faire entendre.

La portière se relevant, Mme Arnoux parut.

«Comment, vous ici! vous!

—Oui, balbutia-t-elle, un peu troublée. Je cherchais...»

Il aperçut son mouchoir près du pupitre et devina qu'elle était descendue chez son mari pour se rendre compte, éclaircir sans doute une inquiétude.

«Mais... vous avez peut-être besoin de quelque chose? dit-elle.

—Un rien, madame.

—Ces commis sont intolérables! ils s'absentent toujours.»

On ne devait pas les blâmer. Au contraire, il se félicitait de la circonstance.

Elle le regarda ironiquement.

«Eh bien, et ce mariage?

—Quel mariage?

—Le vôtre?

—Moi? Jamais de la vie!»

Elle fit un geste de dénégation.

«Quand cela serait, après tout. On se réfugie dans le médiocre, par désespoir du beau qu'on a rêvé!

—Tous vos rêves, pourtant, n'étaient pas si... candides!

—Que voulez-vous dire?

—Quand vous vous promenez aux courses avec... des personnes!»

Il maudit la Maréchale. Un souvenir lui revint.

«Mais c'est vous-même, autrefois, qui m'avez prié de la voir, dans l'intérêt d'Arnoux!»

Elle répliqua en hochant la tête:

«Et vous en profitez pour vous distraire.

—Mon Dieu! oublions toutes ces sottises!

—C'est juste, puisque vous allez vous marier!»

Et elle retenait son soupir, en mordant ses lèvres.

Alors, il s'écria:

«Mais je vous répète que non! Pouvez-vous croire que moi, avec mes besoins d'intelligence, mes habitudes, j'aille m'enfuir en province pour jouer aux cartes, surveiller des maçons et me promener en sabots! Dans quel but, alors? On vous a conté qu'elle était riche, n'est-ce pas? Ah! je me moque bien de l'argent! Est-ce qu'après avoir désiré tout ce qu'il y a de plus beau, de plus tendre, de plus enchanteur, une sorte de paradis sous forme humaine, et quand je l'ai trouvé enfin, cet idéal, quand cette vision me cache toutes les autres...»

Et, lui prenant la tête à deux mains, il se mit à la baiser sur les paupières, en répétant:

«Non! non! non! jamais je ne me marierai! jamais! jamais!»

Elle acceptait ces caresses, figée par la surprise et par le ravissement.

La porte du magasin sur l'escalier retomba. Elle fit un bond et elle restait la main étendue, comme pour lui commander le silence. Des pas se rapprochèrent. Puis quelqu'un dit au dehors:

«Madame est-elle là?»

—Entrez!»

Mme Arnoux avait le coude sur le comptoir et roulait une plume entre ses doigts tranquillement, quand le teneur de livres ouvrit la portière.

Frédéric se leva.

«Madame, j'ai bien l'honneur de vous saluer. Le service, n'est-ce pas, sera prêt? je puis compter dessus?»

Elle ne répondit rien. Mais cette complicité silencieuse enflamma son visage de toutes les rougeurs de l'adultère.

Le lendemain, il retourna chez elle, on le reçut; et, afin de poursuivre ses avantages immédiatement, sans préambule, Frédéric commença par se justifier de la rencontre au Champ de Mars. Le hasard seul l'avait fait se trouver avec cette femme. En admettant qu'elle fût jolie (ce qui n'était pas vrai), comment pourrait-elle arrêter sa pensée, même une minute, puisqu'il en aimait une autre!

«Vous le savez bien, je vous l'ai dit.»

Mme Arnoux baissa la tête.

«Je suis fâchée que vous me l'ayez dit.

—Pourquoi?

—Les convenances les plus simples exigent maintenant que je ne vous revoie plus!»

Il protesta de l'innocence de son amour. Le passé devait lui répondre de l'avenir; il s'était promis à lui-même de ne pas troubler son existence, de ne pas l'étourdir de ses plaintes.

«Mais, hier, mon cœur débordait.

—Nous ne devons plus songer à ce moment-là, mon ami!»

Cependant où serait le mal quand deux pauvres êtres confondraient leur tristesse?

«Car vous n'êtes pas heureuse non plus! Oh! je vous connais, vous n'avez personne qui réponde à vos besoins d'affection, de dévouement; je ferai tout ce que vous voudrez! Je ne vous offenserai pas!... je vous le jure.»

Et il se laissa tomber sur les genoux, malgré lui, s'affaissant sous un poids intérieur trop lourd.

«Levez-vous! dit-elle, je le veux!»

Et elle lui déclara impérieusement que, s'il n'obéissait pas, il ne la reverrait jamais.

«Ah! je vous en défie bien! reprit Frédéric. Qu'est-ce que j'ai à faire dans le monde? Les autres s'évertuent pour la richesse, la célébrité, le pouvoir! Moi, je n'ai pas d'état, vous êtes mon occupation exclusive, toute ma fortune, le but, le centre de mon existence, de mes pensées. Je ne peux pas plus vivre sans vous que sans l'air du ciel! Est-ce que vous ne sentez pas l'aspiration de mon âme monter vers la vôtre, et qu'elles doivent se confondre, et que j'en meurs?»

Mme Arnoux se mit à trembler de tous ses membres.

«Oh! allez-vous-en! je vous en prie!»

L'expression bouleversée de sa figure l'arrêta, puis il fit un pas. Mais elle se reculait en joignant les deux mains.

«Laissez-moi! au nom du ciel! de grâce!»

Et Frédéric l'aimait tellement, qu'il sortit.

Bientôt, il fut pris de colère contre lui-même, se déclara un imbécile, et, vingt-quatre heures après, il revint.

Madame n'y était pas. Il resta sur le palier, étourdi de fureur et d'indignation. Arnoux parut et lui apprit que sa femme, le matin même, était partie s'installer dans une petite maison de campagne qu'ils louaient à Auteuil, ne possédant plus celle de Saint-Cloud.

«C'est encore une de ses lubies! Enfin, puisque ça l'arrange! et moi aussi du reste; tant mieux! Dînons-nous ensemble ce soir?»

Frédéric allégua une affaire urgente, puis courut à Auteuil.

Mme Arnoux laissa échapper un cri de joie. Alors, toute sa rancune s'évanouit.

Il ne parla point de son amour. Pour lui inspirer plus de confiance, il exagéra même sa réserve; et, lorsqu'il demanda s'il pouvait revenir, elle répondit: «Mais sans doute» en offrant sa main, qu'elle retira presque aussitôt.

Frédéric, dès lors, multiplia ses visites. Il promettait au cocher de gros pourboires. Mais souvent, la lenteur du cheval l'impatientant, il descendait; puis, hors d'haleine, grimpait dans un omnibus; et comme il examinait dédaigneusement les figures des gens assis devant lui, et qui n'allaient pas chez elle!

Il reconnaissait de loin sa maison à un chèvrefeuille énorme couvrant, d'un seul côté, les planches du toit; c'était une manière de chalet suisse peint en rouge, avec un balcon extérieur. Il y avait dans le jardin trois vieux marronniers, et au milieu, sur un tertre, un parasol en chaume que soutenait un tronc d'arbre. Sous l'ardoise des murs, une grosse vigne mal attachée pendait de place en place, comme un câble pourri. La sonnette de la grille, un peu rude à tirer, prolongeait son carillon, et on était toujours longtemps avant de venir. Chaque fois, il éprouvait une angoisse, une peur indéterminée.

Puis il entendait claquer sur le sable les pantoufles de la bonne, ou bien Mme Arnoux elle-même se présentait. Il arriva, un jour, derrière son dos, comme elle était accroupie, devant le gazon, à chercher de la violette.

L'humeur de sa fille l'avait forcée de la mettre au couvent. Son gamin passait l'après-midi dans une école, Arnoux faisait de longs déjeuners au Palais-Royal, avec Regimbart et l'ami Compain. Aucun fâcheux ne pouvait les surprendre.

Il était bien entendu qu'ils ne devaient pas s'appartenir. Cette convention, qui les garantissait du péril, facilitait leurs épanchements.

Elle lui dit son existence d'autrefois, à Chartres, chez sa mère; sa dévotion vers douze ans; puis sa fureur de musique, lorsqu'elle chantait jusqu'à la nuit, dans sa petite chambre, d'où l'on découvrait les remparts. Il lui conta ses mélancolies au collège, et comment dans son ciel poétique resplendissait un visage de femme, si bien qu'en la voyant pour la première fois, il l'avait reconnue.

Ces discours n'embrassaient, d'habitude, que les années de leur fréquentation. Il lui rappelait d'insignifiants détails, la couleur de sa robe à telle époque, quelle personne un jour était survenue, ce qu'elle avait dit une autre fois; et elle répondait tout émerveillée:

«Oui. Je me rappelle!»

Leurs goûts, leurs jugements étaient les mêmes. Souvent celui des deux qui écoutait l'autre s'écriait:

«Moi aussi!»

Et l'autre, à son tour, reprenait:

«Moi aussi!»

Puis c'étaient d'interminables plaintes sur la Providence:

«Pourquoi le ciel ne l'a-t-il pas voulu! Si nous nous étions rencontrés!...

—Ah! si j'avais été plus jeune! soupirait-elle.

—Non! moi, un peu plus vieux.»

Et ils s'imaginaient une vie exclusivement amoureuse, assez féconde pour remplir les plus vastes solitudes, excédant toutes les joies, défiant toutes les misères, où les heures auraient disparu dans un continuel épanchement d'eux-mêmes, et qui aurait fait quelque chose de resplendissant et d'élevé comme la palpitation des étoiles.

Presque toujours, ils se tenaient en plein air au haut de l'escalier; des cimes d'arbres jaunies par l'automne se mamelonnaient devant eux, inégalement jusqu'au bord du ciel pâle; ou bien ils allaient au bout de l'avenue, dans un pavillon ayant pour tout meuble un canapé de toile grise. Des points noirs tachaient la glace; les murailles exhalaient une odeur de moisi;—et ils restaient là, causant d'eux-mêmes, des autres, de n'importe quoi, avec ravissement. Quelquefois, les rayons du soleil, traversant la jalousie, tendaient depuis le plafond jusque sur les dalles comme les cordes d'une lyre. Des brins de poussière tourbillonnaient dans ces barres lumineuses. Elle s'amusait à les fendre avec sa main;—Frédéric la saisissait doucement, et il contemplait l'entrelacs de ses veines, les grains de sa peau, la forme de ses doigts. Chacun de ses doigts était, pour lui, plus qu'une chose, presque une personne.

Elle lui donna ses gants, la semaine d'après son mouchoir. Elle l'appelait «Frédéric», il l'appelait «Marie», adorant ce nom-là, fait exprès, disait-il, pour être soupiré dans l'extase, et qui semblait contenir des nuages d'encens, des jonchées de roses.

Ils arrivèrent à fixer d'avance le jour de ses visites; et, sortant comme par hasard, elle allait au-devant de lui sur la route.

Elle ne faisait rien pour exciter son amour, perdue dans cette insouciance qui caractérise les grands bonheurs. Pendant toute la saison, elle porta une robe de chambre en soie brune, bordée de velours pareil, vêtement large convenant à la mollesse de ses attitudes et de sa physionomie sérieuse. D'ailleurs, elle touchait au mois d'août des femmes, époque tout à la fois de réflexion et de tendresse, où la maturité qui commence colore le regard d'une flamme plus profonde, quand la force du cœur se mêle à l'expérience de la vie, et que, sur la fin de ses épanouissements, l'être complet déborde de richesses dans l'harmonie de sa beauté. Jamais elle n'avait eu plus de douceur, d'indulgence. Sûre de ne pas faillir, elle s'abandonnait à un sentiment qui lui semblait un droit conquis par ses chagrins. Cela était si bon, du reste, et si nouveau! Quel abîme entre la grossièreté d'Arnoux et les adorations de Frédéric!

Il tremblait de perdre par un mot tout ce qu'il croyait avoir gagné, se disant qu'on peut ressaisir une occasion et qu'on ne rattrape jamais une sottise. Il voulait qu'elle se donnât, et non la prendre. L'assurance de son amour le délectait comme un avant-goût de la possession, et puis le charme de sa personne lui troublait le cœur plus que les sens. C'était une béatitude indéfinie, un tel enivrement, qu'il en oubliait jusqu'à la possibilité d'un bonheur absolu. Loin d'elle, des convoitises furieuses le dévoraient.

Bientôt il y eut dans leurs dialogues de grands intervalles de silence. Quelquefois une sorte de pudeur sexuelle les faisait rougir l'un devant l'autre. Toutes les précautions pour cacher leur amour le dévoilaient; plus il devenait fort, plus leurs manières étaient contenues.

Par l'exercice d'un tel mensonge, leur sensibilité s'exaspéra. Ils jouissaient délicieusement de la senteur des feuilles humides, ils souffraient du vent d'est, ils avaient des irritations sans cause, des pressentiments funèbres; un bruit de pas, le craquement d'une boiserie leur causaient des épouvantes comme s'ils avaient été coupables; ils se sentaient poussés vers un abîme; une atmosphère orageuse les enveloppait; et quand des doléances échappaient à Frédéric, elle s'accusait elle-même.

«Oui! je fais mal! j'ai l'air d'une coquette! Ne venez donc plus!»

Alors il répétait les mêmes serments,—qu'elle écoutait chaque fois avec plaisir.

Son retour à Paris et les embarras du jour de l'an suspendirent un peu leurs entrevues. Quand il revint, il avait, dans les allures, quelque chose de plus hardi. Elle sortait à chaque minute pour donner des ordres et recevait, malgré ses prières, tous les bourgeois qui venaient la voir. On se livrait alors à des conversations sur Léotade, M. Guizot, le pape, l'insurrection de Palerme et le banquet du XIIe arrondissement, lequel inspirait des inquiétudes. Frédéric se soulageait en déblatérant contre le pouvoir; car il souhaitait, comme Deslauriers, un bouleversement universel, tant il était maintenant aigri. Mme Arnoux, de son côté, devenait sombre.

Son mari, prodiguant les extravagances, entretenait une ouvrière de la manufacture, celle qu'on appelait la Bordelaise. Mme Arnoux l'apprit elle-même à Frédéric. Il voulait tirer de là un argument, «puisqu'on la trahissait».

«Oh! je ne m'en trouble guère!» dit-elle.

Cette déclaration lui parut affirmer complètement leur intimité. Arnoux s'en méfiait-il?

«Non! pas maintenant!»

Elle lui conta qu'un soir, il les avait laissés en tête-à-tête, puis était revenu, avait écouté derrière la porte, et, comme tous deux parlaient de choses indifférentes, il vivait, depuis ce temps-là, dans une entière sécurité:

«Avec raison, n'est-ce pas? dit amèrement Frédéric.

—Oui, sans doute!»

Elle aurait fait mieux de ne pas risquer un pareil mot.

Un jour elle ne se trouva point chez elle à l'heure où il avait coutume d'y venir. Ce fut pour lui comme une trahison.

Il se fâcha ensuite de voir les fleurs qu'il apportait toujours plantées dans un verre d'eau.

«Où voulez-vous donc qu'elles soient?

—Oh! pas là! Du reste, elles y sont moins froidement que sur votre cœur.»

Quelque temps après, il lui reprocha d'avoir été la veille aux Italiens sans le prévenir. D'autres l'avaient vue, admirée, aimée peut-être; Frédéric s'attachait à ses soupçons uniquement pour la quereller, la tourmenter; car il commençait à la haïr, et c'était bien le moins qu'elle eût une part de ses souffrances!

Une après-midi (vers le milieu de février), il la surprit fort émue. Eugène se plaignait de mal à la gorge. Le docteur avait dit pourtant que ce n'était rien, un gros rhume, la grippe. Frédéric fut étonné par l'air ivre de l'enfant. Il rassura sa mère néanmoins, cita en exemple plusieurs bambins de son âge qui venaient d'avoir des affections semblables et s'étaient vite guéris.

«Vraiment?

—Mais oui, bien sûr!

—Oh! comme vous êtes bon!»

Et elle lui prit la main. Il l'étreignit dans la sienne.

«Oh! laissez-la.

—Qu'est-ce que cela fait, puisque c'est au consolateur que vous l'offrez!... Vous me croyez bien pour ces choses, et vous doutez de moi... quand je vous parle de mon amour!

—Je n'en doute pas, mon pauvre ami!

—Pourquoi cette défiance, comme si j'étais un misérable capable d'abuser!...

—Oh! non!...

—Si j'avais seulement une preuve!...

—Quelle preuve?

—Celle qu'on donnerait au premier venu, celle que vous m'avez accordée à moi-même.»

Et il lui rappela qu'une fois ils étaient sortis ensemble, par un crépuscule d'hiver, un temps de brouillard. Tout cela était bien loin maintenant! Qui donc l'empêchait de se montrer à son bras, devant tout le monde, sans crainte de sa part, sans arrière-pensée de la sienne, n'ayant personne autour d'eux pour les importuner?

«Soit!» dit-elle, avec une bravoure de décision qui stupéfia d'abord Frédéric.

Mais il reprit vivement:

«Voulez-vous que je vous attende au coin de la rue Tronchet et de la rue de la Ferme?

—Mon Dieu! mon ami...» balbutiait Mme Arnoux.

Sans lui donner le temps de réfléchir, il ajouta:

«Mardi prochain, je suppose?

—Mardi?

—Oui, entre deux et trois heures!

—J'y serai!»

Et elle détourna son visage par un mouvement de honte. Frédéric lui posa ses lèvres sur la nuque.

«Oh! ce n'est pas bien, dit-elle. Vous me feriez repentir.»

Il s'écarta, redoutant la mobilité ordinaire des femmes. Puis, sur le seuil, il murmura doucement, comme une chose bien convenue:

«A mardi!»

Elle baissa ses beaux yeux d'une façon discrète et résignée.

Frédéric avait un plan.

Il espérait que, grâce à la pluie ou au soleil, il pourrait la faire s'arrêter sous une porte, et qu'une fois sous la porte, elle entrerait dans la maison. Le difficile était d'en découvrir une convenable.

Il se mit donc en recherche, et, vers le milieu de la rue Tronchet, il lut de loin sur une enseigne: *Appartements meublés*.

Le garçon, comprenant son intention, lui montra tout de suite, à l'entresol, une chambre et un cabinet avec deux sorties. Frédéric la retint pour un mois et paya d'avance.

Puis il alla dans trois magasins acheter la parfumerie la plus rare; il se procura un morceau de fausse guipure pour remplacer l'affreux couvre-pieds de coton rouge, il choisit une paire de pantoufles en satin bleu; la crainte seule de paraître grossier le modéra dans ses emplettes; il revint avec elles;— et plus dévotement que ceux qui font des reposoirs, il changea les meubles de place, drapa lui-même les rideaux, mit des bruyères sur la cheminée, des violettes sur la commode; il aurait voulu paver la chambre tout en or. «C'est demain, se disait-il, oui, demain! Je ne rêve pas.» Et il sentait battre son cœur à grands coups sous le délire de son espérance; puis, quand tout fut prêt, il emporta la clef dans sa poche, comme si le bonheur, qui dormait là, avait pu s'en envoler.

Une lettre de sa mère l'attendait chez lui.

«Pourquoi une si longue absence? Ta conduite commence à paraître ridicule. Je comprends que, dans une certaine mesure, tu aies d'abord hésité devant cette union; cependant réfléchis!»

Et elle précisait les choses: quarante-cinq mille livres de rente. Du reste, «on en causait»; et M. Roque attendait une réponse définitive. Quant à la jeune personne, sa position véritablement était embarrassante. «Elle t'aime beaucoup.»

Frédéric rejeta la lettre sans la finir et en ouvrit une autre, un billet de Deslauriers.

«Mon vieux,

«La *poire* est mûre. Selon ta promesse, nous comptons sur toi. On se réunit demain au petit jour, place du Panthéon. Entre au café Soufflot. Il faut que je te parle avant la manifestation.»

«Oh! je les connais, leurs manifestations. Mille grâces! j'ai un rendez-vous plus agréable.»

Et, le lendemain, dès onze heures, Frédéric était sorti. Il voulait donner un dernier coup d'œil aux préparatifs; puis, qui sait, elle pouvait, par un hasard quelconque, être en avance? En débouchant de la rue Tronchet, il entendit derrière la Madeleine une grande clameur; il s'avança; et il aperçut au fond de la place, à gauche, des gens en blouse et des bourgeois.

En effet, un manifeste publié dans les journaux avait convoqué à cet endroit tous les souscripteurs du banquet réformiste. Le ministère, presque immédiatement, avait affiché une proclamation l'interdisant. La veille au soir, l'opposition parlementaire y avait renoncé; mais les patriotes, qui ignoraient cette résolution des chefs, étaient venus au rendez-vous, suivis par un grand nombre de curieux. Une députation des écoles s'était portée tout à l'heure chez Odilon Barrot. Elle était maintenant aux Affaires étrangères, et on ne savait pas si le banquet aurait lieu, si le gouvernement exécuterait sa menace, si les gardes nationaux se présenteraient. On en voulait aux députés comme au pouvoir. La foule augmentait de plus en plus, quand tout à coup vibra dans les airs le refrain de *la Marseillaise*.

C'était la colonne des étudiants qui arrivait. Ils marchaient au pas, sur deux files, en bon ordre, l'aspect irrité, les mains nues, et tous criant par intervalles:

«Vive la Réforme! à bas Guizot!»

Les amis de Frédéric étaient là, bien sûr. Ils allaient l'apercevoir et l'entraîner. Il se réfugia vivement dans la rue de l'Arcade.

Quand les étudiants eurent fait deux fois le tour de la Madeleine, ils descendirent vers la place de la Concorde. Elle était remplie de monde; et la foule tassée semblait, de loin, un champ d'épis noirs qui oscillaient.

Au même moment, des soldats de la ligne se rangèrent en bataille, à gauche de l'église.

Les groupes stationnaient cependant. Pour en finir, des agents de police en bourgeois saisissaient les plus mutins et les emmenaient au poste brutalement. Frédéric, malgré son indignation, resta muet; on aurait pu le prendre avec les autres, et il aurait manqué Mme Arnoux.

Peu de temps après, parurent les casques des municipaux. Ils frappaient autour d'eux à coups de plat de sabre. Un cheval s'abattit; on courut lui porter secours: et, dès que le cavalier fut en selle, tous s'enfuirent.

Alors, il y eut un grand silence. La pluie fine, qui avait mouillé l'asphalte, ne tombait plus. Des nuages s'en allaient, balayés mollement par le vent d'ouest.

Frédéric se mit à parcourir la rue Tronchet, en regardant devant lui et derrière lui.

Deux heures enfin sonnèrent.

«Ah! c'est maintenant! se dit-il, elle sort de sa maison, elle approche; et, une minute après: «Elle aurait eu le temps de venir.» Jusqu'à trois heures, il tâcha de se calmer. «Non, elle n'est pas en retard; un peu de patience!»

Et, par désœuvrement, il examinait les rares boutiques: un libraire, un sellier, un magasin de deuil. Bientôt il connut tous les noms des ouvrages, tous les harnais, toutes les étoffes. Les marchands, à force de le voir passer et repasser continuellement, furent étonnés d'abord, puis effrayés, et ils fermèrent leur devanture.

Sans doute, elle avait un empêchement, et elle en souffrait aussi. Mais quelle joie tout à l'heure!—Car elle allait venir, cela était certain! «Elle me l'a bien promis!» Cependant une angoisse intolérable le gagnait.

Par un mouvement absurde, il rentra dans l'hôtel, comme si elle avait pu s'y trouver. A l'instant même, elle arrivait peut-être dans la rue. Il s'y jeta. Personne! Et il se remit à battre le trottoir.

Il considérait les fentes des pavés, la gueule des gouttières, les candélabres, les numéros au-dessus des portes. Les objets les plus minimes devenaient pour lui des compagnons, ou plutôt des spectateurs ironiques, et les façades régulières des maisons lui semblaient impitoyables. Il souffrait du froid aux pieds. Il se sentait dissoudre d'accablement. La répercussion de ses pas lui secouait la cervelle.

Quand il vit quatre heures à sa montre, il éprouva comme un vertige, une épouvante. Il tâcha de se répéter des vers, de calculer n'importe quoi, d'inventer une histoire. Impossible! L'image de Mme Arnoux l'obsédait. Il avait envie de courir à sa rencontre. Mais quelle route prendre pour ne pas se croiser?

Il aborda un commissionnaire, lui mit dans la main cinq francs, et le chargea d'aller rue du Paradis, chez Jacques Arnoux, pour s'enquérir près du portier «si Madame était chez elle». Puis il se planta au coin de la rue de la Ferme et de la rue Tronchet, de manière à voir simultanément dans toutes les deux. Au fond de la perspective, sur le boulevard, des masses confuses glissaient. Il distinguait parfois l'aigrette d'un dragon, un chapeau de femme, et il tendait ses prunelles pour la reconnaître. Un enfant déguenillé qui montrait une marmotte dans une boite lui demanda l'aumône en souriant.

L'homme à la veste de velours reparut. «Le portier ne l'avait pas vue sortir.» Qui la retenait? Si elle était malade, on l'aurait dit! Était-ce une visite? Rien de plus facile que de ne pas recevoir. Il se frappa le front.

«Ah! je suis bête! C'est l'émeute!» Cette explication naturelle le soulagea. Puis, tout à coup: «Mais son quartier est tranquille.» Et un doute abominable l'assaillit. «Si elle allait ne pas venir? si sa promesse n'était qu'une parole pour m'évincer? Non! non!» Ce qui l'empêchait sans doute, c'était un hasard extraordinaire, un de ces événements qui déjouent toute prévoyance. Dans ce cas-là, elle aurait écrit. Et il envoya le garçon d'hôtel à son domicile, rue Rumfort, pour savoir s'il n'y avait point de lettre?

On n'avait apporté aucune lettre. Cette absence de nouvelles le rassura.

Du nombre des pièces de monnaie prises au hasard dans sa main, de la physionomie des passants, de la couleur des chevaux, il tirait des présages; et, quand l'augure était contraire, il s'efforçait de ne pas y croire. Dans ses accès de fureur contre Mme Arnoux, il l'injuriait à demi voix. Puis c'étaient des faiblesses à s'évanouir, et tout à coup des rebondissements d'espérance. Elle allait paraître. Elle était là, derrière son dos. Il se retournait: rien! Une fois, il aperçut à trente pas environ une femme de même taille, avec la même robe. Il la rejoignit; ce n'était pas elle! Cinq heures arrivèrent! cinq heures et demie! six heures! Le gaz s'allumait. Mme Arnoux n'était pas venue.

Elle avait rêvé, la nuit précédente, qu'elle était sur le trottoir de la rue Tronchet depuis longtemps. Elle y attendait quelque chose d'indéterminé, de considérable néanmoins, et, sans savoir pourquoi, elle avait peur d'être aperçue. Mais un maudit petit chien, acharné contre elle, mordillait le bas de sa robe. Il revenait obstinément et aboyait toujours plus fort. Mme Arnoux se réveilla. L'aboiement du chien continuait. Elle tendit l'oreille. Cela partait de la chambre de son fils. Elle s'y précipita pieds nus. C'était l'enfant lui-même qui toussait. Il avait les mains brûlantes, la face rouge et la voix singulièrement rauque. L'embarras de sa respiration augmentait de minute en minute. Elle resta jusqu'au jour, penchée sur sa couverture, à l'observer.

A huit heures, le tambour de la garde nationale vint prévenir M. Arnoux que ses camarades l'attendaient. Il s'habilla vivement et s'en alla, en promettant de passer tout de suite chez leur médecin, M. Colot. A dix heures, M. Colot n'étant pas venu, Mme Arnoux expédia sa femme de chambre. Le docteur était en voyage, à la campagne, et le jeune homme qui le remplaçait faisait des courses.

Eugène tenait sa tête de côté, sur le traversin, en fronçant toujours ses sourcils, en dilatant ses narines; sa pauvre petite figure devenait plus blême que ses draps, et il s'échappait de son larynx un sifflement produit par chaque inspiration, de plus en plus courte, sèche, et comme métallique. Sa toux ressemblait au bruit de ces mécaniques barbares qui font japper les chiens de carton.

Mme Arnoux fut saisie d'épouvante. Elle se jeta sur les sonnettes, en appelant au secours, en criant:

«Un médecin! un médecin!»

Dix minutes après arriva un vieux monsieur en cravate blanche et à favoris gris bien taillés. Il fit beaucoup de questions sur les habitudes, l'âge et le tempérament du jeune malade, puis examina sa gorge, s'appliqua la tête dans son dos et écrivit une ordonnance. L'air tranquille de ce bonhomme était odieux. Il sentait l'embaumement. Elle aurait voulu le battre. Il dit qu'il reviendrait dans la soirée.

Bientôt les horribles quintes recommencèrent. Quelquefois, l'enfant se dressait tout à coup. Des mouvements convulsifs lui secouaient les muscles de la poitrine, et, dans ses aspirations, son ventre se creusait comme s'il eût suffoqué d'avoir couru. Puis il retombait la tête en arrière et la bouche grande ouverte. Avec des précautions infinies, Mme Arnoux tâchait de lui faire avaler le contenu des fioles, du sirop d'ipécacuana, une potion kermétisée. Mais il repoussait la cuiller, en gémissant d'une voix faible. On aurait dit qu'il soufflait ses paroles.

De temps à autre, elle relisait l'ordonnance. Les observations du formulaire l'effrayaient; peut-être que le pharmacien s'était trompé! Son impuissance la désespérait. L'élève de M. Colot arriva.

C'était un jeune homme d'allures modestes, neuf dans le métier, et qui ne cacha point son impression. Il resta d'abord indécis, par peur de se compromettre, et enfin prescrivit l'application de morceaux de glace. On fut longtemps à trouver de la glace. La vessie qui contenait les morceaux creva. Il fallut changer la chemise. Tout ce dérangement provoqua un nouvel accès plus terrible.

L'enfant se mit à arracher les linges de son cou, comme s'il avait voulu retirer l'obstacle qui l'étouffait, et il égratignait le mur, saisissait les rideaux de sa couchette, cherchant partout un point d'appui pour respirer. Son visage était bleuâtre maintenant, et tout son corps, trempé d'une sueur froide, paraissait maigrir. Ses yeux hagards s'attachaient sur sa mère avec terreur. Il lui jetait les bras autour du cou, s'y suspendait d'une façon désespérée; et, en repoussant ses sanglots, elle balbutiait des paroles tendres.

«Oui, mon amour, mon ange, mon trésor!»

Puis, des moments de calme survenaient.

Elle alla chercher des joujoux, un polichinelle, une collection d'images, et les étala sur son lit pour le distraire. Elle essaya même de chanter.

Elle commença une chanson qu'elle lui disait autrefois, quand elle le berçait en l'emmaillotant sur cette même petite chaise de tapisserie. Mais il frissonna dans la longueur entière de son corps, comme une onde sous un coup de vent; les globes de ses yeux saillissaient: elle crut qu'il allait mourir et se détourna pour ne pas le voir.

Un instant après, elle eut la force de le regarder. Il vivait encore. Les heures se succédèrent, lourdes, mornes, interminables, désespérantes; et elle n'en comptait plus les minutes qu'à la progression de cette agonie. Les secousses de sa poitrine le jetaient en avant comme pour le briser; à la fin, il vomit quelque chose d'étrange, qui ressemblait à un tube de parchemin. Qu'était-ce? Elle s'imagina qu'il avait rendu un bout de ses entrailles. Mais il respirait largement, régulièrement. Cette apparence de bien-être l'effraya plus que tout le reste; elle se tenait comme pétrifiée, les bras pendants, les yeux fixes, quand M. Colot survint. L'enfant, selon lui, était sauvé.

Elle ne comprit pas d'abord et se fit répéter la phrase. N'était-ce pas une de ces consolations propres aux médecins? Le docteur s'en alla d'un air tranquille. Alors, ce fut pour elle comme si les cordes qui serraient son cœur se fussent dénouées.

«Sauvé! Est-ce possible!»

Tout à coup l'idée de Frédéric lui apparut d'une façon nette et inexorable. C'était un avertissement de la Providence. Mais le Seigneur, dans sa miséricorde, n'avait pas voulu la punir tout à fait! Quelle expiation, plus tard, si elle persévérait dans cet amour! Sans doute, on insulterait son fils à cause d'elle; et Mme Arnoux l'aperçut jeune homme, blessé dans une rencontre, rapporté sur un brancard, mourant. D'un bond, elle se précipita sur la petite chaise; et de toutes ses forces, lançant son âme dans les hauteurs, elle offrit à Dieu, comme un holocauste, le sacrifice de sa première passion, de sa seule faiblesse.

Frédéric était revenu chez lui. Il restait dans son fauteuil, sans même avoir la force de la maudire. Une espèce de sommeil le gagna; et, à travers son cauchemar, il entendait la pluie tomber en croyant toujours qu'il était là-bas sur le trottoir.

Le lendemain, par une dernière lâcheté, il envoya encore un commissionnaire chez Mme Arnoux.

Soit que le Savoyard ne fît pas la commission, ou qu'elle eût trop de choses à dire pour s'expliquer d'un mot, la même réponse fut rapportée. L'insolence était trop forte! Une colère d'orgueil le saisit. Il se jura de n'avoir plus même un désir; et, comme un feuillage emporté par un ouragan, son amour disparut. Il en ressentit un soulagement, une joie stoïque, puis un besoin d'actions violentes; et il s'en alla au hasard par les rues.

Des hommes des faubourgs passaient, armés de fusils, de vieux sabres, quelques-uns portant des bonnets rouges, et tous chantant *la Marseillaise* ou *les Girondins*. Çà et là, un garde national se hâtait pour rejoindre sa mairie. Des tambours, au loin, résonnaient. On se battait à la porte Saint-Martin. Il y avait dans l'air quelque chose de gaillard et de belliqueux. Frédéric marchait toujours. L'agitation de la grande ville le rendait gai.

A la hauteur de Frascati, il aperçut les fenêtres de la Maréchale; une idée folle lui vint, une réaction de jeunesse. Il traversa le boulevard.

On fermait la porte cochère; et Delphine, la femme de chambre, en train d'écrire dessus avec un charbon: «Armes données», lui dit vivement:

«Ah! Madame est dans un bel état! Elle a renvoyé ce matin son groom qui l'insultait. Elle croit qu'on va piller partout! Elle crève de peur! d'autant plus que Monsieur est parti!

—Quel monsieur?

—Le Prince!»

Frédéric entra dans le boudoir. La Maréchale parut, en jupon, les cheveux sur le dos, bouleversée.

«Ah! merci! tu viens me sauver! c'est la seconde fois! tu n'en demandes jamais le prix, toi!

—Mille pardons!» dit Frédéric en lui saisissant la taille dans les deux mains.

«Comment? que fais-tu?» balbutia la Maréchale, à la fois surprise et égayée par ces manières.

Il répondit:

«Je suis la mode, je me réforme.»

Elle se laissa renverser sur le divan et continuait à rire sous ses baisers.

Ils passèrent l'après-midi à regarder, de leur fenêtre, le peuple dans la rue. Puis il l'emmena dîner aux Trois Frères Provençaux. Le repas fut long, délicat. Ils s'en revinrent à pied, faute de voiture.

A la nouvelle d'un changement de ministère, Paris avait changé. Tout le monde était en joie; des promeneurs circulaient, et des lampions à chaque étage faisaient une clarté comme en plein jour. Les soldats regagnaient lentement leurs casernes, harassés, l'air triste. On les saluait, en criant: «Vive la ligne!» Ils continuaient sans répondre. Dans la garde nationale, au contraire, les officiers, rouges d'enthousiasme, brandissaient leur sabre en vociférant: «Vive la réforme!» et ce mot-là, chaque fois, faisait rire les deux amants. Frédéric blaguait, était très gai.

Par la rue Duphot, ils atteignirent les boulevards. Des lanternes vénitiennes, suspendues aux maisons, formaient des guirlandes de feu. Un fourmillement confus s'agitait en dessous; au milieu de cette ombre, par endroits, brillaient des blancheurs de baïonnettes. Un grand brouhaha s'élevait. La foule était trop compacte, le retour direct impossible; et ils entraient dans la rue Caumartin, quand, tout à coup, éclata derrière eux un bruit, pareil au craquement d'une immense pièce de soie que l'on déchire. C'était la fusillade du boulevard des Capucines.

«Ah! on casse quelques bourgeois», dit Frédéric tranquillement, car il y a des situations où l'homme le moins cruel est si détaché des autres, qu'il verrait périr le genre humain sans un battement de cœur.

La Maréchale, cramponnée à son bras, claquait des dents. Elle se déclara incapable de faire vingt pas de plus. Alors, par un raffinement de haine, pour mieux outrager en son âme Mme Arnoux, il l'emmena jusqu'à l'hôtel de la rue Tronchet, dans le logement préparé pour l'autre.

Les fleurs n'étaient pas flétries. La guipure s'étalait sur le lit. Il tira de l'armoire les petites pantoufles. Rosanette trouva ces prévenances fort délicates.

Vers une heure, elle fut réveillée par des roulements lointains et elle le vit qui sanglotait, la tête enfoncée dans l'oreiller.

«Qu'as-tu donc, cher amour?

—C'est excès de bonheur, dit Frédéric. Il y avait trop longtemps que je te désirais!»

TROISIÈME PARTIE

I

Le bruit d'une fusillade le tira brusquement de son sommeil; et, malgré les instances de Rosanette, Frédéric, à toute force, voulut aller voir ce qui se passait. Il descendait les Champs-Élysées, d'où les coups de feu étaient partis. A l'angle de la rue Saint-Honoré, des hommes en blouse le croisèrent en criant:

«Non! pas par là! au Palais-Royal!»

Frédéric les suivit. On avait arraché les grilles de l'Assomption. Plus loin, il remarqua trois pavés au milieu de la voie, le commencement d'une barricade, sans doute, puis des tessons de bouteilles et des paquets de fil de fer pour embarrasser la cavalerie; quand tout à coup s'élança d'une ruelle un grand jeune homme pâle, dont les cheveux noirs flottaient sur les épaules, prises dans une espèce de maillot à pois de couleur. Il tenait un long fusil de soldat et courait sur la pointe de ses pantoufles avec l'air d'un somnambule et leste comme un tigre. On entendait, par intervalles, une détonation.

La veille au soir, le spectacle du chariot contenant cinq cadavres recueillis parmi ceux du boulevard des Capucines avait changé les dispositions du peuple; et, pendant qu'aux Tuileries les aides de camp se succédaient, et que M. Molé, en train de faire un cabinet nouveau, ne revenait pas, et que M. Thiers tâchait d'en composer un autre, et que le roi chicanait, hésitait, puis donnait à Bugeaud le commandement général pour l'empêcher de s'en servir, l'insurrection, comme dirigée par un seul bras, s'organisait formidablement. Des hommes, d'une éloquence frénétique, haranguaient la foule au coin des rues; d'autres dans les églises sonnaient le tocsin à pleine volée; on coulait du plomb, on roulait des cartouches; les arbres des boulevards, les vespasiennes, les bancs, les grilles, les becs de gaz, tout fut arraché, renversé; Paris, le matin, était couvert de barricades. La résistance ne dura pas; partout la garde nationale s'interposait;—si bien qu'à huit heures, le peuple, de bon gré ou de force, possédait cinq casernes, presque toutes les mairies, les points stratégiques les plus sûrs. D'elle-même, sans secousses, la monarchie se fondait dans une dissolution rapide; et on attaquait maintenant le poste du Château-d'Eau, pour délivrer cinquante prisonniers qui n'y étaient pas.

Frédéric s'arrêta forcément à l'entrée de la place. Des groupes en armes l'emplissaient. Des compagnies de la ligne occupaient les rues Saint-Thomas et Fromanteau. Une barricade énorme bouchait la rue de Valois. La fumée qui se balançait à sa crête s'entr'ouvrit, des hommes couraient dessus en faisant de grands gestes; ils disparurent; puis, la fusillade recommença. Le poste y répondait, sans qu'on vît personne à l'intérieur; ses fenêtres, défendues par des volets de chêne, étaient percées de meurtrières; et le monument avec ses deux étages, ses deux ailes, sa fontaine au premier et sa petite porte au milieu, commençait à se moucheter de taches blanches sous le heurt des balles. Son perron de trois marches restait vide.

A côté de Frédéric, un homme en bonnet grec et portant une giberne par-dessus sa veste de tricot se disputait avec une femme coiffée d'un madras. Elle lui disait:

«Mais reviens donc! reviens donc!

—Laisse-moi tranquille! répondait le mari. Tu peux bien surveiller la loge toute seule. Citoyen, je vous le demande, est-ce juste? J'ai fait mon devoir partout, en 1830, en 32, en 34, en 39! Aujourd'hui, on se bat! Il faut que je me batte!—Va-t'en!»

Et la portière finit par céder à ses remontrances et à celles d'un garde national près d'eux, quadragénaire dont la figure bonasse était ornée d'un collier de barbe blonde. Il chargeait son arme et tirait, tout en conversant avec Frédéric, aussi tranquille au milieu de l'émeute qu'un horticulteur dans son jardin. Un jeune garçon en serpillière le cajolait pour obtenir des capsules, afin d'utiliser son fusil, une belle carabine de chasse que lui avait donnée «un monsieur».

«Empoigne dans mon dos, dit le bourgeois, et efface-toi! tu vas te faire tuer!»

Les tambours battaient la charge. Des cris aigus, des hourras de triomphe s'élevaient. Un remous continuel faisait osciller la multitude. Frédéric, pris entre deux masses profondes, ne bougeait pas, fasciné d'ailleurs et s'amusant extrêmement. Les blessés qui tombaient, les morts étendus n'avaient pas l'air de vrais blessés, de vrais morts. Il lui semblait assister à un spectacle.

Au milieu de la houle, par-dessus des têtes, on aperçut un vieillard en habit noir sur un cheval blanc, à selle de velours. D'une main, il tenait un rameau vert, de l'autre un papier, et les secouait avec obstination. Enfin, désespérant de se faire entendre, il se retira.

La troupe de ligne avait disparu et les municipaux restaient seuls à défendre le poste. Un flot d'intrépides se rua sur le perron; ils s'abattirent, d'autres survinrent; et la porte, ébranlée sous des coups de barre de fer, retentissait; les municipaux ne cédaient pas. Mais une calèche bourrée de foin, et qui brûlait comme une torche géante, fut traînée contre les murs. On apporta vite des fagots, de la paille, un baril d'esprit-de-vin. Le feu monta le long des pierres; l'édifice se mit à fumer partout comme une solfatare; et de larges flammes, au sommet, entre les balustres de la terrasse, s'échappaient avec un bruit strident. Le premier étage du Palais-Royal s'était peuplé de gardes nationaux. De toutes les fenêtres de la place, on tirait; les balles sifflaient; l'eau de la fontaine crevée se mêlait avec le sang, faisait des flaques par terre; on glissait dans la boue sur des débris, des vêtements, des shakos, des armes; Frédéric sentit sous son pied quelque chose de mou; c'était la main d'un sergent en capote grise, couché la face dans le ruisseau. Des bandes nouvelles de peuple arrivaient toujours, poussant les combattants sur le poste. La fusillade devenait plus pressée. Les marchands de vin étaient ouverts; on allait de temps à autre y fumer une pipe, boire une chope, puis on retournait se battre. Un chien perdu hurlait. Cela faisait rire.

Frédéric fut ébranlé par le choc d'un homme qui, une balle dans les reins, tomba sur son épaule en râlant. A ce coup, dirigé peut-être contre lui, il se sentit furieux et il se jetait en avant quand un garde national l'arrêta.

«C'est inutile! le Roi vient de partir. Ah! si vous ne me croyez pas, allez-y voir.»

Une pareille assertion calma Frédéric. La place du Carrousel avait un aspect tranquille. L'hôtel de Nantes s'y dressait toujours solidairement; et les maisons par derrière, le dôme du Louvre en face, la longue galerie de bois à droite et le vague terrain qui ondulait jusqu'aux baraques des étalagistes, étaient comme noyés dans la couleur grise de l'air, où de lointains murmures semblaient se confondre avec la brume,—tandis qu'à l'autre bout de la place, un jour cru, tombant par un écartement des nuages sur la façade des Tuileries, découpait en blancheur toutes ses fenêtres. Il y avait près de l'Arc de Triomphe un cheval mort étendu. Derrière les grilles, des groupes de cinq à six personnes causaient. Les portes du château étaient ouvertes; les domestiques sur le seuil laissaient entrer.

En bas, dans une petite salle, des bols de café au lait étaient servis. Quelques-uns des curieux s'attablèrent en plaisantant; les autres restaient debout, et parmi ceux-là un cocher de fiacre. Il saisit à deux mains un bocal plein de sucre en poudre, jeta un regard inquiet de droite et de gauche, puis se mit à manger voracement, son nez plongeant dans le goulot. Au bas du grand escalier, un homme écrivait son nom sur un registre. Frédéric le reconnut par derrière.

«Tiens, Hussonnet!

—Mais oui, répondit le bohème. Je m'introduis à la Cour. Voilà une bonne farce, hein?

—Si nous montions?»

Et ils arrivèrent dans la salle des Maréchaux. Les portraits de ces illustres, sauf celui de Bugeaud, percé au ventre, étaient tous intacts. Ils se trouvaient appuyés sur leur sabre, un affût de canon derrière eux, et dans des attitudes formidables jurant avec la circonstance. Une grosse pendule marquait une heure vingt minutes.

Tout à coup, *la Marseillaise* retentit. Hussonnet et Frédéric se penchèrent sur la rampe. C'était le peuple. Il se précipita dans l'escalier, en secouant à flots vertigineux des têtes nues, des casques, des bonnets rouges, des baïonnettes et des épaules, si impétueusement, que des gens disparaissaient dans cette masse grouillante qui montait toujours, comme un fleuve refoulé par une marée d'équinoxe, avec un long mugissement, sous une impulsion irrésistible. En haut, elle se répandit et le chant tomba.

On n'entendait plus que les piétinements de tous les souliers, avec le clapotement des voix. La foule inoffensive se contentait de regarder. Mais, de temps à autre, un coude trop à l'étroit enfonçait une vitre; ou bien un vase, une statuette déroulait d'une console par terre. Les boiseries pressées craquaient. Tous les visages étaient rouges, la sueur en coulait à larges gouttes; Hussonnet fit cette remarque:

«Les héros ne sentent pas bon!

—Ah! vous êtes agaçant», reprit Frédéric.

Et, poussés malgré eux, ils entrèrent dans un appartement où s'étendait, au plafond, un dais de velours rouge. Sur le trône, en dessous, était assis un prolétaire à barbe noire, la chemise entr'ouverte, l'air hilare et stupide comme un magot. D'autres gravissaient l'estrade pour s'asseoir à sa place.

«Quel mythe! dit Hussonnet. Voilà le peuple souverain.»

Le fauteuil fut enlevé à bout de bras et traversa toute la salle en se balançant.

«Saprelotte! comme il chaloupe! Le vaisseau de l'État est ballotté sur une mer orageuse! Cancane-t-il! cancane-t-il!»

On l'avait approché d'une fenêtre, et, au milieu des sifflets, on le lança.

«Pauvre vieux!» dit Hussonnet en le voyant tomber dans le jardin, où il fut repris vivement pour être promené ensuite jusqu'à la Bastille, et brûlé.

Alors, une joie frénétique éclata, comme si, à la place du trône, un avenir de bonheur illimité avait paru; et le peuple, moins par vengeance que pour affirmer sa possession, brisa, lacéra les glaces et les rideaux, les lustres, les flambeaux, les tables, les chaises, les tabourets, tous les meubles, jusqu'à des albums de dessins, jusqu'à des corbeilles de tapisserie. Puisqu'on était victorieux, ne fallait-il pas s'amuser! La canaille s'affubla ironiquement de dentelles et de cachemires. Des crépines d'or s'enroulèrent aux manches des blouses, des chapeaux à plumes d'autruche ornaient la tête des forgerons, des rubans de la Légion d'honneur firent des ceintures aux prostituées. Chacun satisfaisait son caprice; les uns dansaient, d'autres buvaient. Dans la chambre de la reine, une femme lustrait ses bandeaux avec de la pommade; derrière un parvent, deux amateurs jouaient aux cartes; Hussonnet montra à Frédéric un individu qui fumait son brûle-gueule accoudé sur un balcon; et le délire redoublait au tintamarre continu des porcelaines brisées et des morceaux de cristal qui sonnaient, en rebondissant, comme des lames d'harmonica.

Puis la fureur s'assombrit. Une curiosité obscène fit fouiller tous les cabinets, tous les recoins, ouvrir tous les tiroirs. Des galériens enfoncèrent leurs bras dans la couche des princesses et se roulaient dessus par consolation de ne pouvoir les violer. D'autres, à figures plus sinistres, erraient silencieusement, cherchant à voler quelque chose; mais la multitude était trop nombreuse. Par les baies des portes, on n'apercevait dans l'enfilade des appartements que la sombre masse du peuple entre les dorures, sous un nuage de poussière. Toutes les poitrines haletaient; la chaleur de plus en plus devenait suffocante; les deux amis, craignant d'être étouffés, sortirent.

Dans l'antichambre, debout sur un tas de vêtements, se tenait une fille publique, en statue de la Liberté,—immobile, les yeux grands ouverts, effrayante.

Ils avaient fait trois pas dehors, quand un peloton de gardes municipaux en capotes s'avança vers eux, et qui, retirant leurs bonnets de police et découvrant à la fois leurs crânes un peu chauves, saluèrent le peuple très bas. A ce témoignage de respect, les vainqueurs déguenillés se rengorgèrent. Hussonnet et Frédéric ne furent pas non plus sans en éprouver un certain plaisir.

Une ardeur les animait. Ils s'en retournèrent au Palais-Royal. Devant la rue Fromanteau, des cadavres de soldats étaient entassés sur de la paille. Ils passèrent auprès impassiblement, étant même fiers de sentir qu'ils faisaient bonne contenance.

Le palais regorgeait de monde. Dans la cour intérieure, sept bûchers flambaient. On lançait par les fenêtres des pianos, des commodes et des pendules. Des pompes à incendie crachaient de l'eau jusqu'aux toits. Des chenapans tâchaient de couper des tuyaux avec leurs sabres. Frédéric engagea un polytechnicien à s'interposer. Le polytechnicien ne comprit pas, semblait imbécile, d'ailleurs. Tout autour, dans les deux galeries, la populace, maîtresse des caves, se livrait à une horrible godaille. Le vin coulait en ruisseaux, mouillait les pieds; les voyous buvaient dans des culs de bouteille et vociféraient en titubant.

«Sortons de là, dit Hussonnet, ce peuple me dégoûte.»

Tout le long de la galerie d'Orléans, des blessés gisaient par terre sur des matelas, ayant pour couvertures des rideaux de pourpre; et de petites bourgeoises du quartier leur apportaient des bouillons, du linge.

«N'importe! dit Frédéric, moi, je trouve le peuple sublime.»

Le grand vestibule était rempli par un tourbillon de gens furieux, des hommes voulaient monter aux étages supérieurs pour achever de détruire tout; des gardes nationaux sur les marches s'efforçaient de les retenir. Le plus intrépide était un chasseur, nu-tête, la chevelure hérissée, les buffleteries en pièces. Sa chemise faisait un bourrelet entre son pantalon et son habit, et il se débattait au milieu des autres avec acharnement. Hussonnet, qui avait la vue perçante, reconnut de loin Arnoux.

Puis ils gagnèrent le jardin des Tuileries, pour respirer plus à l'aise. Ils s'assirent sur un banc et ils restèrent pendant quelques minutes les paupières closes, tellement étourdis qu'ils n'avaient pas la force de parler. Les passants, autour d'eux, s'abordaient. La duchesse d'Orléans était nommée régente; tout était fini, et on éprouvait cette sorte de bien-être qui suit les dénouements rapides, quand à chacune des mansardes du château parurent des domestiques déchirant leurs habits de livrée. Ils les jetaient dans le jardin en signe d'abjuration. Le peuple les hua. Ils se retirèrent.

L'attention de Frédéric et d'Hussonnet fut distraite par un grand gaillard qui marchait vivement entre les arbres, avec un fusil sur l'épaule. Une cartouchière lui serrait à la taille sa vareuse rouge, un mouchoir s'enroulait à son front sous sa casquette. Il tourna la tête. C'était Dussardier, et se jetant dans leurs bras:

«Ah! quel bonheur, mes pauvres vieux!» sans pouvoir dire autre chose, tant il haletait de joie et de fatigue.

Depuis quarante-huit heures, il était debout. Il avait travaillé aux barricades du quartier Latin, s'était battu rue Rambuteau, avait sauvé trois dragons, était entré aux Tuileries avec la colonne Dunoyer, s'était porté ensuite à la Chambre, puis à l'Hôtel de Ville.

«J'en arrive! tout va bien! le peuple triomphe! les ouvriers et les bourgeois s'embrassent! ah! si vous saviez ce que j'ai vu! quels braves gens! comme c'est beau!»

Et sans s'apercevoir qu'il n'avait pas d'armes:

«J'étais bien sûr de vous trouver là! Ç'a été rude un moment, n'importe!»

Une goutte de sang lui coulait sur la joue, et, aux questions des deux autres:

«Oh! rien! l'éraflure d'une baïonnette!

—Il faudrait vous soigner pourtant.

—Bah! je suis solide! qu'est-ce que ça fait? La République est proclamée! on sera heureux maintenant! Des journalistes qui causaient tout à l'heure devant moi disaient qu'on va affranchir la Pologne et l'Italie! Plus de rois! comprenez-vous! Toute la terre libre! toute la terre libre!»

Et, embrassant l'horizon d'un seul regard, il écarta les bras dans une attitude triomphante. Mais une longue file d'hommes couraient sur la terrasse, au bord de l'eau.

«Ah! saprelotte! j'oubliais! Les forts sont occupés. Il faut que j'y aille! adieu!»

Il se retourna pour leur crier, tout en brandissant son fusil:

«Vive la République!»

Des cheminées du château, il s'échappait d'énormes tourbillons de fumée noire, qui emportaient des étincelles. La sonnerie des cloches faisait, au loin, comme des bêlements effarés. De droite et de gauche, partout, les vainqueurs déchargeaient leurs armes. Frédéric, bien qu'il ne fût pas guerrier, sentit bondir son sang gaulois. Le magnétisme des foules enthousiastes l'avait pris. Il humait voluptueusement l'air orageux, plein des senteurs de la poudre; et cependant il frissonnait sous les effluves d'un immense amour, d'un attendrissement suprême et universel, comme si le cœur de l'humanité tout entière avait battu dans sa poitrine.

Hussonnet dit en bâillant:

«Il serait temps peut-être d'aller instruire les populations!»

Frédéric le suivit à son bureau de correspondance, place de la Bourse, et il se mit à composer pour le journal de Troyes un compte rendu des événements en style lyrique, un véritable morceau,—qu'il signa. Puis ils dînèrent ensemble dans une taverne. Hussonnet était pensif; les excentricités de la Révolution dépassaient les siennes.

Après le café, quand ils se rendirent à l'Hôtel de Ville, pour savoir du nouveau, son naturel gamin avait repris le dessus. Il escaladait les barricades comme un chamois et répondait aux sentinelles des gaudrioles patriotiques.

Ils entendirent, à la lueur des torches, proclamer le gouvernement provisoire. Enfin, à minuit, Frédéric, brisé de fatigue, regagna sa maison.

«Eh bien, dit-il à son domestique en train de le déshabiller, es-tu content?

—Oui, sans doute, monsieur! Mais ce que je n'aime pas, c'est ce peuple en cadence!»

Le lendemain, à son réveil, Frédéric pensa à Deslauriers. Il courut chez lui. L'avocat venait de partir, étant nommé commissaire en province. Dans la soirée de la veille, il était parvenu jusqu'à Ledru-Rollin, et, l'obsédant au nom des Écoles, en avait arraché une place, une mission. Du reste, disait le portier, il devait écrire la semaine prochaine, pour donner son adresse.

Après quoi, Frédéric s'en alla voir la Maréchale. Elle le reçut aigrement, car elle lui en voulait de son abandon. Sa rancune s'évanouit sous des assurances de paix réitérées. Tout était tranquille maintenant, aucune raison d'avoir peur; il l'embrassait; et elle se déclara pour la république,—comme avait déjà fait Monseigneur l'archevêque de Paris, et comme devaient faire avec une prestesse de zèle merveilleuse: la magistrature, le Conseil d'État, l'Institut, les maréchaux de France, Changarnier, M. de Falloux, tous les bonapartistes, tous les légitimistes et un nombre considérable d'orléanistes.

La chute de la monarchie avait été si prompte que, la première stupéfaction passée, il y eut chez les bourgeois comme un étonnement de vivre encore. L'exécution sommaire de quelques voleurs, fusillés sans jugement, parut une chose très juste. On se redit, pendant un mois, la phrase de Lamartine sur le drapeau rouge, «qui n'avait fait que le tour du Champ de Mars, tandis que le drapeau tricolore», etc.; et tous se rangèrent sous son ombre, chaque parti ne voyant des trois couleurs que la sienne—et se promettant bien, dès qu'il serait le plus fort, d'arracher les deux autres.

Comme les affaires étaient suspendues, l'inquiétude et la badauderie poussaient tout le monde hors de chez soi. Le négligé des costumes atténuait la différence des rangs sociaux, la haine se cachait, les espérances s'étalaient, la foule était pleine de douceur. L'orgueil d'un droit conquis éclatait sur les visages. On avait une gaieté de carnaval, des allures de bivouac; rien ne fut amusant comme l'aspect de Paris, les premiers jours.

Frédéric prenait la Maréchale à son bras, et ils flânaient ensemble dans les rues. Elle se divertissait des rosettes décorant toutes les boutonnières, des étendards suspendus à toutes les fenêtres, des affiches de toute couleur placardées contre les murailles, et jetait çà et là quelque monnaie dans le tronc pour les blessés, établi sur une chaise, au milieu de la voie. Puis elle s'arrêtait devant les caricatures qui représentaient Louis-Philippe en pâtissier, en saltimbanque, en chien, en sangsue. Mais les hommes de Caussidière, avec leur sabre et leur écharpe, l'effrayaient un peu. D'autres fois, c'était un arbre de la liberté qu'on plantait. MM. les ecclésiastiques concouraient à la cérémonie, bénissant la République, escortés par des serviteurs à galons d'or, et la multitude trouvait cela très bien. Le spectacle le plus fréquent était celui des députations de n'importe quoi, allant réclamer quelque chose à l'Hôtel de Ville,—car chaque métier, chaque industrie attendait du gouvernement la fin radicale de sa misère. Quelques-uns, il est vrai, se rendaient près de lui pour le conseiller ou le féliciter, ou tout simplement pour lui faire une petite visite et voir fonctionner la machine.

Vers le milieu du mois de mars, un jour qu'il traversait le pont d'Arcole, ayant à faire une commission pour Rosanette dans le quartier Latin, Frédéric vit s'avancer une colonne d'individus à chapeaux bizarres, à longues barbes. En tête et battant du tambour marchait un nègre, un ancien modèle d'atelier, et l'homme qui portait la bannière sur laquelle flottait au vent cette inscription: «Artistes peintres», n'était autre que Pellerin.

Il fit signe à Frédéric de l'attendre, puis reparut cinq minutes après, ayant du temps devant lui, car le gouvernement recevait à ce moment-là les tailleurs de pierre. Il allait avec ses collègues réclamer la création d'un Forum de l'art, une espèce de Bourse où l'on débattrait les intérêts de l'esthétique; des œuvres sublimes se produiraient, puisque les travailleurs mettraient en commun leur génie. Paris, bientôt, serait couvert de monuments gigantesques; il les décorerait; il avait même commencé une figure de la République. Un de ses camarades vint le prendre, car ils étaient talonnés par la députation du commerce de la volaille.

«Quelle bêtise! grommela une voix dans la foule. Toujours des blagues! Rien de fort!»

C'était Regimbart. Il ne salua pas Frédéric, mais profita de l'occasion pour répandre son amertume.

Le citoyen employait ses jours à vagabonder dans les rues, tirant sa moustache, roulant des yeux, acceptant et propageant des nouvelles lugubres, et il n'avait que deux phrases: «Prenez garde, nous allons être débordés!» ou bien: «Mais, sacrebleu! on escamote la République!» Il était mécontent de tout et particulièrement de ce que nous n'avions pas repris nos frontières naturelles. Le nom seul de Lamartine lui faisait hausser les épaules. Il ne trouvait pas Ledru-Rollin «suffisant pour le problème», traita Dupont (de l'Eure) de vieille ganache; Albert, d'idiot; Louis Blanc, d'utopiste; Blanqui, d'homme extrêmement dangereux; et, quand Frédéric lui demanda ce qu'il aurait fallu faire, il répondit en lui serrant le bras à le broyer:

«Prendre le Rhin! je vous dis, prendre le Rhin! fichtre!»

Puis il accusa la réaction.

Elle se démasquait. Le sac des châteaux de Neuilly et de Suresnes, l'incendie des Batignolles, les troubles de Lyon, tous les excès, tous les griefs, on les exagérait à présent, en y ajoutant la circulaire de Ledru-Rollin, le cours forcé des billets de Banque, la rente tombée à soixante francs, enfin, comme iniquité suprême, comme dernier coup, comme surcroît d'horreur, l'impôt des quarante-cinq centimes!—Et, par-dessus tout cela, il y avait encore le socialisme! Bien que ces théories, aussi neuves que le jeu d'oie, eussent été depuis quarante ans suffisamment débattues pour emplir des bibliothèques, elles épouvantèrent les bourgeois, comme une grêle d'aérolithes; et on fut indigné, en vertu de cette haine que provoque l'avènement de toute idée parce que c'est une idée, exécration dont elle tire plus tard sa gloire, et qui fait que ses ennemis sont toujours au-dessous d'elle, si médiocre qu'elle puisse être.

Alors la propriété monta dans les respects au niveau de la religion et se confondit avec Dieu. Les attaques qu'on lui portait parurent du sacrilège, presque de l'anthropophagie. Malgré la législation la plus humaine qui fut jamais, le spectre de 93 reparut, et le couperet de la guillotine vibra dans toutes les syllabes du mot république;—ce qui n'empêchait pas qu'on la méprisait pour sa faiblesse. La France, ne sentant plus de maître, se mit à crier d'effarement comme un aveugle sans bâton, comme un marmot qui a perdu sa bonne.

De tous les Français, celui qui tremblait le plus fort était M. Dambreuse. L'état nouveau des choses menaçait sa fortune, mais surtout dupait son expérience. Un système si bon, un roi si sage! était-ce possible! La terre allait crouler! Dès le lendemain, il congédia trois domestiques, vendit ses chevaux, s'acheta, pour sortir dans les rues, un chapeau mou, pensa même à laisser croître sa barbe; et il restait chez lui, prostré, se repaissant amèrement des journaux les plus hostiles à ses idées, et devenu tellement sombre, que les plaisanteries sur la pipe de Flocon n'avaient pas même la force de le faire sourire.

Comme soutien du dernier règne, il redoutait les vengeances du peuple sur ses propriétés de la Champagne, quand l'élucubration de Frédéric lui tomba dans les mains. Alors il s'imagina que son jeune ami était un personnage très influent et qu'il pourrait sinon le servir, du moins le défendre; de sorte qu'un matin, M. Dambreuse se présenta chez lui, accompagné de Martinon.

Cette visite n'avait pour but, dit-il, que de le voir un peu et de causer. Somme toute, il se réjouissait des événements, et il adoptait de grand cœur «notre sublime devise: *Liberté, Égalité, Fraternité*, ayant toujours été républicain au fond». S'il votait, sous l'autre régime, avec le ministère, c'était simplement pour accélérer une chute inévitable. Il s'emporta même contre M. Guizot, «qui nous a mis dans un joli pétrin, convenons-en»! En revanche, il admirait beaucoup Lamartine, lequel s'était montré «magnifique, ma parole d'honneur, quand, à propos du drapeau rouge...»

«Oui! je sais», dit Frédéric.

Après quoi, il déclara sa sympathie pour les ouvriers.

«Car enfin, plus ou moins, nous sommes tous ouvriers!» Et il poussait l'impartialité jusqu'à reconnaître que Proudhon avait de la logique. «Oh! beaucoup de logique! diable!» Puis, avec le détachement d'une intelligence supérieure, il causa de l'exposition de peinture, où il avait vu le tableau de Pellerin. Il trouvait cela original, bien touché.

Martinon appuyait tous ses mots par des remarques approbatives; lui aussi pensait qu'il fallait «se rallier franchement à la République», et il parla de son père laboureur, faisait le paysan, l'homme du peuple. On arriva bientôt aux élections pour l'Assemblée nationale, et aux candidats dans l'arrondissement de la Fortelle. Celui de l'opposition n'avait pas de chances.

«Vous devriez prendre sa place!» dit M. Dambreuse.

Frédéric se récria.

«Eh! pourquoi donc? car il obtiendrait les suffrages des ultras, vu ses opinions personnelles, celui des conservateurs, à cause de sa famille. Et peut-être aussi, ajouta le banquier en souriant, grâce un peu à mon influence.»

Frédéric objecta qu'il ne saurait comment s'y prendre. Rien de plus facile en se faisant recommander aux patriotes de l'Aube par un club de la capitale. Il s'agissait de lire, non une profession de foi, comme on en voyait quotidiennement, mais une exposition de principes sérieuse.

«Apportez-moi cela; je sais ce qui convient dans la localité! Et vous pourriez, je vous le répète, rendre de grands services au pays, à nous tous, à moi-même.»

Par des temps pareils, on devait s'entr'aider, et, si Frédéric avait besoin de quelque chose, lui, ou ses amis...

«Oh! mille grâces, cher monsieur!»

—A charge de revanche, bien entendu!»

Le banquier était un brave homme décidément.

Frédéric ne put s'empêcher de réfléchir à son conseil, et bientôt une sorte de vertige l'éblouit.

Les grandes figures de la Convention passèrent devant ses yeux. Il lui sembla qu'une aurore magnifique allait se lever. Rome, Vienne, Berlin, étaient en insurrection, les Autrichiens chassés de Venise; toute l'Europe s'agitait. C'était l'heure de se précipiter dans le mouvement, de l'accélérer peut-être; et puis il était séduit par le costume que les députés, disait-on, porteraient.

Déjà il se voyait en gilet à revers avec une ceinture tricolore; et ce prurit, cette hallucination devint si forte, qu'il s'en ouvrit à Dussardier.

L'enthousiasme du brave garçon ne faiblissait pas.

«Certainement, bien sûr! Présentez-vous!»

Frédéric, néanmoins, consulta Deslauriers. L'opposition idiote qui entravait le commissaire dans sa province avait augmenté son libéralisme. Il lui envoya immédiatement des exhortations violentes.

Cependant Frédéric avait besoin d'être approuvé par un plus grand nombre, et il confia la chose à Rosanette, un jour que Mlle Vatnaz se trouvait là.

Elle était une de ces célibataires parisiennes qui, chaque soir, quand elles ont donné leurs leçons, ou tâché de vendre de petits dessins, de placer de pauvres manuscrits, rentrent chez elles avec de la crotte à leurs jupons, font leur dîner, le mangent toutes seules, puis, les pieds sur une chaufferette, à la lueur d'une lampe malpropre, rêvent un amour, une famille, un foyer, la fortune, tout ce qui leur manque. Aussi, comme beaucoup d'autres, avait-elle salué dans la Révolution l'avènement de la vengeance;—et elle se livrait à une propagande socialiste effrénée.

L'affranchissement du prolétaire, selon la Vatnaz, n'était possible que par l'affranchissement de la femme. Elle voulait son admissibilité à tous les emplois, la recherche de la paternité, un autre code, l'abolition, ou tout au moins «une réglementation du mariage plus intelligente». Alors, chaque Française serait tenue d'épouser un Français ou d'adopter un vieillard. Il fallait que les nourrices et les accoucheuses fussent des fonctionnaires salariés par l'État; qu'il y eût un jury pour examiner les œuvres de femmes, des éditeurs spéciaux pour les femmes, une école polytechnique pour les femmes, une garde nationale pour les femmes, tout pour les femmes! Et, puisque le gouvernement méconnaissait leurs droits, elles devaient vaincre la force par la force. Dix mille citoyennes, avec de bons fusils, pouvaient faire trembler l'Hôtel de Ville!

La candidature de Frédéric lui parut favorable à ses idées. Elle l'encouragea, en lui montrant la gloire à l'horizon. Rosanette se réjouit d'avoir un homme qui parlerait à la Chambre.

«Et puis, on te donnera peut-être une bonne place.»

Frédéric, homme de toutes les faiblesses, fut gagné par la démence universelle. Il écrivit un discours et alla le faire voir à M. Dambreuse.

Au bruit de la grande porte qui retombait, un rideau s'entr'ouvrit derrière une croisée; une femme y parut. Il n'eut pas le temps de la reconnaître; mais, dans l'antichambre, un tableau l'arrêta, le tableau de Pellerin, posé sur une chaise, provisoirement sans doute.

Cela représentait la République, ou le Progrès, ou la Civilisation, sous la figure de Jésus-Christ conduisant une locomotive, laquelle traversait une forêt vierge. Frédéric, après une minute de contemplation, s'écria:

«Quelle turpitude!

—N'est-ce pas, hein? dit M. Dambreuse, survenu sur cette parole et s'imaginant qu'elle concernait non la peinture, mais la doctrine glorifiée par le tableau. Martinon arriva au même moment. Ils passèrent dans le cabinet, et Frédéric tirait un papier de sa poche, quand Mlle Cécile, entrant tout à coup, articula d'un air ingénu:

—Ma tante est-elle ici?

—Tu sais bien que non, répliqua le banquier.—N'importe! faites comme chez vous, mademoiselle.

—Oh! merci! je m'en vais.»

A peine sortie, Martinon eut l'air de chercher son mouchoir.

«Je l'ai oublié dans mon paletot, excusez-moi!

—Bien!» dit M. Dambreuse.

Évidemment, il n'était pas dupe de cette manœuvre et même semblait la favoriser. Pourquoi? Mais bientôt Martinon reparut, et Frédéric entama son discours. Dès la seconde page, qui signalait comme une honte la prépondérance des intérêts pécuniaires, le banquier fit la grimace. Puis, abordant les réformes, Frédéric demandait la liberté du commerce.

«Comment...! mais permettez!»

L'autre n'entendait pas et continua. Il réclamait l'impôt sur la rente, l'impôt progressif, une fédération européenne, et l'instruction du peuple, des encouragements aux beaux-arts les plus larges.

«Quand le pays fournirait à des hommes comme Delacroix ou Hugo cent mille francs de rente, où serait le mal?»

Le tout finissait par des conseils aux classes supérieures.

«N'épargnez rien, ô riches! donnez! donnez!»

Il s'arrêta et resta debout. Ses deux auditeurs assis ne parlaient pas; Martinon écarquillait les yeux, M. Dambreuse était tout pâle. Enfin dissimulant son émotion sous un aigre sourire:

«C'est parfait, votre discours!» Et il en vanta beaucoup la forme, pour n'avoir pas à s'exprimer sur le fond.

Cette virulence de la part d'un jeune homme inoffensif l'effrayait, surtout comme symptôme. Martinon tâcha de le rassurer. Le parti conservateur, d'ici peu, prendrait sa revanche certainement; dans plusieurs villes on avait chassé les commissaires du gouvernement provisoire; les élections n'étaient fixées qu'au 23 avril, on avait du temps; bref, il fallait que M. Dambreuse lui-même se présentât dans l'Aube; et, dès lors, Martinon ne le quitta plus, devint son secrétaire et l'entoura de soins filiaux.

Frédéric arriva fort content de sa personne chez Rosanette. Delmar y était et lui apprit que «définitivement» il se portait comme candidat aux élections de la Seine. Dans une affiche adressée «au peuple» et où il le tutoyait, l'acteur se vantait de le comprendre, «lui», et de s'être fait, pour son salut, «crucifier par l'art», si bien qu'il était son incarnation, son idéal;—croyant effectivement avoir sur les masses une influence énorme, jusqu'à proposer plus tard dans un bureau de ministère de réduire une émeute à lui seul; et, quant aux moyens qu'il emploierait, il fit cette réponse:

«N'ayez pas peur! Je leur montrerai ma tête!»

Frédéric, pour le mortifier, lui notifia sa propre candidature. Le cabotin, du moment que son futur collègue visait la province, se déclara son serviteur et offrit de le piloter dans les clubs.

Ils les visitèrent tous, ou presque tous, les rouges et les bleus, les furibonds et les tranquilles, les puritains, les débraillés, les mystiques et les pochards, ceux où l'on décrétait la mort des rois, ceux où l'on dénonçait les fraudes de l'épicerie; et, partout, les locataires maudissaient les propriétaires, la blouse s'en prenait à l'habit, et les riches conspiraient contre les pauvres. Plusieurs voulaient des indemnités comme anciens martyrs de la police, d'autres imploraient de l'argent pour mettre en jeu des inventions, ou bien c'étaient des plans de phalanstères, des projets de bazars cantonaux, des systèmes de félicité publique;—puis, çà et là, un éclair d'esprit dans ces nuages de sottise, des apostrophes, soudaines comme des éclaboussures, le droit formulé par un juron, et des fleurs d'éloquence aux lèvres d'un goujat, portant à cru le baudrier d'un sabre sur sa poitrine sans chemise. Quelquefois aussi, figurait un monsieur, aristocrate humble d'allures, disant des choses plébéiennes, et qui ne s'était pas lavé les mains pour les faire paraître calleuses. Un patriote le reconnaissait, les plus vertueux le houspillaient, et il sortait la rage dans l'âme. On devait, par affectation de bon sens, dénigrer toujours les avocats, et servir le plus souvent possible ces locutions: «apporter sa pierre à l'édifice,—problème social,—atelier».

Delmar ne ratait pas les occasions d'empoigner la parole; et, quand il ne trouvait plus rien à dire, sa ressource était de se camper le poing sur la hanche, l'autre bras dans le gilet, en se tournant de profil, brusquement, de manière à bien montrer sa tête. Alors, des applaudissements éclataient, ceux de Mlle Vatnaz au fond de la salle.

Frédéric, malgré la faiblesse des orateurs, n'osait se risquer. Tous ces gens lui semblaient trop incultes ou trop hostiles.

Mais Dussardier se mit en recherche et lui annonça qu'il existait, rue Saint-Jacques, un club intitulé *le Club de l'Intelligence*. Un nom pareil donnait bon espoir. D'ailleurs, il amènerait des amis.

Il amena ceux qu'il avait invités à son punch; le teneur de livres, le placeur de vins, l'architecte; Pellerin même était venu, peut-être qu'Hussonnet allait venir; et sur le trottoir, devant la porte, stationnait Regimbart avec deux individus, dont le premier était son fidèle Compain, homme un peu courtaud, marqué de petite vérole, les yeux rouges; et le second, une espèce de singe nègre, extrêmement chevelu, et qu'il connaissait seulement pour être «un patriote de Barcelone».

Ils passèrent par une allée, puis furent introduits dans une grande pièce, à usage de menuisier sans doute, et dont les murs encore neufs sentaient le plâtre. Quatre quinquets accrochés parallèlement y faisaient une lumière désagréable. Sur une estrade, au fond, il y avait un bureau avec une sonnette, en dessous une table figurant la tribune, et de chaque côté deux autres plus basses, pour les secrétaires. L'auditoire qui garnissait les bancs était composé de vieux rapins, de pions, d'hommes de lettres inédits. Sur ces lignes de paletots à collets gras, on voyait de place en place le bonnet d'une femme ou le bourgeron d'un ouvrier. Le fond de la salle était même plein d'ouvriers, venus là sans doute par désœuvrement, ou qu'avaient introduits des orateurs pour se faire applaudir.

Frédéric eut soin de se mettre entre Dussardier et Regimbart, qui, à peine assis, posa ses deux mains sur sa canne, son menton sur ses deux mains et ferma les paupières, tandis qu'à l'autre extrémité de la salle, Delmar, debout, dominait l'assemblée.

Au bureau du président, Sénécal parut.

Cette surprise, avait pensé le bon commis, plairait à Frédéric. Elle le contraria.

La foule témoignait à son président une grande déférence. Il était de ceux qui, le 25 février, avaient voulu l'organisation immédiate du travail; le lendemain, au Prado, il s'était prononcé pour qu'on attaquât l'Hôtel de Ville; et, comme chaque personnage se réglait alors sur un modèle, l'un copiant Saint-Just, l'autre Danton, l'autre Marat, lui, il tâchait de ressembler à Blanqui, lequel imitait Robespierre. Ses gants noirs et ses cheveux en brosse lui donnaient un aspect rigide, extrêmement convenable.

Il ouvrit la séance par la déclaration des Droits de l'homme et du citoyen, acte de foi habituel. Puis une voix vigoureuse entonna *les Souvenirs du peuple* de Béranger.

D'autres voix s'élevèrent. «Non! non! pas ça!

—*La Casquette!*» se mirent à hurler, au fond, les patriotes.

Et ils chantèrent en chœur la poésie du jour:
Chapeau bas devant ma casquette,
A genoux devant l'ouvrier!

Sur un mot du président, l'auditoire se tut. Un des secrétaires procéda au dépouillement des lettres.

«Des jeunes gens annoncent qu'ils brûlent chaque soir devant le Panthéon un numéro de l'*Assemblée nationale*, et ils engagent tous les patriotes à suivre leur exemple.

—Bravo! adopté! répondit la foule.

—Le citoyen Jean-Jacques Langreneux, typographe, rue Dauphine, voudrait qu'on élevât un monument à la mémoire des martyrs de thermidor.

Des applaudissements éclatèrent; quelques-uns cependant se penchaient vers leurs voisins pour savoir ce qu'étaient les martyrs de thermidor.

«Michel-Évariste-Népomucène Vincent, ex-professeur, émet le vœu que la démocratie européenne adopte l'unité de langage. On pourrait se servir d'une langue morte, comme par exemple du latin perfectionné.

—Non! pas de latin! s'écria l'architecte.

—Pourquoi? reprit un maître d'études.»

Et ces deux messieurs engagèrent une discussion, où d'autres se mêlèrent, chacun jetant son mot pour éblouir, et qui ne tarda pas à devenir tellement fastidieuse, que beaucoup s'en allaient.

Mais un petit vieillard, portant au bas de son front prodigieusement haut des lunettes vertes, réclama la parole pour une communication urgente.

C'était un mémoire sur la répartition des impôts. Les chiffres découlaient, cela n'en finissait plus! L'impatience éclata d'abord en murmures, en conversations; rien ne le troublait. Puis on se mit à siffler, on appelait «Azor»; Sénécal gourmanda le public; l'orateur continuait comme une machine. Il fallut, pour l'arrêter, le prendre par le coude. Le bonhomme eut l'air de sortir d'un songe, et, levant tranquillement ses lunettes:

«Pardon! citoyens! pardon! Je me retire! mille excuses!»

L'insuccès de cette lecture déconcerta Frédéric. Il avait son discours dans sa poche, mais une improvisation eût mieux valu.

Enfin, le président annonça qu'ils allaient passer à l'affaire importante, la question électorale. On ne discuterait pas les grandes listes républicaines. Cependant *le Club de l'Intelligence* avait bien le droit, comme un autre, d'en former une, «n'en déplaise à MM. les pachas de l'Hôtel de Ville», et les citoyens qui briguaient le mandat populaire pouvaient exposer leurs titres.

«Allez-y donc!» dit Dussardier.

Un homme en soutane, crépu, et de physionomie pétulante, avait déjà levé la main. Il déclara, en bredouillant, s'appeler Ducretot, prêtre et agronome, auteur d'un ouvrage intitulé *Des engrais*. On le renvoya vers un cercle horticole.

Puis un patriote en blouse gravit la tribune. Celui-là était un plébéien, large d'épaules, une grosse figure très douce et de longs cheveux noirs. Il parcourut l'assemblée d'un regard presque voluptueux, se renversa la tête, et enfin, écartant les bras:

«Vous avez repoussé Ducretot, ô mes frères! et vous avez bien fait, mais ce n'est pas par irréligion, car nous sommes tous religieux.»

Plusieurs écoutaient la bouche ouverte, avec des airs de catéchumènes, des poses extatiques.

«Ce n'est pas non plus parce qu'il est prêtre, car, nous aussi, nous sommes prêtres! L'ouvrier est prêtre, comme l'était le fondateur du socialisme, notre Maître à tous, Jésus-Christ!»

Le moment était venu d'inaugurer le règne de Dieu! L'Évangile conduisait tout droit à 89! Après l'abolition de l'esclavage, l'abolition du prolétariat. On avait eu l'âge de haine, allait commencer l'âge d'amour.

«Le christianisme est la clef de voûte et le fondement de l'édifice nouveau...

—Vous fichez-vous de nous? s'écria le placeur d'alcools. Qu'est-ce qui m'a donné un calotin pareil!»

Cette interruption causa un grand scandale. Presque tous montèrent sur les bancs, et, le poing tendu, vociféraient: «Athée! aristocrate! canaille!» pendant que la sonnette du président tintait sans discontinuer et que les cris: «A l'ordre! à l'ordre!» redoublaient. Mais, intrépide, et soutenu d'ailleurs par «trois cafés» pris avant de venir, il se débattait au milieu des autres.

«Comment, moi! un aristocrate? allons donc!»

Admis enfin à s'expliquer, il déclara qu'on ne serait jamais tranquille avec les prêtres, et, puisqu'on avait parlé tout à l'heure d'économies, c'en serait une fameuse que de supprimer les églises, les saints ciboires, et finalement tous les cultes.

Quelqu'un lui objecta qu'il allait trop loin.

«Oui! je vais loin! Mais, quand un vaisseau est surpris par la tempête...»

Sans attendre la fin de la comparaison, un autre lui répondit:

«D'accord! mais c'est démolir d'un seul coup, comme un maçon sans discernement...

—Vous insultez les maçons!» hurla un citoyen couvert de plâtre. Et, s'obstinant à croire qu'on l'avait provoqué, il vomit des injures, voulait se battre, se cramponnait à son banc. Trois hommes ne furent pas de trop pour le mettre dehors.

Cependant l'ouvrier se tenait toujours à la tribune. Les deux secrétaires l'avertirent d'en descendre. Il protesta contre le passe-droit qu'on lui faisait.

«Vous ne m'empêcherez pas de crier: amour éternel à notre chère France! amour éternel aussi à la République!

—Citoyens! dit alors Compain, citoyens!»

Et, à force de répéter: «Citoyens», ayant obtenu un peu de silence, il appuya sur la tribune ses deux mains rouges, pareilles à des moignons, se porta le corps en avant, et, clignant des yeux:

«Je crois qu'il faudrait donner une plus large extension à la tête de veau.»

Tous se taisaient, croyant avoir mal entendu.

«Oui! la tête de veau!»

Trois cents rires éclatèrent d'un seul coup. Le plafond trembla. Devant toutes ces faces bouleversées par la joie, Compain se reculait. Il reprit d'un ton furieux:

«Comment! vous ne connaissez pas la tête de veau!»

Ce fut un paroxysme, un délire. On se pressait les côtes. Quelques-uns même tombaient par terre, sous les bancs. Compain, n'y tenant plus, se réfugia près de Regimbart et il voulait l'entraîner.

«Non! je reste jusqu'au bout!» dit le citoyen.

Cette réponse détermina Frédéric; et, comme il cherchait de droite et de gauche ses amis pour le soutenir, il aperçut, devant lui, Pellerin à la tribune. L'artiste le prit de haut avec la foule.

«Je voudrais savoir un peu où est le candidat de l'art dans tout cela? Moi, j'ai fait un tableau...

—Nous n'avons que faire des tableaux!» dit brutalement un homme maigre, ayant des plaques rouges aux pommettes.

Pellerin se récria qu'on l'interrompait.

Mais l'autre, d'un ton tragique:

«Est-ce que le gouvernement n'aurait pas dû déjà abolir par un décret la prostitution et la misère?»

Et, cette parole lui ayant livré tout de suite la faveur du peuple, il tonna contre la corruption des grandes villes.

«Honte et infamie! On devrait happer les bourgeois au sortir de la Maison d'or et leur cracher à la figure! Au moins, si le gouvernement ne favorisait pas la débauche! Mais les employés de l'octroi sont envers nos filles et nos sœurs d'une indécence...»

Une voix proféra de loin:

«C'est rigolo!

—A la porte!

—On tire de nous des contributions pour solder le libertinage! Ainsi les forts appointements d'acteur...

—A moi!» s'écria Delmar.

Il bondit à la tribune, écarta tout le monde, prit sa pose; et, déclarant qu'il méprisait d'aussi plates accusations, s'étendit sur la mission civilisatrice du comédien. Puisque le théâtre était le foyer de l'instruction nationale, il votait pour la réforme du théâtre; et, d'abord, plus de directions, plus de privilèges!

«Oui! d'aucune sorte!»

Le jeu de l'acteur échauffait la multitude, et des motions subversives se croisaient.

—Plus d'académies! plus d'Institut!

—Plus de missions!

—Plus de baccalauréat!

—A bas les grades universitaires!

—Conservons-les, dit Sénécal, mais qu'ils soient conférés par le suffrage universel, par le peuple, seul vrai juge!»

Le plus utile, d'ailleurs, n'était pas cela. Il fallait d'abord passer le niveau sur la tête des riches! Et il les représenta se gorgeant de crimes sous leurs plafonds dorés, tandis que les pauvres, se tordant de faim dans leurs galetas, cultivaient toutes les vertus. Les applaudissements devinrent si forts, qu'il s'interrompit. Pendant quelques minutes, il resta les paupières closes, la tête renversée et comme se berçant sur cette colère qu'il soulevait.

Puis, il se remit à parler d'une façon dogmatique, en phrases impérieuses comme des lois. L'État devait s'emparer de la Banque et des assurances. Les héritages seraient abolis. On établirait un fonds social pour les travailleurs. Bien d'autres mesures étaient bonnes dans l'avenir. Celles-là, pour le moment, suffisaient; et, revenant aux élections:

«Il nous faut des citoyens purs, des hommes entièrement neufs! Quelqu'un se présente-t-il?»

Frédéric se leva. Il y eut un bourdonnement d'approbation causé par ses amis. Mais Sénécal, prenant une figure à la Fouquier-Tinville, se mit à l'interroger sur ses noms, prénoms, antécédents, vie et mœurs.

Frédéric lui répondait sommairement et se mordait les lèvres. Sénécal demanda si quelqu'un voyait un empêchement à cette candidature.

«Non! non!»

Mais lui, il en voyait. Tous se penchèrent et tendirent les oreilles. Le citoyen postulant n'avait pas livré une certaine somme promise pour une fondation démocratique, un journal. De plus, le 22 février, bien que suffisamment averti, il avait manqué au rendez-vous, place du Panthéon.

«Je jure qu'il était aux Tuileries! s'écria Dussardier.

—Pouvez-vous jurer l'avoir vu au Panthéon?»

Dussardier baissa la tête. Frédéric se taisait; ses amis scandalisés le regardaient avec inquiétude.

«Au moins, reprit Sénécal, connaissez-vous un patriote qui nous réponde de vos principes?»

—Moi! dit Dussardier.

—Oh! cela ne suffit pas! un autre!»

Frédéric se tourna vers Pellerin. L'artiste lui répondit par une abondance de gestes qui signifiait:

«Ah! mon cher, ils m'ont repoussé! Diable! que voulez-vous!»

Alors, Frédéric poussa du coude Regimbart.

«Oui! c'est vrai! il est temps! j'y vais!»

Et Regimbart enjamba l'estrade; puis, montrant l'Espagnol qui l'avait suivi:

«Permettez-moi, citoyens, de vous présenter un patriote de Barcelone!»

Le patriote fit un grand salut, roula comme un automate ses yeux d'argent, et la main sur le cœur:

«Ciudadanos! mucho aprecio el honor que me dispensais, y si grande es vuestra bondad mayor es vuestro atencion.

—Je réclame la parole! cria Frédéric.

—Desde que se proclamo la constitucion de Cadiz, ese pacto fundamental de las libertades españolas, hasta la ultima revolucion, nuestra patria cuenta numerosos y heroicos martires.»

Frédéric encore une fois voulut se faire entendre:

«Mais, citoyens!...»

L'Espagnol continuait:

«El martes proximo tendra lugar en la iglesia de la Magdelena un servicio funebre.

—C'est absurde à la fin! personne ne comprend!»

Cette observation exaspéra la foule.

«A la porte! à la porte!

—Qui? moi? demanda Frédéric.

—Vous-même! dit majestueusement Sénécal. Sortez.»

Il se leva pour sortir, et la voix de l'Ibérien le poursuivait:

«Y todos los españoles descarian ver alli reunidas las deputaciones de los clubs y de la milica nacional. Una oracion funebre en honor de la libertad española y del mundo entero, sera prononciado por un miembro del clero de Paris en la sala Bonne-Nouvelle. Honor al pueblo frances, que llamaria yo el primero pueblo del mundo, sino fuese ciudadano de otra nacion!»

«Aristo!» glapit un voyou, en montrant le poing à Frédéric, qui s'élançait dans la cour, indigné.

Il se reprocha son dévouement, sans réfléchir que les accusations portées contre lui étaient justes, après tout. Quelle fatale idée que cette candidature! Mais quels ânes, quels crétins! Il se comparait à ces hommes et soulageait avec leur sottise la blessure de son orgueil.

Puis il éprouva le besoin de voir Rosanette. Après tant de laideurs et d'emphase, sa gentille personne serait un délassement. Elle savait qu'il avait dû, le soir, se présenter dans un club. Cependant, lorsqu'il entra, elle ne lui fit pas même une question.

Elle se tenait près du feu, décousant la doublure d'une robe. Un pareil ouvrage le surprit.

«Tiens? qu'est-ce que tu fais?

—Tu le vois, dit-elle sèchement. Je raccommode mes hardes. C'est ta République.

—Pourquoi ma République?

—C'est la mienne peut-être?»

Et elle se mit à lui reprocher tout ce qui se passait en France depuis deux mois, l'accusant d'avoir fait la révolution, d'être cause qu'on était ruiné, que les gens riches abandonnaient Paris, et qu'elle mourrait plus tard à l'hôpital.

«Tu en parles à ton aise, toi, avec tes rentes! Du reste, au train dont ça va, tu ne les auras pas longtemps, tes rentes.

—Cela se peut, dit Frédéric, les plus dévoués sont toujours méconnus, et si l'on n'avait pour soi sa conscience, les brutes avec qui l'on se compromet vous dégoûteraient de l'abnégation!»

Rosanette le regarda, les cils rapprochés.

«Hein? Quoi? Quelle abnégation? Monsieur n'a pas réussi, à ce qu'il paraît? Tant mieux! ça t'apprendra à faire des dons patriotiques. Oh! ne mens pas! Je sais que tu leur as donné trois cents francs, car elle se fait entretenir, ta République! Eh bien, amuse-toi avec elle, mon bonhomme!»

Sous cette avalanche de sottises, Frédéric passait de son autre désappointement à une déception plus lourde.

Il s'était retiré au fond de la chambre. Elle vint à lui.

«Voyons! raisonne un peu! Dans un pays comme dans une maison, il faut un maître; autrement, chacun fait danser l'anse du panier. D'abord, tout le monde sait que Ledru-Rollin est couvert de dettes! Quant à Lamartine, comment veux-tu qu'un poète s'entende à la politique? Ah! tu as beau hocher la tête et te croire plus d'esprit que les autres, c'est pourtant vrai! Mais tu ergotes toujours, on ne peut pas placer un mot avec toi! Voilà par exemple Fournier-Fontaine, des magasins de Saint-Roch: sais-tu de combien il manque? De huit cent mille francs! Et Gomer, l'emballeur d'en face, un autre républicain celui-là, il cassait les pincettes sur la tête de sa femme, et il a bu tant d'absinthe, qu'on va le mettre dans une maison de santé. C'est comme ça qu'ils sont tous, les républicains! Une République à vingt-cinq pour cent! Ah oui! vante-toi!»

Frédéric s'en alla. L'ineptie de cette fille, se dévoilant tout à coup dans un langage populacier, le dégoûtait. Il se sentit même un peu redevenu patriote.

La mauvaise humeur de Rosanette ne fit que s'accroître. Mlle Vatnaz l'irritait par son enthousiasme. Se croyant une mission, elle avait la rage de pérorer, de catéchiser, et, plus forte que son amie dans ces matières, l'accablait d'arguments.

Un jour, elle arriva tout indignée contre Hussonnet, qui venait de se permettre des polissonneries au club des femmes. Rosanette approuva cette conduite, déclarant même qu'elle prendrait des habits d'homme pour aller «leur dire leur fait, à toutes et les fouetter». Frédéric entrait au même moment.

«Tu m'accompagneras, n'est-ce pas?»

Et malgré sa présence, elles se chamaillèrent, l'une faisant la bourgeoise, l'autre la philosophe.

Les femmes, selon Rosanette, étaient nées exclusivement pour l'amour ou pour élever des enfants, pour tenir un ménage.

D'après Mlle Vatnaz, la femme devait avoir sa place dans l'État. Autrefois, les Gauloises légiféraient, les Anglo-Saxonnes aussi, les épouses des Hurons faisaient partie du Conseil. L'œuvre civilisatrice était commune. Il fallait toutes y concourir et substituer enfin à l'égoïsme la fraternité, à l'individualisme l'association, au morcellement la grande culture.

«Allons, bon! tu te connais en culture, à présent!

—Pourquoi pas? D'ailleurs, il s'agit de l'humanité, de son avenir!

—Mêle-toi du tien!

—Ça me regarde!»

Elles se fâchaient. Frédéric s'interposa. La Vatnaz s'échauffait et arriva même à soutenir le communisme.

«Quelle bêtise! dit Rosanette. Est-ce que jamais ça pourra se faire?»

L'autre cita en preuve les Esséniens, les frères Moraves, les Jésuites du Paraguay, la famille des Pingons, près de Thiers en Auvergne; et, comme elle gesticulait beaucoup, sa chaîne de montre se prit dans son paquet de breloques, à un petit mouton d'or suspendu.

Tout à coup, Rosanette pâlit extraordinairement.

Mlle Vatnaz continuait à dégager son bibelot.

«Ne te donne pas tant de mal, dit Rosanette; maintenant, je connais tes opinions politiques.

—Quoi? reprit la Vatnaz, devenue rouge comme une vierge.

—Oh! oh! tu me comprends!»

Frédéric ne comprenait pas. Entre elles, évidemment, il était survenu quelque chose de plus capital et de plus intime que le socialisme.

«Et quand cela serait, répliqua la Vatnaz, se redressant intrépidement. C'est un emprunt, ma chère, dette pour dette!

—Parbleu, je ne nie pas les miennes! Pour quelques mille francs, belle histoire! J'emprunte au moins; je ne vole personne!»

Mlle Vatnaz s'efforça de rire.

«Oh! j'en mettrais ma main au feu.

—Prends garde! Elle est assez sèche pour brûler.»

La vieille fille lui présenta sa main droite, et la gardant levée juste en face d'elle:

«Mais il y a de tes amis qui la trouvent à leur convenance!

—Des Andalous, alors? comme castagnettes!

—Gueuse!»

La Maréchale fit un grand salut.

«On n'est pas plus ravissante!»

Mlle Vatnaz ne répondit rien. Des gouttes de sueur parurent à ses tempes. Ses yeux se fixaient sur le tapis. Elle haletait. Enfin, elle gagna la porte, et, la faisant claquer vigoureusement:

«Bonsoir! Vous aurez de mes nouvelles!

—A l'avantage!» dit Rosanette.

Sa contrainte l'avait brisée. Elle tomba sur le divan, toute tremblante, balbutiant des injures, versant des larmes. Était-ce cette menace de la Vatnaz qui la tourmentait? Et non! elle s'en moquait bien! A tout compter, l'autre lui devait de l'argent, peut-être? C'était le mouton d'or, un cadeau; et, au milieu de ses pleurs, le nom de Delmar lui échappa. Donc, elle aimait le cabotin!

«Alors, pourquoi m'a-t-elle pris? se demanda Frédéric. D'où vient qu'il est revenu? Qui la force à me garder? Quel est le sens de tout cela?»

Les petits sanglots de Rosanette continuaient. Elle était toujours au bord du divan, étendue de côté, la joue droite sur ses deux mains,—et semblait un être si délicat, inconscient et endolori, qu'il se rapprocha d'elle et la baisa au front doucement.

Alors, elle lui fit des assurances de tendresse; le prince venait de partir, ils seraient libres. Mais elle se trouvait pour le moment... gênée. «Tu l'as vu toi-même l'autre jour, quand j'utilisais mes vieilles doublures.» Plus d'équipages à présent! Et ce n'était pas tout; le tapissier menaçait de reprendre les meubles de la chambre et du grand salon. Elle ne savait que faire.

Frédéric eut envie de répondre: «Ne t'inquiète pas! je payerai!» Mais la dame pouvait mentir. L'expérience l'avait instruit. Il se borna simplement à des consolations.

Les craintes de Rosanette n'étaient pas vaines; il fallut rendre les meubles et quitter le bel appartement de la rue Drouot. Elle en prit un autre, sur le boulevard Poissonnière, au quatrième. Les curiosités de son ancien boudoir furent suffisantes pour donner aux trois pièces un air coquet. On eut des stores chinois, une tente sur la terrasse, dans le salon un tapis de hasard encore tout neuf, avec des poufs de soie rose. Frédéric avait contribué largement à ces acquisitions; il éprouvait la joie d'un nouveau marié qui possède enfin une maison à lui, une femme à lui; et, se plaisant là beaucoup, il venait y coucher presque tous les soirs.

Un matin, comme il sortait de l'antichambre, il aperçut, au troisième étage, dans l'escalier, le shako d'un garde national qui montait. Où allait-il donc? Frédéric attendit. L'homme montait toujours, la tête un peu baissée: il leva les yeux. C'était le sieur Arnoux. La situation était claire. Ils rougirent en même temps, saisis par le même embarras.

Arnoux, le premier, trouva moyen d'en sortir.

«Elle va mieux, n'est-il pas vrai?» comme si, Rosanette étant malade, il se fût présenté pour avoir de ses nouvelles.

Frédéric profita de cette ouverture.

«Oui, certainement! Sa bonne me l'a dit, du moins», voulant faire entendre qu'on ne l'avait pas reçu.

Puis ils restèrent face à face, irrésolus l'un et l'autre, et s'observant. C'était à qui des deux ne s'en irait pas. Arnoux, encore une fois, trancha la question.

«Ah! bah! je reviendrai plus tard! Où vouliez-vous aller? Je vous accompagne!»

Et, quand ils furent dans la rue, il causa aussi naturellement que d'habitude. Sans doute, il n'avait point le caractère jaloux, ou bien il était trop bonhomme pour se fâcher.

D'ailleurs, la patrie le préoccupait. Maintenant il ne quittait plus l'uniforme. Le 29 mars, il avait défendu les bureaux de *la Presse*. Quand on envahit la Chambre il se signala par son courage, et il fut du banquet offert à la garde nationale d'Amiens.

Hussonnet, toujours de service avec lui, profitait, plus que personne, de sa gourde et de ses cigares; mais, irrévérencieux par nature, il se plaisait à le contredire, dénigrant le style peu correct des décrets, les conférences du Luxembourg, les vésuviennes, les tyroliens, tout, jusqu'au char de l'Agriculture, traîné par des chevaux à la place de bœufs et escorté de jeunes filles laides. Arnoux, au contraire, défendait le pouvoir et rêvait la fusion des partis. Cependant ses affaires prenaient une tournure mauvaise. Il s'en inquiétait médiocrement.

Les relations de Frédéric et de la Maréchale ne l'avaient point attristé, car cette découverte l'autorisa (dans sa conscience) à supprimer la pension qu'il lui refaisait depuis le départ du prince. Il allégua l'embarras des circonstances, gémit beaucoup, et Rosanette fut généreuse. Alors M. Arnoux se considéra comme l'amant de cœur,—ce qui le rehaussait dans son estime, et le rajeunit. Ne doutant pas que Frédéric ne payât la Maréchale, il s'imaginait «faire une bonne farce», arriva même à s'en cacher, et lui laissait le champ libre quand ils se rencontraient.

Ce partage blessait Frédéric, et les politesses de son rival lui semblaient une gouaillerie trop prolongée. Mais, en se fâchant, il se fût ôté toute chance d'un retour vers l'autre, et puis c'était le seul moyen d'en entendre parler. Le marchand de faïences, suivant son usage, ou par malice peut-être, la rappelait volontiers dans sa conversation, et lui demandait même pourquoi il ne venait plus la voir.

Frédéric, ayant épuisé tous les prétextes, assura qu'il avait été chez Mme Arnoux plusieurs fois inutilement. Arnoux en demeura convaincu, car souvent il s'extasiait devant elle sur l'absence de leur ami; et toujours elle répondait avoir manqué sa visite; de sorte que ces deux mensonges, au lieu de se couper, se corroboraient.

La douceur du jeune homme et la joie de l'avoir pour dupe faisaient qu'Arnoux le chérissait davantage. Il poussait la familiarité jusqu'aux dernières bornes, non par dédain, mais par confiance. Un jour, il lui écrivit qu'une affaire urgente l'attirait pour vingt-quatre heures en province; il le priait de monter la garde à sa place. Frédéric n'osa le refuser et se rendit au poste du Carrousel.

Il eut à subir la société des gardes nationaux! et, sauf un épurateur, homme facétieux qui buvait d'une manière exorbitante, tous lui parurent plus bêtes que leur giberne. L'entretien principal fut sur le remplacement des buffleteries par le ceinturon. D'autres s'emportaient contre les ateliers nationaux. On disait: «Où allons-nous?» Celui qui avait reçu l'apostrophe répondait en ouvrant les yeux, comme au bord d'un abîme: «Où allons-nous?» Alors un plus hardi s'écriait: «Ça ne peut pas durer! il faut en finir!» Et, les mêmes discours se répétant jusqu'au soir, Frédéric s'ennuya mortellement.

Sa surprise fut grande, quand, à onze heures, il vit paraître Arnoux, lequel, tout de suite, dit qu'il accourait pour le libérer, son affaire étant finie.

Il n'avait pas eu d'affaire. C'était une invention pour passer vingt-quatre heures seul avec Rosanette. Mais le brave Arnoux avait trop présumé de lui-même, si bien que, dans sa lassitude, un remords l'avait pris. Il venait faire des remerciements à Frédéric et lui offrir à souper.

«Mille grâces! je n'ai pas faim! je ne demande que mon lit!

—Raison de plus pour déjeuner ensemble tantôt! Quel mollasse vous êtes! On ne rentre pas chez soi maintenant! Il est trop tard! Ce serait dangereux!»

Frédéric, encore une fois, céda. Arnoux, qu'on ne s'attendait pas à voir, fut choyé de ses frères d'armes, principalement de l'épurateur. Tous l'aimaient, et il était si bon garçon, qu'il regretta la présence d'Hussonnet. Mais il avait besoin de fermer l'œil une minute, pas davantage.

«Mettez-vous près de moi», dit-il à Frédéric, tout en s'allongeant sur le lit de camp, sans ôter ses buffleteries. Par peur d'une alerte, en dépit du règlement, il garda même son fusil, puis balbutia quelques mots: «Ma chérie! mon petit ange!» et ne tarda pas à s'endormir.

Ceux qui parlaient se turent, et peu à peu il se fit dans le poste un grand silence. Frédéric, tourmenté par les puces, regardait autour de lui. La muraille, peinte en jaune, avait à moitié de sa hauteur une longue planche où les sacs formaient une suite de petites bosses, tandis qu'au-dessous, les fusils couleur de plomb étaient dressés les uns près des autres; et il s'élevait des ronflements, produits par les gardes nationaux, dont les ventres se dessinaient d'une manière confuse dans l'ombre. Une bouteille vide et des assiettes couvraient le poêle. Trois chaises de paille entouraient la table, où s'étalait un jeu de cartes. Un tambour, au milieu du banc, laissait pendre sa bricole. Le vent chaud arrivant par la porte faisait fumer le quinquet. Arnoux dormait les deux bras ouverts, et comme son fusil était posé la crosse en bas un peu obliquement, la gueule du canon lui arrivait sous l'aisselle. Frédéric le remarqua et fut effrayé.

«Mais non! j'ai tort! il n'y a rien à craindre! S'il mourait cependant...»

Et, tout de suite, des tableaux à n'en plus finir se déroulèrent. Il s'aperçut avec Elle, la nuit, dans une chaise de poste, puis au bord d'un fleuve un soir d'été, et sous le reflet d'une lampe, chez eux, dans leur maison. Il s'arrêtait même à des calculs de ménage, des dispositions domestiques, contemplant, palpant déjà son bonheur;—et, pour le réaliser, il aurait fallu seulement que le chien du fusil se levât! On pouvait le pousser du bout de l'orteil; le coup partirait, ce serait un hasard, rien de plus!

Frédéric s'étendit sur cette idée, comme un dramaturge qui compose. Tout à coup, il lui sembla qu'elle n'était pas loin de se résoudre en action et qu'il allait y contribuer, qu'il en avait envie; alors une grande peur le saisit. Au milieu de cette angoisse, il éprouvait un plaisir et s'y enfonçait de plus en plus, sentant avec effroi ses scrupules disparaître; dans la fureur de sa rêverie, le reste du monde s'effaçait, et il n'avait conscience de lui-même que par un intolérable serrement à la poitrine.

«Prenons-nous le vin blanc?» dit l'épurateur qui s'éveillait.

Arnoux sauta par terre et, le vin blanc étant pris, voulut monter la faction de Frédéric.

Puis il l'emmena déjeuner rue de Chartres, chez Parly; et, comme il avait besoin de se refaire, il se commanda deux plats de viande, un homard, une omelette au rhum, une salade, etc., le tout arrosé d'un sauterne 1819, avec un romanée 42, sans compter le champagne au dessert et les liqueurs.

Frédéric ne le contraria nullement. Il était gêné, comme si l'autre avait pu découvrir sur son visage les traces de sa pensée.

Les deux coudes au bord de la table, et penché très bas, Arnoux, en le fatiguant de son regard, lui confiait ses imaginations.

Il avait envie de prendre à ferme tous les remblais de la ligne du Nord pour y semer des pommes de terre, ou bien d'organiser sur les boulevards une cavalcade monstre, où les «célébrités de l'époque» figureraient. Il louerait toutes les fenêtres, ce qui, à raison de trois francs en moyenne, produirait un joli bénéfice. Bref, il rêvait un grand coup de fortune par un accaparement. Il était moral cependant, blâmait les excès, l'inconduite, parlait de son «pauvre père», et tous les soirs, disait-il, faisait son examen de conscience, avant d'offrir son âme à Dieu.

«Un peu de curaçao, hein?

—Comme vous voudrez.»

Quant à la République, les choses s'arrangeraient; enfin, il se trouvait l'homme le plus heureux de la terre; et, s'oubliant, il vanta les qualités de Rosanette, la compara même à sa femme. C'était bien autre chose! On n'imaginait pas d'aussi belles cuisses.

«A votre santé!»

Frédéric trinqua. Il avait, par complaisance, un peu trop bu; d'ailleurs, le grand soleil l'éblouissait; et, quand ils remontèrent ensemble la rue Vivienne, leurs épaulettes se touchaient fraternellement.

Rentré chez lui, Frédéric dormit jusqu'à sept heures. Ensuite, il s'en alla chez la Maréchale. Elle était sortie avec quelqu'un. Avec Arnoux, peut-être? Ne sachant que faire, il continua sa promenade sur le boulevard, mais ne put dépasser la porte Saint-Martin, tant il y avait de monde.

La misère abandonnait à eux-mêmes un nombre considérable d'ouvriers, et ils venaient là, tous les soirs, se passer en revue sans doute et attendre un signal. Malgré la loi contre les attroupements, *ces clubs du désespoir* augmentaient d'une manière effrayante, et beaucoup de bourgeois s'y rendaient quotidiennement, par bravade, par mode.

Tout à coup, Frédéric aperçut, à trois pas de distance, M. Dambreuse avec Martinon; il tourna la tête, car M. Dambreuse s'étant fait nommer représentant, il lui gardait rancune. Mais le capitaliste l'arrêta.

«Un mot, cher monsieur! J'ai des explications à vous fournir.

—Je n'en demande pas.

—De grâce! écoutez-moi.»

Ce n'était nullement sa faute. On l'avait prié, contraint en quelque sorte. Martinon, tout de suite, appuya ses paroles: des Nogentais en députation s'étaient présentés chez lui.

«D'ailleurs, j'ai cru être libre, du moment...»

Une poussée de monde sur le trottoir força M. Dambreuse à s'écarter. Une minute après, il reparut, en disant à Martinon:

«C'est un vrai service, cela! Vous n'aurez pas à vous repentir...»

Tous les trois s'adossèrent contre une boutique, afin de causer plus à l'aise.

On criait de temps en temps: «Vive Napoléon! vive Barbès! à bas Marie!» La foule innombrable parlait très haut,—et toutes ces voix, répercutées par les maisons, faisaient comme le bruit continuel des vagues dans un port. A de certains moments, elles se taisaient; alors, la *Marseillaise* s'élevait. Sous les portes cochères, des hommes d'allures mystérieuses proposaient des cannes à dard. Quelquefois, deux individus, passant l'un devant l'autre, clignaient de l'œil et s'éloignaient prestement. Des groupes de badauds occupaient les trottoirs; une multitude compacte s'agitait sur le pavé. Des bandes entières d'agents de police, sortant des ruelles, y disparaissaient à peine entrés. De petits drapeaux rouges, çà et là, semblaient des flammes; les cochers, du haut de leur siège, faisaient de grands gestes, puis s'en retournaient. C'était un mouvement, un spectacle des plus drôles.

«Comme tout cela, dit Martinon, aurait amusé Mlle Cécile!

—Ma femme, vous savez bien, n'aime pas que ma nièce vienne avec nous», reprit en souriant M. Dambreuse.

On ne l'aurait pas reconnu. Depuis trois mois il criait: «Vive la République!» et même il avait voté le bannissement des d'Orléans. Mais les concessions devaient finir. Il se montrait furieux jusqu'à porter un casse-tête dans sa poche.

Martinon, aussi, en avait un. La magistrature n'étant plus inamovible, il s'était retiré du Parquet, si bien qu'il dépassait en violences M. Dambreuse.

Le banquier haïssait particulièrement Lamartine (pour avoir soutenu Ledru-Rollin), et avec lui Pierre Leroux, Proudhon, Considérant, Lamennais, tous les cerveaux brûlés, tous les socialistes.

«Car enfin, que veulent-ils? On a supprimé l'octroi sur la viande et la contrainte par corps; maintenant, on étudie le projet d'une banque hypothécaire; l'autre jour, c'était une banque nationale! et voilà cinq millions au budget pour les ouvriers! Mais heureusement c'est fini, grâce à M. de Falloux! Bon voyage! qu'ils s'en aillent!»

En effet, ne sachant comment nourrir les cent trente mille hommes des ateliers nationaux, le ministre des travaux publics avait, ce jour-là même, signé un arrêté qui invitait tous les citoyens entre dix-huit et vingt ans à prendre du service comme soldats, ou bien à partir vers les provinces, pour y remuer la terre.

Cette alternative les indigna, persuadés qu'on voulait détruire la République. L'existence loin de la capitale les affligeait comme un exil; ils se voyaient mourants par les fièvres, dans des régions farouches. Pour beaucoup, d'ailleurs, accoutumés à des travaux délicats, l'agriculture semblait un avilissement; c'était un leurre enfin, une dérision, le déni formel de toutes les promesses. S'ils résistaient, on emploierait la force; ils n'en doutaient pas et se disposaient à la prévenir.

Vers neuf heures, les attroupements formés à la Bastille et au Châtelet refluèrent sur le boulevard. De la porte Saint-Denis à la porte Saint-Martin, cela ne faisait plus qu'un grouillement énorme, une seule masse d'un bleu sombre, presque noir. Les hommes que l'on entrevoyait avaient tous les prunelles ardentes, le teint pâle, des figures amaigries par la faim, exaltées par l'injustice. Cependant des nuages s'amoncelaient; le ciel orageux chauffant l'électricité de la multitude, elle tourbillonnait sur elle-même, indécise, avec un large balancement de houle; et l'on sentait dans ses profondeurs une force brute incalculable et comme l'énergie d'un élément. Puis tous se mirent à chanter: «Des lampions! des lampions!» Plusieurs fenêtres ne s'éclairaient pas; des cailloux furent lancés dans leurs carreaux. M. Dambreuse jugea prudent de s'en aller. Les deux jeunes gens le reconduisirent.

Il prévoyait de grands désastres. Le peuple, encore une fois, pouvait envahir la Chambre; et, à ce propos, il raconta comment il serait mort le 15 mai, sans le dévouement d'un garde national.

«Mais c'est votre ami, j'oubliais! votre ami, le fabricant de faïences, Jacques Arnoux!» Les gens de l'émeute l'étouffaient; ce brave citoyen l'avait pris dans ses bras et déposé à l'écart. Aussi, depuis lors, une sorte de liaison s'était faite. «Il faudra un de ces jours dîner ensemble, et, puisque vous le voyez souvent, assurez-le que je l'aime beaucoup. C'est un excellent homme, calomnié, selon moi; et il a de l'esprit, le mâtin! Mes compliments encore une fois! bien le bonsoir!...»

Frédéric, après avoir quitté M. Dambreuse, retourna chez la Maréchale et, d'un air très sombre, dit qu'elle devait opter entre lui et Arnoux. Elle répondit avec douceur qu'elle ne comprenait goutte à des «ragots pareils», n'aimait pas Arnoux, n'y tenait aucunement. Frédéric avait soif d'abandonner Paris. Elle ne repoussa pas cette fantaisie, et ils partirent pour Fontainebleau dès le lendemain.

L'hôtel où ils logèrent se distinguait des autres par un jet d'eau clapotant au milieu de sa cour. Les portes des chambres s'ouvraient sur un corridor, comme dans les monastères. Celle qu'on leur donna était grande, fournie de bons meubles, tendue d'indienne, et silencieuse, vu la rareté des voyageurs. Le long des maisons, des bourgeois inoccupés passaient; puis, sous leurs fenêtres, quand le jour tomba, des enfants dans la rue firent une partie de barres;—et cette tranquillité, succédant pour eux au tumulte de Paris, leur causait une surprise, un apaisement.

Le matin, de bonne heure, ils allèrent visiter le château. Comme ils entraient par la grille, ils aperçurent sa façade tout entière, avec les cinq pavillons à toits aigus et son escalier en fer à cheval se déployant au fond de la cour, que bordent de droite et de gauche deux corps de bâtiments plus bas. Des lichens sur les pavés se mêlent de loin au ton fauve des briques, et l'ensemble du palais, couleur de rouille comme une vieille armure, avait quelque chose de royalement impassible, une sorte de grandeur militaire et triste.

Enfin, un domestique, portant un trousseau de clefs, parut. Il leur montra d'abord les appartements des reines, l'oratoire du pape, la galerie de François 1er, la petite table d'acajou sur laquelle l'empereur signa son abdication, et, dans une des pièces qui divisaient l'ancienne galerie des Cerfs, l'endroit où Christine fit assassiner Monaldeschi. Rosanette écouta cette histoire attentivement; puis, se tournant vers Frédéric:

«C'était par jalousie, sans doute? Prends garde à toi!»

Ensuite, ils traversèrent la salle du Conseil, la salle des Gardes, la salle du Trône, le salon de Louis XIII. Les hautes croisées, sans rideaux, épanchaient une lumière blanche; de la poussière ternissait légèrement les poignées des espagnolettes, le pied de cuivre des consoles; des nappes de grosse toile cachaient partout les fauteuils; on voyait au-dessus des portes des chasses Louis XV, et çà et là des tapisseries représentant les dieux de l'Olympe, Psyché ou les batailles d'Alexandre.

Quand elle passait devant les glaces, Rosanette s'arrêtait une minute pour lisser ses bandeaux.

Après la cour du donjon et la chapelle Saint-Saturnin, ils arrivèrent dans la salle des Fêtes.

Ils furent éblouis par la splendeur du plafond, divisé en compartiments octogones, rehaussé d'or et d'argent, plus ciselé qu'un bijou, et par l'abondance des peintures qui couvrent les murailles, depuis la gigantesque cheminée où des croissants et des carquois entourent les armes de France, jusqu'à la tribune pour les musiciens, construite à l'autre bout, dans la largeur de la salle. Les dix fenêtres en arcades étaient grandes ouvertes; le soleil faisait briller les peintures, le ciel bleu continuait indéfiniment l'outremer des cintres; et du fond des bois, dont les cimes vaporeuses emplissaient l'horizon, il semblait venir un écho des hallalis poussés dans les trompes d'ivoire, et des ballets mythologiques, assemblant sous le feuillage des princesses et des seigneurs travestis en nymphes et en sylvains,—époque de science ingénue, de passions violentes et d'art somptueux, quand l'idéal était d'emporter le monde dans un rêve des Hespérides, et que les maîtresses des rois se confondaient avec les astres. La plus belle de ces fameuses s'était fait peindre, à droite, sous la figure de Diane chasseresse, et même en Diane infernale, sans doute pour marquer sa puissance jusque par delà le tombeau. Tous ces symboles confirment sa gloire, et il reste là quelque chose d'elle, une voix indistincte, un rayonnement qui se prolonge.

Frédéric fut pris par une concupiscence rétrospective et inexprimable. Afin de distraire son désir, il se mit à considérer tendrement Rosanette, en lui demandant si elle n'aurait pas voulu être cette femme.

«Quelle femme?

—Diane de Poitiers!»

Il répéta:

«Diane de Poitiers, la maîtresse d'Henri II.»

Elle fit un petit: «Ah!» Ce fut tout.

Son mutisme prouvait clairement qu'elle ne savait rien, ne comprenait pas, si bien que par complaisance il lui dit:

«Tu t'ennuies peut-être?

—Non, non, au contraire!»

Et, le menton levé, tout en promenant à l'entour un regard des plus vagues, Rosanette lâcha ce mot:

«Ça rappelle des souvenirs!»

Cependant on apercevait sur sa mine un effort, une intention de respect; et comme cet air sérieux la rendait plus jolie, Frédéric l'excusa.

L'étang des carpes la divertit davantage. Pendant un quart d'heure, elle jeta des morceaux de pain dans l'eau, pour voir les poissons bondir.

Frédéric s'était assis près d'elle sous les tilleuls. Il songeait à tous les personnages qui avaient hanté ces murs, Charles-Quint, les Valois, Henri IV, Pierre le Grand, Jean-Jacques Rousseau et «des belles pleureuses des premières loges», Voltaire, Napoléon, Pie VII, Louis-Philippe; il se sentait environné, coudoyé par ces morts tumultueux; une telle confusion d'images l'étourdissait, bien qu'il y trouvât du charme pourtant.

Enfin ils descendirent dans le parterre.

C'est un vaste rectangle, laissant voir d'un seul coup d'œil ses larges allées jaunes, ses carrés de gazon, ses rubans de buis, ses ifs en pyramide, ses verdures basses et ses étroites plates-bandes, où des fleurs clairsemées font des taches sur la terre grise. Au bout du jardin, un parc se déploie, traversé dans toute son étendue par un long canal.

Les résidences royales ont en elles une mélancolie particulière, qui tient sans doute à leurs dimensions trop considérables pour le petit nombre de leurs hôtes, au silence qu'on est surpris d'y trouver après tant de fanfares, à leur luxe immobile prouvant par sa vieillesse la fugacité des dynasties, l'éternelle misère de tout;—et cette exhalaison des siècles, engourdissante et funèbre comme un parfum de momie, se fait sentir même aux têtes naïves. Rosanette bâillait démesurément. Ils s'en retournèrent à l'hôtel.

Après leur déjeuner, on leur amena une voiture découverte. Ils sortirent de Fontainebleau par un large rond-point, puis montèrent au pas une route sablonneuse dans un bois de petits pins. Les arbres devinrent plus grands; et le cocher, de temps à autre, disait: «Voici les Frères Siamois, le Pharamond, le Bouquet du Roi...» n'oubliant aucun des sites célèbres, parfois même s'arrêtant pour les faire admirer.

Ils entrèrent dans la futaie de Franchard. La voiture glissait comme un traîneau sur le gazon; des pigeons qu'on ne voyait pas roucoulaient; tout à coup, un garçon de café parut, et ils descendirent devant la barrière d'un jardin où il y avait des tables rondes. Puis, laissant à gauche les murailles d'une abbaye en ruines, ils marchèrent sur de grosses roches et atteignirent bientôt le fond de la gorge.

Elle est couverte, d'un côté, par un entremêlement de grès et de genévriers, tandis que, de l'autre, le terrain presque nu s'incline vers le creux du vallon, où, dans la couleur des bruyères, un sentier fait une ligne pâle; et on aperçoit tout au loin un sommet en cône aplati, avec la tour d'un télégraphe par derrière.

Une demi-heure après, ils mirent pied à terre encore une fois pour gravir les hauteurs d'Aspremont.

Le chemin fait des zigzags entre les pins trapus sous des rochers à profils anguleux; tout ce coin de la forêt a quelque chose d'étouffé, d'un peu sauvage et de recueilli. On pense aux ermites, compagnons des grands cerfs portant une croix de feu entre leurs cornes, et qui recevaient avec de paternels sourires les bons rois de France agenouillés devant leur grotte. Une odeur résineuse emplissait l'air chaud, des racines à ras du sol s'entre-croisaient comme des veines. Rosanette trébuchait dessus, était désespérée, avait envie de pleurer.

Mais, tout au haut, la joie lui revint, en trouvant sous un toit de branchages une manière de cabaret, où l'on vend des bois sculptés. Elle but une bouteille de limonade, s'acheta un bâton de houx; et, sans donner un coup d'œil au paysage que l'on découvre du plateau, elle entra dans la Caverne des Brigands, précédée d'un gamin portant une torche.

Leur voiture les attendait dans le Bas-Bréau.

Un peintre en blouse bleue travaillait au pied d'un chêne, avec sa boîte à couleurs sur les genoux. Il leva la tête et les regarda passer.

Au milieu de la côte de Chailly, un nuage, crevant tout à coup, leur fit rabattre la capote. Presque aussitôt la pluie s'arrêta, et les pavés des rues brillaient sous le soleil quand ils rentrèrent dans la ville.

Des voyageurs, arrivés nouvellement, leur apprirent qu'une bataille épouvantable ensanglantait Paris. Rosanette et son amant n'en furent pas surpris. Puis tout le monde s'en alla, l'hôtel redevint paisible, le gaz s'éteignit, et ils s'endormirent au murmure du jet d'eau dans la cour.

Le lendemain, ils allèrent voir la Gorge au Loup, la Mare aux Fées, le Long Rocher, la Marlotte; le surlendemain, ils recommencèrent au hasard, comme leur cocher voulait, sans demander où ils étaient, et souvent même négligeant les sites fameux.

Ils se trouvaient si bien dans leur vieux landau, bas comme un sofa et couvert d'une toile à raies déteintes! Les fossés pleins de broussailles filaient sous leurs yeux avec un mouvement doux et continu. Des rayons blancs traversaient comme des flèches les hautes fougères; quelquefois, un chemin, qui ne servait plus, se présentait devant eux en ligne droite, et des herbes s'y dressaient çà et là mollement. Au centre des carrefours, une croix étendait ses quatre bras; ailleurs, des poteaux se penchaient comme des arbres morts et de petits sentiers courbes, en se perdant sous les feuilles, donnaient envie de les suivre; au même moment le cheval tournait, ils y entraient, on enfonçait dans la boue; plus loin, de la mousse avait poussé au bord des ornières profondes.

Ils se croyaient loin des autres, bien seuls. Mais tout à coup passait un garde-chasse avec son fusil, ou une bande de femmes en haillons, traînant sur leur dos de longues bourrées.

Quand la voiture s'arrêtait, il se faisait un silence universel; seulement, on entendait le souffle du cheval dans les brancards, avec un cri d'oiseau très faible, répété.

La lumière, à de certaines places éclairant la lisière du bois, laissait les fonds dans l'ombre; ou bien, atténuée sur les premiers plans par une sorte de crépuscule, elle étalait dans les lointains des vapeurs violettes, une clarté blanche. Au milieu du jour, le soleil, tombant d'aplomb sur les larges verdures, les éclaboussait, suspendait des gouttes argentines à la pointe des branches, rayait le gazon de traînées d'émeraudes, jetait des taches d'or sur les couches de feuilles mortes; en se renversant la tête, on apercevait le ciel entre les cimes des arbres. Quelques-uns, d'une altitude démesurée, avaient des airs de patriarches et d'empereurs, ou, se touchant par le bout, formaient avec leurs longs fûts comme des arcs de triomphe; d'autres, poussés dès le bas obliquement, semblaient des colonnes près de tomber.

Cette foule de grosses lignes verticales s'entr'ouvrait. Alors, d'énormes flots verts se déroulaient en bosselages inégaux jusqu'à la surface des vallées où s'avançait la croupe d'autres collines dominant, des plaines blondes, qui finissaient par se perdre dans une pâleur indécise.

Debout, l'un près de l'autre, sur quelque éminence du terrain, ils sentaient, tout en humant le vent, leur entrer dans l'âme comme l'orgueil d'une vie plus libre, avec une surabondance de forces, une joie sans cause.

La diversité des arbres faisait un spectacle changeant. Les hêtres à l'écorce blanche et lisse entremêlaient leurs couronnes; des frênes courbaient mollement leurs glauques ramures; dans les cépées de charmes, des houx pareils à du bronze se hérissaient; puis venait une file de minces bouleaux, inclinés dans des attitudes élégiaques; et les pins, symétriques comme des tuyaux d'orgue, en se balançant continuellement, semblaient chanter. Il y avait des chênes rugueux, énormes, qui se convulsaient, s'étiraient du sol, s'étreignaient les uns les autres, et, fermes sur leurs troncs, pareils à des torses, se lançaient avec leurs bras nus des appels de désespoir, des menaces furibondes, comme un groupe de Titans immobilisés dans leur colère. Quelque chose de plus lourd, une langueur fiévreuse planait au-dessus des mares, découpant la nappe de leurs eaux entre des buissons d'épines; les lichens de leur berge, où les loups viennent boire, sont couleur de soufre, brûlés comme par le pas des sorcières, et le coassement ininterrompu des grenouilles répond au cri des corneilles qui tournoient. Ensuite, ils traversaient des clairières monotones, plantées d'un baliveau çà et là. Un bruit de fer, des coups drus et nombreux sonnaient: c'était, au flanc d'une colline, une compagnie de carriers battant les roches. Elles se multipliaient de plus en plus et finissaient par emplir tout le paysage, cubiques comme des maisons, plates comme des dalles, s'étayant, se surplombant, se confondant, telles que les ruines méconnaissables et monstrueuses de quelque cité disparue. Mais la furie même de leur chaos fait plutôt rêver à des volcans, à des déluges, aux grands cataclysmes ignorés. Frédéric disait qu'ils étaient là depuis le commencement du monde et resteraient ainsi jusqu'à la fin; Rosanette détournait la tête en affirmant que «ça la rendrait folle», et s'en allait cueillir des bruyères. Leurs petites fleurs violettes, tassées les unes près des autres, formaient des plaques inégales, et la terre qui s'écroulait de dessous mettait comme des franges noires au bord des sables pailletés de mica.

Ils arrivèrent un jour à mi-hauteur d'une colline tout en sable. Sa surface, vierge de pas, était rayée en ondulations symétriques; çà et là, tels que des promontoires sur le lit desséché d'un océan, se levaient des roches ayant de vagues formes d'animaux, tortues avançant la tête, phoques qui rampent, hippopotames et ours. Personne. Aucun bruit. Les sables, frappés par le soleil, éblouissaient;—et tout à coup, dans cette vibration de la lumière, les bêtes parurent remuer. Ils s'en retournèrent vite, fuyant le vertige, presque effrayés.

Le sérieux de la forêt les gagnait, et ils avaient des heures de silence où, se laissant aller au bercement des ressorts, ils demeuraient comme engourdis dans une ivresse tranquille. Le bras sous la taille, il l'écoutait parler pendant que les oiseaux gazouillaient, observait même du même coup d'œil les raisins noirs de sa capote et les baies des genévriers, les draperies de son voile, les volutes des nuages; et quand il se penchait vers elle, la fraîcheur de sa peau se mêlait au grand parfum des bois. Ils s'amusaient de tout; ils se montraient, comme une curiosité, des fils de la Vierge suspendus aux buissons, des trous pleins d'eau au milieu des pierres, un écureuil sur les branches, le vol de deux papillons qui les suivaient; ou bien, à vingt pas d'eux, sous les arbres, une biche marchait, tranquillement, d'un air noble et doux, avec son faon côte à côte. Rosanette aurait voulu courir après pour l'embrasser.

Elle eut bien peur une fois, quand un homme, se présentant tout à coup, lui montra dans une boîte trois vipères. Elle se jeta vivement contre Frédéric;—il fut heureux de ce qu'elle était faible et de se sentir assez fort pour la défendre.

Ce soir-là, ils dînèrent dans une auberge au bord de la Seine. La table était près de la fenêtre, Rosanette en face de lui; et il contemplait son petit nez fin et blanc, ses lèvres retroussées, ses yeux clairs, ses bandeaux châtains qui bouffaient, sa jolie figure ovale. Sa robe de foulard écru collait à ses épaules un peu tombantes; et, sortant de leurs manchettes tout unies, ses deux mains découpaient, versaient à boire, s'avançaient sur la nappe. On leur servit un poulet avec les quatre membres étendus, une matelotte d'anguilles dans un compotier en terre de pipe, du vin râpeux, du pain trop dur, des couteaux ébréchés. Tout cela augmentait le plaisir, l'illusion. Ils se croyaient presque au milieu d'un voyage, en Italie, dans leur lune de miel.

Avant de repartir, ils allèrent se promener le long de la berge.

Le ciel d'un bleu tendre, arrondi comme un dôme, s'appuyait à l'horizon sur la dentelure des bois. En face, au bout de la prairie, il y avait un clocher dans un village; et, plus loin, à gauche, le toit d'une maison faisait une tache rouge sur la rivière, qui semblait immobile dans toute la longueur de sa sinuosité. Des joncs se penchaient pourtant, et l'eau secouait légèrement des perches plantées au bord pour tenir des filets; une nasse d'osier, deux ou trois vieilles chaloupes étaient là. Près de l'auberge, une fille en chapeau de paille tirait des seaux d'un puits;—chaque fois qu'ils remontaient, Frédéric écoutait avec une jouissance inexprimable le grincement de la chaîne.

Il ne doutait pas qu'il ne fût heureux pour jusqu'à la fin de ses jours, tant son bonheur lui paraissait naturel, inhérent à sa vie et à la personne de cette femme. Un besoin le poussait à lui dire des tendresses. Elle y répondait par de gentilles paroles, de petites tapes sur l'épaule, des douceurs dont la surprise le charmait. Il lui découvrait enfin une beauté toute nouvelle, qui n'était peut-être que le reflet des choses ambiantes, à moins que leurs virtualités secrètes ne l'eussent fait s'épanouir.

Quand ils se reposaient au milieu de la campagne, il s'étendait la tête sur ses genoux, à l'abri de son ombrelle;—ou bien, couchés sur le ventre au milieu de l'herbe, ils restaient l'un en face de l'autre, à se regarder, plongeant dans leurs prunelles, altérés d'eux-mêmes, s'en assouvissant toujours, puis les paupières entre-fermées, ne parlant plus.

Quelquefois, ils entendaient tout au loin des roulements de tambour. C'était la générale que l'on battait dans les villages pour aller défendre Paris.

«Ah! tiens! l'émeute!» disait Frédéric avec une pitié dédaigneuse, toute cette agitation lui apparaissant misérable à côté de leur amour et de la nature éternelle.

Et ils causaient de n'importe quoi, de choses qu'ils savaient parfaitement, de personnes qui ne les intéressaient pas, de mille niaiseries. Elle l'entretenait de sa femme de chambre et de son coiffeur. Un jour, elle s'oublia à dire son âge: vingt-neuf ans; elle devenait vieille.

En plusieurs fois, sans le vouloir, elle lui apprit des détails sur elle-même. Elle avait été «demoiselle dans un magasin», avait fait un voyage en Angleterre, commencé des études pour être actrice; tout cela sans transitions, et il ne pouvait reconstruire un ensemble. Elle en conta plus long, un jour qu'ils étaient assis sous un platane, au revers d'un pré. En bas, sur le bord de la route, une petite fille, nu-pieds dans la poussière, faisait paître une vache. Dès qu'elle les aperçut, elle vint leur demander l'aumône; et, tenant d'une main son jupon en lambeaux, elle grattait de l'autre ses cheveux noirs qui entouraient, comme une perruque à la Louis XIV, toute sa tête brune, illuminée par des yeux splendides.

«Elle sera bien jolie plus tard», dit Frédéric.

—Quelle chance pour elle si elle n'a pas de mère! reprit Rosanette.

—Hein? comment?

—Mais oui; moi, sans la mienne...»

Elle soupira et se mit à parler de son enfance. Ses parents étaient des canuts de la Croix-Rousse. Elle servait son père comme apprentie. Le pauvre bonhomme avait beau s'exténuer, sa femme l'invectivait et vendait tout pour aller boire. Rosanette voyait leur chambre, avec les métiers rangés en longueur contre les fenêtres, le pot-bouille sur le poêle, le lit peint en acajou, une armoire en face, et la soupente obscure où elle avait couché jusqu'à quinze ans. Enfin, un monsieur était venu, un homme gras, la figure couleur de buis, des façons de dévot, habillé de noir. Sa mère et lui eurent ensemble une conversation, si bien que, trois jours après... Rosanette s'arrêta, et, avec un regard plein d'impudeur et d'amertume:

«C'était fait!»

Puis, répondant au geste de Frédéric:

«Comme il était marié (il aurait craint de se compromettre dans sa maison), on m'emmena dans un cabinet de restaurateur, et on m'avait dit que je serais heureuse, que je recevrais un beau cadeau.

«Dès la porte, la première chose qui m'a frappée, c'était un candélabre de vermeil, sur une table où il y avait deux couverts. Une glace au plafond les reflétait, et les tentures des murailles en soie bleue faisaient ressembler tout l'appartement à une alcôve. Une surprise m'a saisie. Tu comprends, un pauvre être qui n'a jamais rien vu! Malgré mon éblouissement, j'avais peur, je désirais m'en aller. Je suis restée pourtant.

«Le seul siège qu'il y eût était un divan contre la table. Il a cédé sous moi avec mollesse; la bouche du calorifère dans le tapis m'envoyait une haleine chaude, et je restai là sans rien prendre. Le garçon qui se tenait debout m'a engagée à manger. Il m'a versé tout de suite un grand verre de vin; la tête me tournait, j'ai voulu ouvrir la fenêtre, il m'a dit: «Non, mademoiselle, c'est défendu.» Et il m'a quittée. «La table était couverte d'un tas de choses que je ne connaissais pas. Rien ne m'a semblé bon. Alors je me suis rabattue sur un pot de confitures, et j'attendais toujours. Je ne sais quoi l'empêchait de venir. Il était très tard, minuit au moins, je n'en pouvais plus de fatigue; en repoussant un des oreillers pour mieux m'étendre, je rencontre sous ma main une sorte d'album, un cahier; c'étaient des images obscènes... Je dormais dessus, quand il est entré.»

Elle baissa la tête et demeura pensive.

Les feuilles autour d'eux susurraient, dans un fouillis d'herbes une grande digitale se balançait, la lumière coulait comme une onde sur le gazon, et le silence était coupé à intervalles rapides par le broutement de la vache qu'on ne voyait plus.

Rosanette considérait un point par terre à trois pas d'elle, fixement, les narines battantes, absorbée... Frédéric lui prit la main.

«Comme tu as souffert, pauvre chérie!

—Oui, dit-elle, plus que tu ne crois!... Jusqu'à vouloir en finir; on m'a repêchée.

—Comment?

—Ah! n'y pensons plus!... Je t'aime, je suis heureuse! embrasse-moi.» Et elle ôta une à une les brindilles de chardons accrochées dans le bas de sa robe.

Frédéric songeait surtout à ce qu'elle n'avait pas dit. Par quels degrés avait-elle pu sortir de la misère? A quel amant devait-elle son éducation? Que s'était-il passé dans sa vie jusqu'au jour où il était venu chez elle pour la première fois? Son dernier aveu interdisait les questions. Il lui demanda seulement comment elle avait fait la connaissance d'Arnoux.

«Par la Vatnaz.

—N'était-ce pas toi que j'ai vue, une fois, au Palais-Royal, avec eux deux!»

Il cita la date précise. Rosanette fit un effort.

«Oui, c'est vrai!... Je n'étais pas gaie dans ce temps-là!»

Mais Arnoux s'était montré excellent, Frédéric n'en doutait pas; cependant leur ami était un drôle d'homme, plein de défauts; il eut soin de les rappeler. Elle en convenait.

«N'importe!... On l'aime tout de même, ce chameau-là!

—Encore maintenant? dit Frédéric.

Elle se mit à rougir, moitié riante, moitié fâchée.

«Eh! non! C'est de l'histoire ancienne. Je ne te cache rien. Quand même cela serait, lui, c'est différent! D'ailleurs, je ne te trouve pas gentil pour ta victime.

—Ma victime?»

Rosanette lui prit le menton.

«Sans doute.»

Et zézayant à la manière des nourrices:

«Avons pas toujours été bien sage! Avons fait dodo avec sa femme!

—Moi! jamais de la vie!»

Rosanette sourit. Il fut blessé de son sourire, preuve d'indifférence, crut-il. Mais elle reprit doucement et avec un de ces regards qui implorent le mensonge:

«Bien sûr?

—Certainement!»

Frédéric jura sa parole d'honneur qu'il n'avait jamais pensé à Mme Arnoux, étant trop amoureux d'une autre.

«De qui donc?

—Mais de vous, ma toute belle!

—Ah! ne te moque pas de moi! Tu m'agaces!»

Il jugea prudent d'inventer une histoire, une passion. Il trouva des détails circonstanciés. Cette personne, du reste, l'avait rendu fort malheureux.

«Décidément, tu n'as pas de chance! dit Rosanette.

—Oh! oh! peut-être!» voulant faire entendre par là plusieurs bonnes fortunes, afin de donner de lui meilleure opinion, de même que Rosanette n'avouait pas tous ses amants pour qu'il l'estimât davantage;—car, au milieu des confidences les plus intimes, il y a toujours des restrictions, par fausse honte, délicatesse, pitié. On découvre chez l'autre ou dans soi-même des précipices ou des fanges qui empêchent de poursuivre; on sent d'ailleurs que l'on ne serait pas compris; il est difficile d'exprimer exactement quoi que ce soit; aussi les unions complètes sont rares.

La pauvre Maréchale n'en avait jamais connu de meilleure. Souvent, quand elle considérait Frédéric, des larmes lui arrivaient aux paupières; puis elle levait les yeux ou les projetait vers l'horizon, comme si elle avait aperçu quelque grande aurore, des perspectives de félicité sans bornes. Enfin, un jour, elle avoua qu'elle souhaitait faire dire une messe, «pour que ça porte bonheur à notre amour».

D'où venait donc qu'elle lui avait résisté pendant si longtemps? Elle n'en savait rien elle-même. Il renouvela plusieurs fois sa question, et elle répondait en le serrant dans ses bras:

«C'est que j'avais peur de t'aimer trop, mon chéri!»

Le dimanche matin, Frédéric lut dans un journal, sur une liste de blessés, le nom de Dussardier. Il jeta un cri, et, montrant le papier à Rosanette, déclara qu'il allait partir immédiatement.

«Pourquoi faire?

—Mais pour le voir, le soigner!

—Tu ne vas pas me laisser seule, j'imagine?

—Viens avec moi.

—Ah! que j'aille me fourrer dans une bagarre pareille! Merci bien!

—Cependant je ne peux pas...

—Ta ta ta! Comme si on manquait d'infirmiers dans les hôpitaux! Et puis, qu'est-ce que ça le regardait encore, celui-là? Chacun pour soi!»

Il fut indigné de cet égoïsme et il se reprocha de n'être pas là-bas avec les autres. Tant d'indifférence aux malheurs de la patrie avait quelque chose de mesquin et de bourgeois. Son amour lui pesa tout à coup comme un crime. Ils se boudèrent pendant une heure.

Puis elle le supplia d'attendre, de ne pas s'exposer.

«Si par hasard on te tue!

—Eh! je n'aurai fait que mon devoir!»

Rosanette bondit. D'abord, son devoir était de l'aimer. C'est qu'il ne voulait plus d'elle, sans doute! Ça n'avait pas le sens commun! Quelle idée, mon Dieu!

Frédéric sonna pour avoir la note. Mais il n'était pas facile de s'en retourner à Paris. La voiture des messageries Leloir venait de partir, les berlines Lecomte ne partiraient pas, la diligence du Bourbonnais ne passerait que tard dans la nuit et serait peut-être pleine; on n'en savait rien. Quand il eut perdu beaucoup de temps à ces informations, l'idée lui vint de prendre la poste. Le maître de poste refusa de fournir des chevaux, Frédéric n'ayant point de passeport. Enfin, il loua une calèche (la même qui les avait promenés) et ils arrivèrent devant l'hôtel du Commerce, à Melun, vers cinq heures.

La place du Marché était couverte de faisceaux d'armes. Le préfet avait défendu aux gardes nationaux de se porter sur Paris. Ceux qui n'étaient pas de son département voulaient continuer leur route. On criait. L'auberge était pleine de tumulte.

Rosanette, prise de peur, déclara qu'elle n'irait pas plus loin et le supplia encore de rester. L'aubergiste et sa femme se joignirent à elle. Un brave homme qui dînait s'en mêla, affirmant que la bataille serait terminée d'ici à peu; d'ailleurs, il fallait faire son devoir. Alors, la Maréchale redoubla de sanglots. Frédéric était exaspéré. Il lui donna sa bourse, l'embrassa vivement et disparut.

Arrivé à Corbeil, dans la gare, on lui apprit que les insurgés avaient de distance en distance coupé les rails, et le cocher refusa de le conduire plus loin; ses chevaux, disait-il, étaient «rendus».

Par sa protection cependant, Frédéric obtint un mauvais cabriolet qui, pour la somme de soixante francs, sans compter le pourboire, consentit à le mener jusqu'à la barrière d'Italie. Mais, à cent pas de la barrière, son conducteur le fit descendre et s'en retourna. Frédéric marchait sur la route, quand tout à coup une sentinelle croisa la baïonnette. Quatre hommes l'empoignèrent en vociférant:

«C'en est un! Prenez garde! Fouillez-le! Brigand! Canaille!»

Et sa stupéfaction fut si profonde, qu'il se laissa entraîner au poste de la barrière, dans le rond-point même où convergent les boulevards des Gobelins et de l'Hôpital et les rues Godefroy et Mouffetard.

Quatre barricades formaient, au bout des quatre voies, d'énormes talus de pavés; des torches çà et là grésillaient; malgré la poussière qui s'élevait, il distingua des fantassins de la ligne et des gardes nationaux, tous le visage noir, débraillés, hagards. Ils venaient de prendre la place, avaient fusillé plusieurs hommes; leur colère durait encore. Frédéric dit qu'il arrivait de Fontainebleau au secours d'un camarade blessé logeant rue de Bellefond; personne d'abord ne voulut le croire; on examina ses mains, on flaira même son oreille pour s'assurer qu'il ne sentait pas la poudre.

Cependant, à force de répéter la même chose, il finit par convaincre un capitaine, qui ordonna à deux fusiliers de le conduire au poste du Jardin des Plantes.

Ils descendirent le boulevard de l'Hôpital. Une forte brise soufflait. Elle le ranima.

Ils tournèrent ensuite par la rue du Marché-aux-Chevaux. Le Jardin des Plantes, à droite, faisait une grande masse noire; tandis qu'à gauche, la façade entière de la Pitié, éclairée à toutes ses fenêtres, flambait comme un incendie, et des ombres passaient rapidement sur les carreaux.

Les deux hommes de Frédéric s'en allèrent. Un autre l'accompagna jusqu'à l'École polytechnique.

La rue Saint-Victor était toute sombre, sans un bec de gaz ni une lumière aux maisons. De dix minutes en dix minutes, on entendait:

«Sentinelles! prenez garde à vous!» Et ce cri, jeté au milieu du silence, se prolongeait comme la répercussion d'une pierre tombant dans un abîme.

Quelquefois, un battement de pas lourds s'approchait. C'était une patrouille de cent hommes au moins; des chuchotements, de vagues cliquetis de fer s'échappaient de cette masse confuse, et, s'éloignant avec un balancement rythmique, elle se fondait dans l'obscurité.

Il y avait au centre des carrefours un dragon à cheval, immobile. De temps en temps, une estafette passait au grand galop, puis le silence recommençait. Des canons en marche faisaient au loin sur le pavé un roulement sourd et formidable; le cœur se serrait à ces bruits différant de tous les bruits ordinaires. Ils semblaient même élargir le silence, qui était profond, absolu,—un silence noir. Des hommes en blouse blanche abordaient les soldats, leur disaient un mot et s'évanouissaient comme des fantômes.

Le poste de l'École polytechnique regorgeait de monde. Des femmes encombraient le seuil, demandant à voir leur fils ou leur mari. On les renvoyait au Panthéon transformé en dépôt de cadavres,—et on n'écoutait pas Frédéric. Il s'obstina, jurant que son ami Dussardier l'attendait, allait mourir. On lui donna enfin un caporal pour le mener au haut de la rue Saint-Jacques, à la mairie du XIIe arrondissement.

La place du Panthéon était pleine de soldats couchés sur de la paille. Le jour se levait. Les feux de bivouac s'éteignaient.

L'insurrection avait laissé dans ce quartier-là des traces formidables. Le sol des rues se trouvait, d'un bout à l'autre, inégalement bosselé. Sur les barricades en ruines, il restait des omnibus, des tuyaux de gaz, des roues de charrettes; de petites flaques noires, en de certains endroits, devaient être du sang. Les maisons étaient criblées de projectiles, et leur charpente se montrait sous des écaillures du plâtre. Des jalousies, tenant par un clou, pendaient comme des haillons. Les escaliers ayant croulé, des portes s'ouvraient sur le vide. On apercevait l'intérieur des chambres avec leurs papiers en lambeaux; des choses délicates s'y étaient conservées quelquefois. Frédéric observa une pendule, un bâton de perroquet, des gravures.

Quand il entra dans la mairie, les gardes nationaux bavardaient intarissablement sur les morts de Bréa et de Négrier, du représentant Charbonnel et de l'archevêque de Paris. On disait que le duc d'Aumale était débarqué à Boulogne, Barbès enfui de Vincennes, que l'artillerie arrivait de Bourges et que les secours de la province affluaient. Vers trois heures, quelqu'un apporta de bonnes nouvelles; des parlementaires de l'émeute étaient chez le président de l'Assemblée.

Alors, on se réjouit; et, comme il avait encore douze francs, Frédéric fit venir douze bouteilles de vin, espérant par là hâter sa délivrance. Tout à coup, on crut entendre une fusillade. Les libations s'arrêtèrent; on regarda l'inconnu avec des yeux méfiants; ce pouvait être Henri V.

Pour n'avoir aucune responsabilité, ils le transportèrent à la mairie du XIe arrondissement, d'où on ne lui permit pas de sortir avant neuf heures du matin.

Il alla en courant jusqu'au quai Voltaire. A une fenêtre ouverte, un vieillard en manches de chemise pleurait, les yeux levés. La Seine coulait paisiblement. Le ciel était tout bleu; dans les arbres des Tuileries, des oiseaux chantaient.

Frédéric traversait le Carrousel quand une civière vint à passer. Le poste, tout de suite, présenta les armes, et l'officier dit en mettant la main à son shako: «Honneur au courage malheureux!» Cette parole était devenue presque obligatoire; celui qui la prononçait paraissait toujours solennellement ému. Un groupe de gens furieux escortait la civière en criant:

«Nous vous vengerons! nous vous vengerons!»

Les voitures circulaient sur le boulevard, et des femmes devant les portes faisaient de la charpie. Cependant l'émeute était vaincue, ou à peu près; une proclamation de Cavaignac, affichée tout à l'heure, l'annonçait. Au haut de la rue Vivienne, un peloton de mobiles parut. Alors, les bourgeois poussèrent des cris d'enthousiasme; ils levaient leurs chapeaux, applaudissaient, dansaient, voulaient les embrasser, leur offrir à boire,—et des fleurs jetées par des dames tombaient des balcons.

Enfin, à dix heures, au moment où le canon grondait pour prendre le faubourg Saint-Antoine, Frédéric arriva chez Dussardier. Il le trouva dans sa mansarde, étendu sur le dos et dormant. De la pièce voisine une femme sortit à pas muets, Mlle Vatnaz.

Elle emmena Frédéric à l'écart et lui apprit comment Dussardier avait reçu sa blessure.

Le samedi, au haut d'une barricade, dans la rue Lafayette, un gamin enveloppé d'un drapeau tricolore criait aux gardes nationaux: «Allez-vous tirer contre vos frères!» Comme ils s'avançaient, Dussardier avait jeté bas son fusil, écarté les autres, bondi sur la barricade, et, d'un coup de savate, abattu l'insurgé en lui arrachant le drapeau. On l'avait retrouvé sous les décombres, la cuisse percée d'un lingot de cuivre. Il avait fallu débrider la plaie, extraire le projectile. Mlle Vatnaz était arrivée le soir même, et, depuis ce temps-là, ne le quittait plus.

Elle préparait avec intelligence tout ce qu'il fallait pour les pansements, l'aidait à boire, épiait ses moindres désirs, allait et venait plus légère qu'une mouche, et le contemplait avec des yeux tendres.

Frédéric, pendant deux semaines, ne manqua pas de revenir tous les matins; un jour qu'il parlait du dévouement de la Vatnaz, Dussardier haussa les épaules:

«Eh non! C'est par intérêt!

—Tu crois?»

Il reprit: «J'en suis sûr!» sans vouloir s'expliquer davantage.

Elle le comblait de prévenances, jusqu'à lui apporter les journaux où l'on exaltait sa belle action. Ces hommages paraissaient l'importuner. Il avoua même à Frédéric l'embarras de sa conscience.

Peut-être qu'il aurait dû se mettre de l'autre bord, avec les blouses, car enfin on leur avait promis un tas de choses qu'on n'avait pas tenues. Leurs vainqueurs détestaient la République, et puis, on s'était montré bien dur pour eux! Ils avaient tort, sans doute, pas tout à fait cependant, et le brave garçon était torturé par cette idée qu'il pouvait avoir combattu la justice.

Sénécal, enfermé aux Tuileries sous la terrasse du bord de l'eau, n'avait rien de ces angoisses.

Ils étaient là, neuf cents hommes, entassés dans l'ordure, pêle-mêle, noirs de poudre et de sang caillé, grelottant la fièvre, criant de rage, et on ne retirait pas ceux qui venaient à mourir parmi les autres. Quelquefois, au bruit soudain d'une détonation, ils croyaient qu'on allait tous les fusiller; alors, ils se précipitaient contre les murs, puis retombaient à leur place, tellement hébétés par la douleur, qu'il leur semblait vivre dans un cauchemar, une hallucination funèbre. La lampe suspendue à la voûte avait l'air d'une tache de sang, et de petites flammes vertes et jaunes voltigeaient, produites par les émanations du caveau. Dans la crainte des épidémies, une commission fut nommée. Dès les premières marches, le président se rejeta en arrière, épouvanté par l'odeur des excréments et des cadavres. Quand les prisonniers s'approchaient d'un soupirail, les gardes nationaux qui étaient de faction—pour les empêcher d'ébranler les grilles—fourraient des coups de baïonnette, au hasard, dans le tas.

Ils furent généralement impitoyables. Ceux qui ne s'étaient pas battus voulaient se signaler. C'était un débordement de peur. On se vengeait à la fois des journaux, des clubs, des attroupements, des doctrines, de tout ce qui exaspérait depuis trois mois; et, en dépit de la victoire, l'égalité (comme pour le châtiment de ses défenseurs et la dérision de ses ennemis) se manifestait triomphalement, une égalité de bêtes brutes, un même niveau de turpitudes sanglantes; car le fanatisme des intérêts équilibra les délires du besoin, l'aristocratie eut les fureurs de la crapule, et le bonnet de coton ne se montra pas moins hideux que le bonnet rouge. La raison publique était troublée comme après les grands bouleversements de la nature. Des gens d'esprit en restèrent idiots pour toute leur vie.

Le père Roque était devenu très brave, presque téméraire. Arrivé le 26 à Paris avec les Nogentais, au lieu de s'en retourner en même temps qu'eux, il avait été s'adjoindre à la garde nationale qui campait aux Tuileries, et il fut très content d'être placé en sentinelle devant la terrasse du bord de l'eau. Au moins, là, il les avait sous lui, ces brigands! Il jouissait de leur défaite, de leur abjection, et ne pouvait se retenir de les invectiver.

Un d'eux, un adolescent à longs cheveux blonds, mit sa face aux barreaux en demandant du pain. M. Roque lui ordonna de se taire. Mais le jeune homme répétait d'une voix lamentable:

«Du pain!

—Est-ce que j'en ai, moi!»

D'autres prisonniers apparurent dans le soupirail, avec leurs barbes hérissées, leurs prunelles flamboyantes, tous se poussant et hurlant:

«Du pain!»

Le père Roque fut indigné de voir son autorité méconnue. Pour leur faire peur, il les mit en joue, et, porté jusqu'à la voûte par le flot qui l'étouffait, le jeune homme, la tête en arrière, cria encore une fois:

«Du pain!

—Tiens! en voilà!» dit le père Roque, en lâchant son coup de fusil.

Il y eut un énorme hurlement, puis rien. Au bord du baquet, quelque chose de blanc était resté.

Après quoi, M. Roque s'en retourna chez lui; car il possédait, rue Saint-Martin, une maison où il s'était réservé un pied à terre; et les dommages causés par l'émeute à la devanture de son immeuble n'avaient pas contribué médiocrement à le rendre furieux. Il lui sembla, en la revoyant, qu'il s'était exagéré le mal. Son action de tout à l'heure l'apaisait, comme une indemnité.

Ce fut sa fille elle-même qui lui ouvrit la porte. Elle lui dit tout de suite que son absence trop longue l'avait inquiétée; elle avait craint un malheur, une blessure.

Cette preuve d'amour filial attendrit le père Roque. Il s'étonna qu'elle se fût mise en route sans Catherine.

«Je l'ai envoyée faire une commission», répondit Louise.

Et elle s'informa de sa santé, de choses et d'autres; puis, d'un air indifférent, elle lui demanda si par hasard il n'avait pas rencontré Frédéric.

«Non! pas le moins du monde!»

C'était pour lui seul qu'elle avait fait le voyage.

Quelqu'un marcha dans le corridor.

«Ah! pardon...»

Et elle disparut.

Catherine n'avait point trouvé Frédéric. Il était absent depuis plusieurs jours, et son ami intime, M. Deslauriers, habitait maintenant la province.

Louise reparut toute tremblante, sans pouvoir parler. Elle s'appuyait contre les meubles.

«Qu'as-tu? qu'as-tu donc?» s'écria son père.

Elle fit signe que ce n'était rien, et par un grand effort de volonté se remit.

Le traiteur d'en face apporta la soupe. Mais le père Roque avait subi une trop violente émotion. «Ça ne pouvait pas passer», et il eut au dessert une espèce de défaillance. On envoya chercher vivement un médecin, qui prescrivit une potion. Puis, quand il fut dans son lit, M. Roque exigea le plus de couvertures possible, pour se faire suer. Il soupirait, il geignait.

«Merci, ma bonne Catherine!—Baise ton pauvre père, ma poulette! Ah! ces révolutions!»

Et, comme sa fille le grondait de s'être rendu malade en se tourmentant pour elle, il répliqua:

«Oui! tu as raison! Mais c'est plus fort que moi! Je suis trop sensible!»

II

Mme Dambreuse, dans son boudoir, entre sa nièce et miss John, écoutait parler M. Roque, contant ses fatigues militaires.

Elle se mordait les lèvres, semblait souffrir.

«Oh! ce n'est rien! ça se passera.»

Et, d'un air gracieux:

«Nous aurons à dîner une de vos connaissances, M. Moreau.»

Louise tressaillit.

«Puis seulement quelques intimes, Alfred de Cisy, entre autres.»

Et elle vanta ses manières, sa figure, et principalement ses mœurs.

Mme Dambreuse mentait moins qu'elle ne croyait; le vicomte rêvait le mariage. Il l'avait dit à Martinon, ajoutant qu'il était sûr de plaire à Mlle Cécile et que ses parents l'accepteraient.

Pour risquer une telle confidence, il devait avoir sur la dot des renseignements avantageux. Or Martinon soupçonnait Cécile d'être la fille naturelle de M. Dambreuse, et il eût été probablement très fort de demander sa main à tout hasard. Cette audace offrait des dangers; aussi Martinon, jusqu'à présent, s'était conduit de manière à ne pas se compromettre; d'ailleurs, il ne savait comment se débarrasser de la tante. Le mot de Cisy le détermina, et il avait fait sa requête au banquier, lequel, n'y voyant pas d'obstacle, venait d'en prévenir Mme Dambreuse.

Cisy parut. Elle se leva et dit:

«Vous nous oubliez... Cécile, shake hands!»

Au même moment, Frédéric entrait.

«Ah! enfin! on vous retrouve! s'écria le père Roque. J'ai été trois fois chez vous, avec Louise, cette semaine!»

Frédéric les avait soigneusement évités. Il allégua qu'il passait tous ses jours près d'un camarade blessé. Depuis longtemps, du reste, un tas de choses l'avaient pris, et il cherchait des histoires. Heureusement, les convives arrivèrent: d'abord M. Paul de Grémonville, le diplomate entrevu au bal; puis Fumichon, cet industriel dont le dévouement conservateur l'avait un soir scandalisé; la vieille duchesse de Montreuil-Nantua les suivait.

Mais deux voix s'élevèrent dans l'antichambre.

«J'en suis certaine, disait l'une.

—Chère belle dame! chère belle dame! répondait l'autre, de grâce, calmez-vous!»

C'était M. de Nonancourt, un vieux beau, l'air momifié dans du cold-cream, et Mme de Larsillois, l'épouse d'un préfet de Louis-Philippe. Elle tremblait extrêmement, car elle avait entendu tout à l'heure sur un orgue une polka qui était un signal entre les insurgés. Beaucoup de bourgeois avaient des imaginations pareilles; on croyait que des hommes, dans les catacombes, allaient faire sauter le faubourg Saint-Germain; des rumeurs s'échappaient des caves; il se passait aux fenêtres des choses suspectes.

Tout le monde s'évertua cependant à tranquilliser Mme de Larsillois. L'ordre était rétabli. Plus rien à craindre. «Cavaignac nous a sauvés!» Comme si les horreurs de l'insurrection n'eussent pas été suffisamment nombreuses, on les exagérait. Il y avait eu vingt-trois mille forçats du côté des socialistes,— pas moins! On ne doutait nullement des vivres empoisonnés, des mobiles sciés entre deux planches, et des inscriptions des drapeaux qui réclamaient le pillage, l'incendie.

«Et quelque chose de plus! ajouta l'ex-préfète.

—Ah! chère!» dit par pudeur Mme Dambreuse, en désignant d'un coup d'œil les trois jeunes filles.

M. Dambreuse sortit de son cabinet avec Martinon. Elle détourna la tête et répondit aux saluts de Pellerin qui s'avançait. L'artiste considérait les murailles d'une façon inquiète. Le banquier le prit à part et lui fit comprendre qu'il avait dû, pour le moment, cacher sa toile révolutionnaire.

«Sans doute!» dit Pellerin, son échec au *Club de l'Intelligence* ayant modifié ses opinions.

M. Dambreuse glissa fort poliment qu'il lui commanderait d'autres travaux.

«Mais pardon!...—Ah! cher ami! quel bonheur!»

Arnoux et Mme Arnoux étaient devant Frédéric.

Il eut comme un vertige. Rosanette, avec son admiration pour les soldats, l'avait agacé toute l'après-midi, et le vieil amour se réveilla.

Le maître d'hôtel vint annoncer que Madame était servie. D'un regard, elle ordonna au vicomte de prendre le bras de Cécile, dit tout bas à Martinon: «Misérable!» et on passa dans la salle à manger.

Sous les feuilles vertes d'un ananas, au milieu de la nappe, une dorade s'allongeait, le museau tendu vers un quartier de chevreuil et touchant de sa queue un buisson d'écrevisses. Des figues, des cerises énormes, des poires et des raisins (primeurs de la culture parisienne) montaient en pyramides dans des corbeilles de vieux saxe; une touffe de fleurs, par intervalles, se mêlait aux claires argenteries; les stores de soie blanche abaissés devant les fenêtres emplissaient l'appartement d'une lumière douce; il était rafraîchi par deux fontaines où il y avait des morceaux de glace; et de grands domestiques en culotte courte servaient. Tout cela semblait meilleur après l'émotion des jours passés. On rentrait dans la jouissance des choses que l'on avait eu peur de perdre, et Nonancourt exprima le sentiment général en disant:

«Ah! espérons que MM. les républicains vont nous permettre de dîner!

—Malgré leur fraternité!» ajouta spirituellement le père Roque.

Ces deux honorables étaient à la droite et à la gauche de Mme Dambreuse ayant devant elle son mari, entre Mme de Larsillois flanquée du diplomate et la vieille duchesse, que Fumichon coudoyait. Puis venaient le peintre, le marchand de faïences, Mlle Louise; et grâce à Martinon qui lui avait enlevé sa place pour se mettre auprès de Cécile, Frédéric se trouvait à côté de Mme Arnoux.

Elle portait une robe de barège noir, un cercle d'or au poignet, et comme le premier jour où il avait dîné chez elle, quelque chose de rouge dans les cheveux, une branche de fuchsia entortillée à son chignon. Il ne put s'empêcher de lui dire:

«Voilà longtemps que nous ne nous sommes vus!

—Ah!» répliqua-t-elle froidement.

Il reprit, avec une douceur dans la voix qui atténuait l'impertinence de sa question:

«Avez-vous quelquefois pensé à moi?

—Pourquoi y penserais-je?»

Frédéric fut blessé par ce mot.

«Vous avez peut-être raison, après tout.»

Mais, se repentant vite, il jura qu'il n'avait pas vécu un seul jour sans être ravagé par son souvenir.

«Je n'en crois absolument rien, monsieur.

—Cependant vous savez que je vous aime!»

Mme Arnoux ne répondit pas.

«Vous savez que je vous aime.»

Elle se taisait toujours.

«Eh bien, va te promener!» se dit Frédéric.

Et, levant les yeux, il aperçut, à l'autre bout de la table, Mlle Roque.

Elle avait cru coquet de s'habiller tout en vert, couleur qui jurait grossièrement avec le ton de ses cheveux rouges. Sa boucle de ceinture était trop haute, sa collerette l'engonçait; ce peu d'élégance avait contribué sans doute au froid abord de Frédéric. Elle l'observait de loin, curieusement; et Arnoux, près d'elle, avait beau prodiguer les galanteries, il n'en pouvait tirer trois paroles, si bien que, renonçant à plaire, il écouta la conversation. Elle roulait maintenant sur les purées d'ananas du Luxembourg.

Louis Blanc, d'après Fumichon, possédait un hôtel rue Saint-Dominique et refusait de louer aux ouvriers.

«Moi, ce que je trouve drôle, dit Nonancourt, c'est Ledru-Rollin chassant dans les domaines de la Couronne!

—Il doit vingt mille francs à un orfèvre! ajouta Cisy, et même on prétend...»

Mme Dambreuse l'arrêta.

«Ah! que c'est vilain de s'échauffer pour la politique! Un jeune homme, fi donc! Occupez-vous plutôt de votre voisine!»

Ensuite, les gens sérieux attaquèrent les journaux.

Arnoux prit leur défense; Frédéric s'en mêla, les appelant des maisons de commerce pareilles aux autres. Leurs écrivains, généralement, étaient des imbéciles ou des blagueurs; il se donna pour les connaître et combattait par des sarcasmes les sentiments généreux de son ami. Mme Arnoux ne voyait pas que c'était une vengeance contre elle.

Cependant le vicomte se torturait l'intellect afin de conquérir Mlle Cécile. D'abord, il étala des goûts d'artiste, en blâmant la forme des carafons et la gravure des couteaux. Puis il parla de son écurie, de son tailleur et de son chemisier; enfin, il aborda le chapitre de la religion et trouva moyen de faire entendre qu'il accomplissait tous ses devoirs.

Martinon s'y prenait mieux. D'un train monotone, et en la regardant continuellement, il vantait son profil d'oiseau, sa fade chevelure blonde, ses mains trop courtes. La laide jeune fille se délectait sous cette averse de douceurs.

On n'en pouvait rien entendre, tous parlant très haut. M. Roque voulait pour gouverner la France «un bras de fer». Nonancourt regretta même que l'échafaud politique fût aboli. On aurait dû tuer en masse tous ces gredins-là!

«Ce sont même des lâches, dit Fumichon. Je ne vois pas de bravoure à se mettre derrière les barricades!

—A propos, parlez-nous donc de Dussardier!» dit M. Dambreuse en se tournant vers Frédéric.

Le brave commis était maintenant un héros, comme Sallesse, les frères Jeanson, la femme Péquillet, etc.

Frédéric, sans se faire prier, débita l'histoire de son ami; il lui en revint une espèce d'auréole.

On arriva tout naturellement à relater différents traits de courage. Suivant le diplomate, il n'était pas difficile d'affronter la mort, témoin ceux qui se battent en duel.

«On peut s'en rapporter au vicomte», dit Martinon.

Le vicomte devint très rouge.

Les convives le regardaient, et Louise, plus étonnée que les autres, murmura:

«Qu'est-ce donc?

—Il a *calé* devant Frédéric, reprit tout bas Arnoux.

—Vous savez quelque chose, mademoiselle?» demanda aussitôt Nonancourt; et il dit sa réponse à Mme Dambreuse, qui, se penchant un peu, se mit à regarder Frédéric.

Martinon n'attendit pas les questions de Cécile. Il lui apprit que cette affaire concernait une personne inqualifiable. La jeune fille se recula légèrement sur sa chaise, comme pour fuir le contact de ce libertin.

La conversation avait recommencé. Les grands vins de Bordeaux circulaient, on s'animait; Pellerin en voulait à la révolution à cause du musée espagnol, définitivement perdu. C'était ce qui l'affligeait le plus, comme peintre. A ce mot, M. Roque l'interpella.

«Ne seriez-vous pas l'auteur d'un tableau très remarquable?

—Peut-être! Lequel?

—Cela représente une dame dans un costume... ma foi!... un peu... léger, avec une bourse et un paon derrière.»

Frédéric à son tour s'empourpra. Pellerin faisait semblant de ne pas entendre.

«Cependant c'est bien de vous! Car il y a votre nom écrit au bas, et une ligne sur le cadre constatant que c'est la propriété de Moreau.»

Un jour que le père Roque et sa fille l'attendaient chez lui, ils avaient vu le portrait de la Maréchale. Le bonhomme l'avait même pris pour «un tableau gothique».

«Non! dit Pellerin brutalement; c'est un portrait de femme.»

Martinon ajouta:

«D'une femme très vivante! N'est-ce pas, Cisy?

—Eh! je n'en sais rien.

—Je croyais que vous la connaissiez. Mais du moment que ça vous fait de la peine, mille excuses!»

Cisy baissa les yeux, prouvant par son embarras qu'il avait dû jouer un rôle pitoyable à l'occasion de ce portrait. Quant à Frédéric, le modèle ne pouvait être que sa maîtresse. Ce fut une de ces convictions qui se forment tout de suite, et les figures de l'assemblée la manifestaient clairement.

«Comme il me mentait! se dit Mme Arnoux.

—C'est donc pour cela qu'il m'a quittée!» pensa Louise.

Frédéric s'imaginait que ces deux histoires pouvaient le compromettre; et, quand on fut dans le jardin, il en fit des reproches à Martinon.

L'amoureux de Mlle Cécile lui éclata de rire au nez.

«Eh! pas du tout? ça te servira! Va de l'avant!»

Que voulait-il dire? D'ailleurs, pourquoi cette bienveillance si contraire à ses habitudes? Sans rien expliquer, il s'en alla vers le fond, où les dames étaient assises. Les hommes se tenaient debout, et Pellerin, au milieu d'eux, émettait des idées. Ce qu'il y avait de plus favorable pour les arts, c'était une monarchie bien entendue. Les temps modernes le dégoûtaient, «quand ce ne serait qu'à cause de la garde nationale»; il regrettait le moyen âge, Louis XIV; M. Roque le félicita de ses opinions, avouant même qu'elles renversaient tous ses préjugés sur les artistes. Mais il s'éloigna presque aussitôt, attiré par la voix de Fumichon. Arnoux tâchait d'établir qu'il y a deux socialismes, un bon et un mauvais. L'industriel n'y voyait pas de différence, la tête lui tournant de colère au mot propriété.

«C'est un droit écrit dans la nature! Les enfants tiennent à leurs joujoux; tous les peuples sont de mon avis, tous les animaux; le lion même, s'il pouvait parler, se déclarerait propriétaire! Ainsi, moi, messieurs, j'ai commencé avec quinze mille francs de capital! Pendant trente ans, savez-vous, je me levais régulièrement à quatre heures du matin! J'ai eu un mal des cinq cents diables à faire ma fortune! Et on viendra me soutenir que je n'en suis pas le maître, que mon argent n'est pas mon argent, enfin que la propriété, c'est le vol!

—Mais Proudhon...

—Laissez-moi tranquille avec votre Proudhon! S'il était là, je crois que je l'étranglerais!»

Il l'aurait étranglé. Après les liqueurs surtout, Fumichon ne se connaissait plus, et son visage apoplectique était près d'éclater comme un obus.

«Bonjour, Arnoux», dit Hussonnet, qui passa lestement sur le gazon.

Il apportait à M. Dambreuse la première feuille d'une brochure intitulée *l'Hydre*, le bohème défendant les intérêts d'un cercle réactionnaire, et le banquier le présenta comme tel à ses hôtes.

Hussonnet les divertit, en soutenant d'abord que les marchands de suif payaient trois cent quatre-vingt-douze gamins pour crier chaque soir: «Des lampions!» puis en blaguant les principes de 89, l'affranchissement des nègres, les orateurs de la gauche; il se lança même jusqu'à faire *Prudhomme sur une barricade*, peut-être par l'effet d'une jalousie naïve contre ces bourgeois qui avaient bien dîné. La charge plut médiocrement. Leurs figures s'allongèrent.

Ce n'était pas le moment de plaisanter du reste; Nonancourt le dit, en rappelant la mort de monseigneur Affre et celle du général de Bréa. Elles étaient toujours rappelées; on en faisait des arguments. M. Roque déclara le trépas de l'archevêque «tout ce qu'il y avait de plus sublime»; Fumichon donnait la palme au militaire; et, au lieu de déplorer simplement ces deux meurtres, on discuta pour savoir lequel devait exciter la plus forte indignation. Un second parallèle vint après, celui de Lamoricière et de Cavaignac, M. Dambreuse exaltant Cavaignac et Nonancourt Lamoricière. Personne de la compagnie, sauf Arnoux n'avait pu les voir à l'œuvre. Tous n'en formulèrent pas moins sur leurs opérations un jugement irrévocable. Frédéric s'était récusé, confessant qu'il n'avait pas pris les armes. Le diplomate et M. Dambreuse lui firent un signe de tête approbatif. En effet, avoir combattu l'émeute, c'était avoir défendu la république. Le résultat, bien que favorable, la consolidait; et, maintenant qu'on était débarrassé des vaincus, on souhaitait l'être des vainqueurs.

A peine dans le jardin, Mme Dambreuse, prenant Cisy, l'avait gourmandé de sa maladresse; à la vue de Martinon, elle le congédia, puis voulut savoir de son futur neveu la cause de ses plaisanteries sur le vicomte.

«Il n'y en a pas.

—Et tout cela comme pour la gloire de M. Moreau! dans quel but?

—Dans aucun, Frédéric est un charmant garçon. Je l'aime beaucoup.

—Et moi aussi! Qu'il vienne! Allez le chercher!»

Après deux ou trois phrases banales, elle commença par déprécier légèrement ses convives, ce qui était le mettre au-dessus d'eux. Il ne manqua pas de dénigrer un peu les autres femmes, manière habile de lui adresser des compliments. Mais elle le quittait de temps en temps, c'était soir de réception, des dames arrivaient; puis elle revenait à sa place, et la disposition toute fortuite des sièges leur permettait de n'être pas entendus.

Elle se montra enjouée, sérieuse, mélancolique et raisonnable. Les préoccupations du jour l'intéressaient médiocrement; il y avait tout un ordre de sentiments moins transitoires. Elle se plaignit des poètes qui dénaturent la vérité, puis elle leva les yeux vers le ciel, en lui demandant le nom d'une étoile.

On avait mis dans les arbres deux ou trois lanternes chinoises; le vent les agitait, des rayons colorés tremblaient sur sa robe blanche. Elle se tenait, comme d'habitude, un peu en arrière dans son fauteuil, avec un tabouret devant elle; on apercevait la pointe d'un soulier de satin noir; et Mme Dambreuse, par intervalles, lançait une parole plus haute, quelquefois même un rire.

Ces coquetteries n'atteignaient pas Martinon, occupé de Cécile; mais elles allaient frapper la petite Roque, qui causait avec Mme Arnoux. C'était la seule, parmi ces femmes, dont les manières ne lui semblaient pas dédaigneuses. Elle était venue s'asseoir à côté d'elle; puis, cédant à un besoin d'épanchement:

«N'est-ce pas qu'il parle bien, Frédéric Moreau?

—Vous le connaissez?

—Oh! beaucoup! Nous sommes voisins. Il m'a fait jouer toute petite.»

Mme Arnoux lui jeta un long regard qui signifiait: «Vous ne l'aimez pas, j'imagine?»

Celui de la jeune fille répliqua sans trouble: «Si!»

«Vous le voyez souvent, alors?

—Oh! non! seulement quand il vient chez sa mère. Voilà dix mois qu'il n'est venu! Il avait promis cependant d'être plus exact.

—Il ne faut pas trop croire aux promesses des hommes, mon enfant.

—Mais il ne m'a pas trompée, moi!

—Comme d'autres.»

Louise frissonna: «Est-ce que, par hasard, il lui aurait aussi promis quelque chose, à elle?» et sa figure était crispée de défiance et de haine.

Mme Arnoux en eut presque peur; elle aurait voulu rattraper son mot. Puis, toutes deux se turent.

Comme Frédéric se trouvait en face, sur un pliant, elles le considéraient, l'une avec décence, du coin des paupières, l'autre franchement, la bouche ouverte, si bien que Mme Dambreuse lui dit:

«Tournez-vous donc pour qu'elle vous voie!

—Qui cela?

—Mais la fille de M. Roque!»

Et elle le plaisanta sur l'amour de cette jeune provinciale. Il s'en défendait en tâchant de rire.

«Est-ce croyable! je vous le demande! Une laideron pareille!»

Cependant il éprouvait un plaisir de vanité immense. Il se rappelait l'autre soirée, celle dont il était sorti le cœur plein d'humiliations, et il respirait largement, il se sentait dans son vrai milieu, presque dans son domaine, comme si tout cela, y compris l'hôtel Dambreuse, lui avait appartenu. Les dames formaient un demi-cercle en l'écoutant; et, afin de briller, il se prononça pour le rétablissement du divorce, qui devait être facile jusqu'à pouvoir se quitter et se reprendre indéfiniment, tant qu'on voudrait. Elles se récrièrent; d'autres chuchotaient; il y avait de petits éclats de voix dans l'ombre, au pied du mur couvert d'aristoloches. C'était comme un caquetage de poules en gaieté, et il développait sa théorie avec cet aplomb que la conscience du succès procure. Un domestique apporta dans la tonnelle un plateau chargé de glaces. Les messieurs s'en rapprochèrent. Ils causaient des arrestations.

Alors, Frédéric se vengea du vicomte en lui faisant accroire qu'on allait peut-être le poursuivre comme légitimiste. L'autre objectait qu'il n'avait pas bougé de sa chambre; son adversaire accumula les chances mauvaises; MM. Dambreuse et de Grémonville eux-mêmes s'amusaient. Puis ils complimentèrent Frédéric, tout en regrettant qu'il n'employât pas ses facultés à la défense de l'ordre; et leur poignée de main fut cordiale; il pouvait désormais compter sur eux. Enfin, comme tout le monde s'en allait, le vicomte s'inclina très bas devant Cécile:

«Mademoiselle, j'ai bien l'honneur de vous souhaiter le bonsoir.»

Elle répondit d'un ton sec:

«Bonsoir!» Mais elle envoya un sourire à Martinon.

Le père Roque, pour continuer sa discussion avec Arnoux, lui proposa de le reconduire «ainsi que madame», leur route étant la même. Louise et Frédéric marchaient devant. Elle avait saisi son bras; et, quand elle fut un peu loin des autres:

«Ah! enfin! enfin! Ai-je assez souffert toute la soirée! Comme ces femmes sont méchantes! Quels airs de hauteur!»

Il voulut les défendre.

«D'abord, tu pouvais bien me parler en entrant, depuis un an que tu n'es venu!

—Il n'y a pas un an, dit Frédéric, heureux de la reprendre sur ce détail pour esquiver les autres.

—Soit! Le temps m'a paru long, voilà tout! Mais, pendant cet abominable dîner, c'était à croire que tu avais honte de moi! Ah! je comprends, je n'ai pas ce qu'il faut pour plaire comme elles.

—Tu te trompes, dit Frédéric.

—Vraiment! Jure-moi que tu n'en aimes aucune?»

Il jura.

«Et c'est moi seule que tu aimes?

—Parbleu!»

Cette assurance la rendit gaie. Elle aurait voulu se perdre dans les rues pour se promener ensemble toute la nuit.

«J'ai été si tourmentée là-bas! On ne parlait que de barricades! Je te voyais tombant sur le dos, couvert de sang! Ta mère était dans son lit, avec ses rhumatismes. Elle ne savait rien. Il fallait me taire! Je n'y tenais plus! Alors, j'ai pris Catherine.»

Et elle lui conta son départ, toute sa route et le mensonge fait à son père.

«Il me ramène dans deux jours. Viens demain soir, comme par hasard, et profites-en pour me demander en mariage.»

Jamais Frédéric n'avait été plus loin du mariage. D'ailleurs, Mlle Roque lui semblait une petite personne assez ridicule. Quelle différence avec une femme comme Mme Dambreuse! Un bien autre avenir lui était réservé! Il en avait la certitude aujourd'hui; aussi n'était-ce pas le moment de s'engager, par un coup de cœur, dans une détermination de cette importance. Il fallait maintenant être positif;—et puis il avait revu Mme Arnoux. Cependant la franchise de Louise l'embarrassait. Il répliqua.

«As-tu bien réfléchi à cette démarche?

—Comment!» s'écria-t-elle, glacée de surprise et d'indignation.

Il dit que se marier actuellement serait une folie.

«Ainsi tu ne veux pas de moi?

—Mais tu ne me comprends pas!»

Et il se lança dans un verbiage très embrouillé, pour lui faire entendre qu'il était retenu par des considérations majeures, qu'il avait des affaires à n'en plus finir, que même sa fortune était compromise (Louise tranchait tout d'un mot net), enfin que les circonstances politiques s'y opposaient. Donc le plus raisonnable était de patienter quelque temps. Les choses s'arrangeraient sans doute, du moins il l'espérait; et, comme il ne trouvait plus de raisons, il feignit de se rappeler brusquement qu'il aurait dû être depuis deux heures chez Dussardier.

Puis, ayant salué les autres, il s'enfonça dans la rue Hauteville, fit le tour du Gymnase, revint sur le boulevard et monta en courant les quatre étages de Rosanette.

M. et Mme Arnoux quittèrent le père Roque et sa fille à l'entrée de la rue Saint-Denis. Ils s'en retournèrent sans rien dire; lui, n'en pouvant plus d'avoir bavardé, et elle, éprouvant une grande lassitude; elle s'appuyait même sur son épaule. C'était le seul homme qui eût montré pendant la soirée des sentiments honnêtes. Elle se sentit pour lui pleine d'indulgence. Cependant il gardait un peu de rancune contre Frédéric.

«As-tu vu sa mine lorsqu'il a été question du portrait? Quand je te disais qu'il est son amant? Tu ne voulais pas me croire.

—Oh! oui, j'avais tort!»

Arnoux, content de son triomphe, insista.

«Je parie même qu'il nous a lâchés tout à l'heure pour aller la rejoindre! Il est maintenant chez elle, va! Il y passe la nuit.»

Mme Arnoux avait rabattu sa capeline très bas.

«Mais tu trembles!

—C'est que j'ai froid», reprit-elle.

Dès que son père fut endormi, Louise entra dans la chambre de Catherine, et, la secouant par l'épaule.

«Lève-toi!... vite! plus vite! et va me chercher un fiacre.»

Catherine lui répondit qu'il n'y en avait plus à cette heure.

«Tu vas m'y conduire toi-même alors?

—Où donc?

—Chez Frédéric!

—Pas possible! A cause?»

C'était pour lui parler. Elle ne pouvait attendre. Elle voulait le voir tout de suite.

«Y pensez-vous! Se présenter comme ça dans une maison au milieu de la nuit! D'ailleurs, à présent, il dort!

—Je le réveillerai!

—Mais ce n'est pas convenable pour une demoiselle!

—Je ne suis pas une demoiselle! Je suis sa femme! Je l'aime! Allons, mets ton châle.»

Catherine, debout au bord de son lit, réfléchissait. Elle finit par dire:

«Non! Je ne veux pas!

—Eh bien, reste! Moi, j'y vais!»

Louise glissa comme une couleuvre dans l'escalier. Catherine s'élança par derrière, la rejoignit sur le trottoir. Ses représentations furent inutiles, et elle la suivait, tout en achevant de nouer sa camisole. Le chemin lui parut extrêmement long. Elle se plaignait de ses vieilles jambes.

«Après ça, moi, je n'ai pas ce qui vous pousse, dame!»

Puis elle s'attendrissait.

«Pauvre cœur! Il n'y a encore que ta Catau, vois-tu!»

Des scrupules de temps en temps la reprenaient.

«Ah! vous me faites faire quelque chose de joli! Si votre père se réveillait! Seigneur Dieu! Pourvu qu'un malheur n'arrive pas!»

Devant le théâtre des Variétés, une patrouille de gardes nationaux les arrêta. Louise dit tout de suite qu'elle allait avec sa bonne dans la rue Rumfort chercher un médecin. On les laissa passer.

Au coin de la Madeleine, elles rencontrèrent une seconde patrouille; et, Louise ayant donné la même explication, un des citoyens reprit:

«Est-ce pour une maladie de neuf mois, ma petite chatte?

—Gougibaud! s'écria le capitaine, pas de polissonneries dans les rangs!—Mesdames, circulez!»

Malgré l'injonction, les traits d'esprit continuèrent:

«Bien du plaisir!

—Mes respects au docteur!

—Prenez garde au loup!

—Ils aiment à rire, remarqua tout haut Catherine. C'est jeune!»

Enfin elles arrivèrent chez Frédéric. Louise tira la sonnette avec vigueur plusieurs fois. La porte s'entre-bâilla, et le concierge répondit à sa demande:

«Non!

—Mais il doit être couché?

—Je vous dis que non! Voilà près de trois mois qu'il ne couche pas chez lui!»

Et le petit carreau de la loge retomba nettement comme une guillotine. Elles restaient dans l'obscurité, sous la voûte. Une voix furieuse leur cria:

«Sortez donc!»

La porte se rouvrit, elles sortirent.

Louise fut obligée de s'asseoir sur une borne, et elle pleura, la tête dans ses mains, abondamment, de tout son cœur. Le jour se levait, des charrettes passaient.

Catherine la ramena en la soutenant, en la baisant, en lui disant toutes sortes de bonnes choses tirées de son expérience. Il ne fallait pas se faire tant de mal pour les amoureux. Si celui-là manquait, elle en trouverait d'autres!

III

Quand l'enthousiasme de Rosanette pour les gardes mobiles se fut calmé, elle redevint plus charmante que jamais, et Frédéric prit l'habitude insensiblement de vivre chez elle.

Le meilleur de la journée, c'était le matin sur leur terrasse. En caraco de batiste et pieds nus dans ses pantoufles, elle allait et venait autour de lui, nettoyait la cage de ses serins, donnait de l'eau à ses poissons rouges, et jardinait avec une pelle à feu dans la caisse remplie de terre, d'où s'élevait un treillage de capucines garnissant le mur. Puis, accoudés sur leur balcon, ils regardaient ensemble les voitures, les passants; et on se chauffait au soleil, on faisait des projets pour la soirée. Il s'absentait pendant deux heures tout au plus; ensuite, ils allaient dans un théâtre quelconque, aux avant-scènes; et Rosanette, un gros bouquet de fleurs à la main, écoutait les instruments, tandis que Frédéric, penché à son oreille, lui contait des choses joviales ou galantes. D'autres fois, ils prenaient une calèche pour les conduire au bois de Boulogne, ils se promenaient tard, jusqu'au milieu de la nuit. Enfin, ils s'en revenaient par l'Arc de Triomphe et la grande avenue, en humant l'air, avec les étoiles sur leur tête, et, jusqu'au fond de la perspective, tous les becs de gaz alignés comme un double cordon de perles lumineuses.

Frédéric l'attendait toujours quand ils devaient sortir; elle était fort longue à disposer autour de son menton les deux rubans de la capote et elle se souriait à elle-même devant son armoire à glace. Puis elle passait son bras sur le sien et le forçait à se mirer près d'elle.

«Nous faisons bien comme cela, tous les deux côte à côte! Ah! pauvre amour, je te mangerais!»

Il était maintenant sa chose, sa propriété. Elle en avait sur le visage un rayonnement continu, en même temps qu'elle paraissait plus langoureuse de manières, plus ronde dans ses formes; et, sans pouvoir dire de quelle façon, il la trouvait changée cependant.

Un jour, elle lui apprit comme une nouvelle très importante que le sieur Arnoux venait de monter un magasin de blanc à une ancienne ouvrière de sa fabrique; il y venait tous les soirs, «dépensait beaucoup, pas plus tard que l'autre semaine, lui avait même donné un ameublement de palissandre».

«Comment le sais-tu? dit Frédéric.

—Oh! j'en suis sûre!»

Delphine, exécutant ses ordres, avait pris des informations. Elle aimait donc bien Arnoux, pour s'en occuper si fortement! Il se contenta de lui répondre:

«Qu'est-ce que cela te fait?»

Rosanette eut l'air surprise de cette demande.

«Mais la canaille me doit de l'argent! N'est-ce pas abominable de le voir entretenir des gueuses!»

Puis, avec une expression de haine triomphante:

«Au reste, elle se moque de lui joliment! Elle a trois autres particuliers. Tant mieux! et qu'elle le mange jusqu'au dernier liard, j'en serai contente!»

Arnoux, en effet, se laissait exploiter par la Bordelaise, avec l'indulgence des amours séniles.

Sa fabrique ne marchait plus; l'ensemble de ses affaires était pitoyable; si bien que, pour les remettre à flot, il pensa d'abord à établir un café chantant, où l'on n'aurait chanté rien que des œuvres patriotiques; le ministre lui accordant une subvention, cet établissement serait devenu tout à la fois un foyer de propagande et une source de bénéfices. La direction du pouvoir ayant changé, c'était une chose impossible. Maintenant, il rêvait une grande chapellerie militaire. Les fonds lui manquaient pour commencer.

Il n'était pas plus heureux dans son intérieur domestique.

Mme Arnoux se montrait moins douce pour lui, parfois même un peu rude. Marthe se rangeait toujours du côté de son père. Cela augmentait le désaccord, et la maison devenait intolérable. Souvent, il en partait dès le matin, passait sa journée à faire de longues courses pour s'étourdir, puis dînait dans un cabaret de campagne, en s'abandonnant à ses réflexions.

L'absence prolongée de Frédéric troublait ses habitudes. Il lui demanda un rendez-vous. Donc, il parut une après-midi, le supplia de venir le voir comme autrefois et en obtint la promesse.

Frédéric n'osait retourner chez Mme Arnoux. Il lui semblait l'avoir trahie. Mais cette conduite était bien lâche. Les excuses manquaient. Il faudrait en finir par là! et, un soir, il se mit en marche.

Comme la pluie tombait, il venait d'entrer dans le passage Jouffroy quand, sous la lumière des devantures, un gros petit homme en casquette l'aborda. Frédéric n'eut pas de peine à reconnaître Compain, cet orateur dont la motion avait causé tant de rires au club.

Il s'appuyait sur le bras d'un individu affublé d'un bonnet rouge de zouave, la lèvre supérieure très longue, le teint jaune comme une orange, la mâchoire couverte d'une barbiche, et qui le contemplait avec de gros yeux lubrifiés d'admiration.

Compain, sans doute, en était fier, car il dit:

«Je vous présente ce gaillard-là! C'est un bottier de mes amis, un patriote! Prenons-nous quelque chose?»

Frédéric l'ayant remercié, il tonna immédiatement contre la proposition Rateau, une manœuvre des aristocrates. Pour en finir il fallait recommencer 93! Puis, il s'informa de Regimbart et de quelques autres aussi fameux, tels que Masselin, Sanson, Lecornu, Maréchal, et un certain Deslauriers, compromis dans l'affaire des carabines interceptées dernièrement à Troyes.

Tout cela était nouveau pour Frédéric. Compain n'en savait pas davantage. Il le quitta en disant:

«A bientôt, n'est-ce pas, car vous en êtes?

—De quoi?

—De la tête de veau!

—Quelle tête de veau?

—Ah! farceur!» reprit Compain, en lui donnant une tape sur le ventre.

Et les deux terroristes s'enfoncèrent dans un café.

Dix minutes après, Frédéric ne songeait plus à Deslauriers. Il était sur le trottoir de la rue Paradis, devant une maison, et il regardait au second étage, derrière des rideaux, la lueur d'une lampe.

Enfin, il monta l'escalier.

«Arnoux y est-il?»

La femme de chambre répondit:

«Non! mais entrez tout de même.»

Et, ouvrant brusquement une porte:

«Madame, c'est M. Moreau!»

Elle se leva plus pâle que sa collerette. Elle tremblait.

«Qui me vaut l'honneur... d'une visite... aussi imprévue?

—Rien! Le plaisir de revoir d'anciens amis!»

Et tout en s'asseyant:

«Comment va ce bon Arnoux?

—Parfaitement! il est sorti.

—Ah! je comprends! toujours ses vieilles habitudes du soir; un peu de distraction!

—Pourquoi pas? Après une journée de calculs, la tête a besoin de se reposer!»

Elle vanta même son mari, comme travailleur. Cet éloge irritait Frédéric; et, désignant sur ses genoux un morceau de drap noir avec des soutaches bleues:

«Qu'est-ce que vous faites là?

—Une veste que j'arrange pour ma fille.

—A propos, je ne l'aperçois pas, où est-elle donc?

—Dans une pension», reprit Mme Arnoux.

Des larmes lui vinrent aux yeux; elle les retenait, en poussant son aiguille rapidement. Il avait pris par contenance un numéro de l'*Illustration*, sur la table, près d'elle.

«Ces caricatures de Cham sont très drôles, n'est-ce pas?

—Oui.»

Puis ils retombèrent dans leur silence.

Une rafale ébranla tout à coup les carreaux.

«Quel temps! dit Frédéric.

—En effet, c'est bien aimable d'être venu par cette horrible pluie!

—Oh! moi, je m'en moque! Je ne suis pas comme ceux qu'elle empêche sans doute d'aller à leurs rendez-vous!

—Quels rendez-vous? demanda-t-elle naïvement.

—Vous ne vous rappelez pas?»

Un frisson la saisit, et elle baissa la tête.

Il lui posa doucement la main sur le bras.

«Je vous assure que vous m'avez fait bien souffrir!»

Elle reprit, avec une sorte de lamentation dans la voix:

«Mais j'avais peur pour mon enfant!»

Elle lui conta la maladie du petit Eugène et toutes les angoisses de cette journée.

«Merci! merci! Je ne doute plus! je vous aime comme toujours!

—Eh non! ce n'est pas vrai!

—Pourquoi?»

Elle le regarda froidement.

«Vous oubliez l'autre! Celle que vous promenez aux courses! La femme dont vous avez le portrait, votre maîtresse!

—Eh bien, oui! s'écria Frédéric, je ne nie rien! Je suis un misérable! écoutez-moi!» S'il l'avait eue, c'était par désespoir, comme on se suicide. Du reste, il l'avait rendue fort malheureuse, pour se venger sur elle de sa propre honte. «Quel supplice! Vous ne comprenez pas?»

Mme Arnoux tourna son beau visage, en lui tendant la main; et ils fermèrent les yeux, absorbés dans une ivresse qui était comme un bercement doux et infini. Puis ils restèrent à se contempler, face à face, l'un près de l'autre.

«Est-ce que vous pouviez croire que je ne vous aimais plus?»

Elle répondit d'une voix basse, pleine de caresses:

«Non! En dépit de tout, je sentais au fond de mon cœur que cela était impossible et qu'un jour l'obstacle entre nous deux s'évanouirait!

—Moi aussi! et j'avais des besoins de vous revoir, à en mourir!

—Une fois, reprit-elle, dans le Palais-Royal, j'ai passé à côté de vous!

—Vraiment?»

Et il lui dit le bonheur qu'il avait eu en la retrouvant chez les Dambreuse.

«Mais comme je vous détestais le soir, en sortant de là!

—Pauvre garçon!

—Ma vie est si triste!

—Et la mienne!... S'il n'y avait que les chagrins, les inquiétudes, les humiliations, tout ce que j'endure comme épouse et comme mère, puisqu'on doit mourir, je ne me plaindrais pas; ce qu'il y a d'affreux, c'est ma solitude, sans personne...

—Mais je suis là, moi!

—Oh! oui!»

Un sanglot de tendresse l'avait soulevée. Ses bras s'écartèrent, et ils s'étreignirent debout dans un long baiser.

Un craquement se fit sur le parquet. Une femme était près d'eux, Rosanette. Mme Arnoux l'avait reconnue; ses yeux, ouverts démesurément, l'examinaient, tout pleins de surprise et d'indignation. Enfin, Rosanette lui dit:

«Je viens parler à M. Arnoux pour affaires.

—Il n'y est pas, vous le voyez.

—Ah! c'est vrai! reprit la Maréchale, «votre bonne avait raison! Mille excuses!»

Et, se tournant vers Frédéric:

«Te voilà ici, toi?»

Ce tutoiement, donné devant elle, fit rougir Mme Arnoux, comme un soufflet en plein visage.

«Il n'y est pas, je vous le répète!»

Alors, la Maréchale, qui regardait çà et là, dit tranquillement:

«Rentrons-nous? J'ai un fiacre en bas.»

Il faisait semblant de ne pas entendre.

«Allons, viens!

—Ah! oui! c'est une occasion! Partez! partez!» dit Mme Arnoux.

Ils sortirent. Elle se pencha sur la rampe pour les voir encore; et un rire aigu, déchirant, tomba sur eux, du haut de l'escalier. Frédéric poussa Rosanette dans le fiacre, se mit en face d'elle, et, pendant toute la route, ne prononça pas un mot.

L'infamie dont le rejaillissement l'outrageait, c'était lui-même qui en était cause. Il éprouvait tout à la fois la honte d'une humiliation écrasante et le regret de sa félicité; quand il allait enfin la saisir, elle était devenue irrévocablement impossible!—et par la faute de celle-là, de cette fille, de cette catin. Il aurait voulu l'étrangler; il étouffait. Rentrés chez eux, il jeta son chapeau sur un meuble, arracha sa cravate.

«Ah! tu viens de faire quelque chose de propre, avoue-le!»

Elle se campa fièrement devant lui.

«Eh bien, après? Où est le mal?

—Comment! Tu m'espionnes?

—Est-ce ma faute? Pourquoi vas-tu te divertir chez les femmes honnêtes?

—N'importe! Je ne veux pas que tu les insultes.

—En quoi l'ai-je insultée?»

Il n'eut rien à répondre, et d'un accent plus haineux:

«Mais, l'autre fois, au Champ de Mars...

—Ah! tu nous ennuies avec tes anciennes!

—Misérable!»

Il leva le poing.

«Ne me tue pas! Je suis enceinte!»

Frédéric se recula.

«Tu mens!

—Mais regarde-moi!»

Elle prit un flambeau, et, montrant son visage:

«T'y connais-tu?»

De petites taches jaunes maculaient sa peau, qui était singulièrement bouffie. Frédéric ne nia pas l'évidence. Il alla ouvrir la fenêtre, fit quelques pas de long en large, puis s'affaissa dans un fauteuil.

Cet événement était une calamité, qui d'abord ajournait leur rupture,— et puis bouleversait tous ses projets. L'idée d'être père, d'ailleurs, lui paraissait grotesque, inadmissible. Mais pourquoi? Si, au lieu de la Maréchale...? Et sa rêverie devint tellement profonde, qu'il eut une sorte d'hallucination. Il voyait là, sur le tapis, devant la cheminée, une petite fille. Elle ressemblait à Mme Arnoux et à lui-même, un peu:—brune et blanche, avec des yeux noirs, de très grands sourcils, un ruban rose dans ses cheveux bouclants! (Oh! comme il l'aurait aimée!) Et il lui semblait entendre sa voix: «Papa! papa!»

Rosanette, qui venait de se déshabiller, s'approcha de lui, aperçut une larme à ses paupières et le baisa sur le front gravement. Il se leva en disant:

«Parbleu! On ne le tuera pas, ce marmot!»

Alors, elle bavarda beaucoup. Ce serait un garçon, bien sûr! On l'appellerait Frédéric. Il fallait commencer son trousseau;—et, en la voyant si heureuse, une pitié le prit. Comme il ne ressentait maintenant aucune colère, il voulut savoir la raison de sa démarche tout à l'heure.

C'est que Mlle Vatnaz lui avait envoyé, ce jour-là même, un billet protesté depuis longtemps; et elle avait couru chez Arnoux pour avoir de l'argent.

«Je t'en aurais donné! dit Frédéric.

—C'était plus simple de prendre là-bas ce qui m'appartient et de rendre à l'autre ses mille francs.

—Est-ce au moins tout ce que tu lui dois?»

Elle répondit:

«Certainement!»

Le lendemain, à neuf heures du soir (heure indiquée par le portier), Frédéric se rendit chez Mlle Vatnaz.

Il se cogna dans l'antichambre contre les meubles entassés. Mais un bruit de voix et de musique le guidait. Il ouvrit une porte et tomba au milieu d'un *raout*. Debout, devant le piano que touchait une demoiselle en lunettes, Delmar, sérieux comme un pontife, déclamait une poésie humanitaire sur la prostitution, et sa voix caverneuse roulait, soutenue par les accords plaqués. Un rang de femmes occupait la muraille, vêtues généralement de couleurs sombres, sans col de chemises ni manchettes. Cinq ou six hommes, tous des penseurs, étaient çà et là sur des chaises. Il y avait dans un fauteuil un ancien fabuliste, une ruine;—et l'odeur âcre de deux lampes se mêlait à l'arôme du chocolat, qui emplissait des bols encombrant la table à jeu.

Mlle Vatnaz, une écharpe orientale autour des reins, se tenait à un coin de la cheminée. Dussardier était à l'autre bout en face; il avait l'air un peu embarrassé de sa position. D'ailleurs, ce milieu artistique l'intimidait.

La Vatnaz en avait-elle fini avec Delmar? non peut-être. Cependant elle semblait jalouse du brave commis; et, Frédéric ayant réclamé d'elle un mot d'entretien, elle lui fit signe de passer avec eux dans sa chambre. Quand les mille francs furent alignés, elle demanda en plus les intérêts.

«Ça n'en vaut pas la peine! dit Dussardier.

—Tais-toi donc!»

Cette lâcheté d'un homme si courageux fut agréable à Frédéric comme une justification de la sienne. Il rapporta le billet et ne reparla jamais de l'esclandre chez Mme Arnoux. Mais, dès lors, toutes les défectuosités de la Maréchale lui apparurent.

Elle avait un mauvais goût irrémédiable, une incompréhensible paresse, une ignorance de sauvage, jusqu'à considérer comme très célèbre le docteur Desrogis; et elle était fière de le recevoir, lui et son épouse, parce que c'étaient «des gens mariés». Elle régentait d'un air pédantesque sur les choses de la vie Mlle Irma, pauvre petite créature douée d'une petite voix, ayant pour protecteur un monsieur «très bien», ex-employé dans les douanes, et fort aux tours de cartes; Rosanette l'appelait «mon gros loulou». Frédéric ne pouvait souffrir non plus la répétition de ses mots bêtes tels que: «Du flan! A Chaillot! On n'a jamais pu savoir», etc.; et elle s'obstinait à épousseter le matin ses bibelots avec une paire de vieux gants blancs! Il était révolté surtout par ses façons envers sa bonne,—dont les gages étaient sans cesse arriérés, et qui même lui prêtait de l'argent. Les jours qu'elles réglaient leurs comptes, elles se chamaillaient comme deux poissardes, puis on se réconciliait en s'embrassant. Le tête-à-tête devenait triste. Ce fut un soulagement pour lui, quand les soirées de Mme Dambreuse recommencèrent.

Celle-là, au moins, l'amusait! Elle savait les intrigues du monde, les mutations d'ambassadeurs, le personnel des couturières; et, s'il lui échappait des lieux communs, c'était dans une formule tellement convenue, que sa phrase pouvait passer pour une déférence ou pour une ironie. Il fallait la voir au milieu de vingt personnes qui causaient, n'en oubliant aucune, amenant les réponses qu'elle voulait, évitant les périlleuses! Des choses très simples, racontées par elle, semblaient des confidences; le moindre de ses sourires faisait rêver; son charme enfin, comme l'exquise odeur qu'elle portait ordinairement, était complexe et indéfinissable. Frédéric, dans sa compagnie, éprouvait chaque fois le plaisir d'une découverte, et cependant il la retrouvait toujours avec sa même sérénité, pareille au miroitement des eaux limpides. Mais pourquoi ses manières envers sa nièce avaient-elles tant de froideur? Elle lui lançait même, par moments, de singuliers coups d'œil.

Dès qu'il fut question de mariage, elle avait objecté à M. Dambreuse la santé de «la chère enfant» et l'avait emmenée tout de suite aux bains de Balaruc. A son retour, des prétextes nouveaux avaient surgi: le jeune homme manquait de position, ce grand amour ne paraissait pas sérieux, on ne risquait rien d'attendre. Martinon avait répondu qu'il attendrait. Sa conduite fut sublime. Il prôna Frédéric. Il fit plus: il le renseigna sur les moyens de plaire à Mme Dambreuse, laissant même entrevoir qu'il connaissait, par la nièce, les sentiments de la tante.

Quant à M. Dambreuse, loin de montrer de la jalousie, il entourait d'égards son jeune ami, le consultait sur différentes choses, s'inquiétait même de son avenir, si bien qu'un jour, comme on parlait du père Roque, il lui dit à l'oreille, d'un air finot:

«Vous avez bien fait.»

Et Cécile, miss John, les domestiques, le portier, pas un qui ne fût charmant pour lui, dans cette maison. Il y venait tous les soirs, abandonnant Rosanette. Sa maternité future la rendait plus sérieuse, même un peu triste, comme si des inquiétudes l'eussent tourmentée. A toutes les questions, elle répondait:

«Tu te trompes! Je me porte bien!»

C'étaient cinq billets qu'elle avait souscrits autrefois et, n'osant le dire à Frédéric après le payement du premier, elle était retournée chez Arnoux, lequel lui avait promis, par écrit, le tiers de ses bénéfices dans l'éclairage au gaz des villes du Languedoc (une entreprise merveilleuse!), en lui recommandant de ne pas se servir de cette lettre avant l'assemblée des actionnaires; l'assemblée était remise de semaine en semaine.

Cependant la Maréchale avait besoin d'argent. Elle serait morte plutôt que d'en demander à Frédéric. Elle n'en voulait pas de lui. Cela aurait gâté leur amour. Il subvenait bien aux frais du ménage; mais une petite voiture louée au mois et d'autres sacrifices indispensables depuis qu'il fréquentait les Dambreuse l'empêchaient d'en faire plus pour sa maîtresse. Deux ou trois fois, en rentrant à des heures inaccoutumées, il crut voir des dos masculins disparaître entre les portes, et elle sortait souvent sans vouloir dire où elle allait. Frédéric n'essaya pas de creuser les choses. Un de ces jours, il prendrait un parti définitif. Il rêvait une autre vie, qui serait plus amusante et plus noble. Un pareil idéal le rendait indulgent pour l'hôtel Dambreuse.

C'était une succursale intime de la rue de Poitiers. Il y rencontra le grand M. A., l'illustre B., le profond C., l'éloquent Z., l'immense Y., les vieux ténors du centre gauche, les paladins de la droite, les burgraves du juste milieu, les éternels bonshommes de la comédie. Il fut stupéfait par leur exécrable langage, leurs petitesses, leurs rancunes, leur mauvaise foi,—tous ces gens qui avaient voté la Constitution s'évertuant à la démolir;—et ils s'agitaient beaucoup, lançaient des manifestes, des pamphlets, des biographies; celle de Fumichon par Hussonnet fut un chef-d'œuvre. Nonancourt s'occupait de la propagande dans les campagnes, M. de Grémonville travaillait le clergé, Martinon ralliait de jeunes bourgeois. Chacun, selon ses moyens, s'employa, jusqu'à Cisy lui-même. Pensant maintenant aux choses sérieuses, tout le long de la journée il faisait des courses en cabriolet pour le parti.

M. Dambreuse, tel qu'un baromètre, en exprimait constamment la dernière variation. On ne parlait pas de Lamartine sans qu'il citât ce mot d'un homme du peuple: «Assez de lyre!» Cavaignac n'était plus, à ses yeux, qu'un traître. Le président, qu'il avait admiré pendant trois mois, commençait à déchoir dans son estime (ne lui trouvant pas «d'énergie nécessaire»); et, comme il lui fallait toujours un sauveur, sa reconnaissance, depuis l'affaire du Conservatoire, appartenait à Changarnier: «Dieu merci, Changarnier... Espérons que Changarnier... Oh! rien à craindre tant que Changarnier...»

On exaltait avant tout M. Thiers pour son volume contre le socialisme, où il s'était montré aussi penseur qu'écrivain. On riait énormément de Pierre Leroux, qui citait à la Chambre des passages des philosophes. On faisait des plaisanteries sur la queue phalanstérienne. On allait applaudir la *Foire aux Idées*; et on comparait les auteurs à Aristophane. Frédéric y alla comme les autres.

Le verbiage politique et la bonne chère engourdissaient sa moralité. Si médiocres que lui parussent ces personnages, il était fier de les connaître et intérieurement souhaitait la considération bourgeoise. Une maîtresse comme Mme Dambreuse le poserait.

Il se mit à faire tout ce qu'il faut.

Il se trouvait sur son passage à la promenade, ne manquait pas d'aller la saluer dans sa loge au théâtre; et, sachant les heures où elle se rendait à l'église, il se campait derrière un pilier dans une pose mélancolique. Pour des indications de curiosités, des renseignements sur un concert, des emprunts de livres ou de revues, c'était un échange continuel de petits billets. Outre sa visite du soir, il lui en faisait quelquefois une autre vers la fin du jour, et il avait une gradation de joies à passer successivement par la grande porte, par la cour, par l'antichambre, par les deux salons; enfin, il arrivait dans son boudoir, discret comme un tombeau, tiède comme une alcôve, où l'on se heurtait aux capitons des meubles parmi toute sorte d'objets çà et là: chiffonnières, écrans, coupes et plateaux en laque, en écaille, en ivoire, en malachite, bagatelles dispendieuses, souvent renouvelées. Il y en avait de simples: trois galets d'Étretat pour servir de presse-papier, un bonnet de Frisonne suspendu à un paravent chinois; toutes ces choses s'harmonisaient cependant; on était même saisi par la noblesse de l'ensemble, ce qui tenait peut-être à la hauteur du plafond, à l'opulence des portières et aux longues crépines de soie, flottant sur les bâtons dorés des tabourets.

Elle était presque toujours sur une petite causeuse, près de la jardinière garnissant l'embrasure de la fenêtre. Assis au bord d'un gros pouf à roulettes, il lui adressait les compliments les plus justes possible, et elle le regardait la tête un peu de côté, la bouche souriante.

Il lui lisait des pages de poésie, en y mettant toute son âme, afin de l'émouvoir et pour se faire admirer. Elle l'arrêtait par une remarque dénigrante ou une observation pratique, et leur causerie retombait sans cesse dans l'éternelle question de l'amour! Ils se demandaient ce qui l'occasionnait, si les femmes le sentaient mieux que les hommes, quelles étaient là-dessus leurs différences. Frédéric tâchait d'émettre son opinion, en évitant à la fois la grossièreté et la fadeur. Cela devenait une espèce de lutte, agréable par moments, fastidieuse en d'autres.

Il n'éprouvait pas à ses côtés ce ravissement de tout son être qui l'emportait vers Mme Arnoux, ni le désordre gai où l'avait mis d'abord Rosanette. Mais il la convoitait comme une chose anormale et difficile, parce qu'elle était noble, parce qu'elle était riche, parce qu'elle était dévote,—se figurant qu'elle avait des délicatesses de sentiment, rares comme ses dentelles, avec des amulettes sur la peau et des pudeurs dans la dépravation.

Il se servit du vieil amour. Il lui conta, comme inspiré par elle, tout ce que Mme Arnoux autrefois lui avait fait ressentir, ses langueurs, ses appréhensions, ses rêves. Elle recevait cela comme une personne accoutumée à ces choses, sans le repousser formellement, ne cédait rien, et il n'arrivait pas plus à la séduire que Martinon à se marier. Pour en finir avec l'amoureux de sa nièce, elle l'accusa de viser à l'argent et pria même son mari d'en faire l'épreuve. M. Dambreuse déclara donc au jeune homme que Cécile, étant l'orpheline de parents pauvres, n'avait aucune «espérance» ni dot.

Martinon, ne croyant pas que cela fût vrai, ou trop avancé pour se dédire, ou par un de ces entêtements d'idiot qui sont des actes de génie, répondit que son patrimoine, quinze mille livres de rente, leur suffirait. Ce désintéressement imprévu toucha le banquier. Il lui promit un cautionnement de receveur, en s'engageant à obtenir la place; et, au mois de mai 1850, Martinon épousa Mlle Cécile. Il n'y eut pas de bal. Les jeunes gens partirent le soir même pour l'Italie. Frédéric, le lendemain, vint faire une visite à Mme Dambreuse. Elle lui parut plus pâle que d'habitude. Elle le contredit avec aigreur sur deux ou trois sujets sans importance. Du reste, tous les hommes étaient des égoïstes.

Il y en avait pourtant de dévoués, quand ce ne serait que lui.

«Ah bah! comme les autres!»

Ses paupières étaient rouges, elle pleurait. Puis, en s'efforçant de sourire;

«Excusez-moi! J'ai tort! C'est une idée triste qui m'est venue!»

Il n'y comprenait rien.

«N'importe! elle est moins forte que je ne croyais», pensa-t-il.

Elle sonna pour avoir un verre d'eau, en but une gorgée, le renvoya, puis se plaignit de ce qu'on la servait horriblement. Afin de l'amuser, il s'offrit comme domestique, se prétendant capable de donner des assiettes, d'épousseter les meubles, d'annoncer le monde, d'être enfin un valet de chambre ou plutôt un chasseur, bien que la mode en fût passée. Il aurait voulu se tenir derrière sa voiture avec un chapeau de plumes de coq.

«Et comme je vous suivrais à pied majestueusement, en portant sur le bras un petit chien!

—Vous êtes gai, dit Mme Dambreuse.

—N'était-ce pas une folie, reprit-il, de considérer tout sérieusement? Il y avait bien assez de misères sans s'en forger. Rien ne méritait la peine d'une douleur.» Mme Dambreuse leva les sourcils d'une manière de vague approbation.

Cette parité de sentiments poussa Frédéric à plus de hardiesse. Ses mécomptes d'autrefois lui faisaient maintenant une clairvoyance. Il poursuivit:

«Nos grands-pères vivaient mieux. Pourquoi ne pas obéir à l'impulsion qui nous pousse?» L'amour, après tout, n'était pas en soi une chose si importante.

«Mais c'est immoral, ce que vous dites là!»

Elle s'était remise sur la causeuse. Il s'assit au bord, contre ses pieds.

«Ne voyez-vous pas que je mens! Car, pour plaire aux femmes, il faut étaler une insouciance de bouffon ou des fureurs de tragédie! Elles se moquent de nous quand on leur dit qu'on les aime simplement! Moi, je trouve ces hyperboles où elles s'amusent une profanation de l'amour vrai; si bien qu'on ne sait plus comment l'exprimer, surtout devant celles... qui ont... beaucoup d'esprit.»

Elle le considérait les cils entre-clos. Il baissait la voix, en se penchant vers son visage.

«Oui! vous me faites peur! Je vous offense peut-être?... Pardon!... Je ne voulais pas dire tout cela! Ce n'est pas ma faute! Vous êtes si belle!»

Mme Dambreuse ferma les yeux, et il fut surpris par la facilité de sa victoire. Les grands arbres du jardin qui frissonnaient mollement s'arrêtèrent. Des nuages immobiles rayaient le ciel de longues bandes rouges, et il y eut comme une suspension universelle des choses. Alors, des soirs semblables, avec des silences pareils, revinrent dans son esprit confusément. Où était-ce?...

Il se mit à genoux, prit sa main et lui jura un amour éternel. Puis, comme il partait, elle le rappela d'un signe et lui dit tout bas:

«Revenez dîner! Nous serons seuls!»

Il semblait à Frédéric, en descendant l'escalier, qu'il était devenu un autre homme, que la température embaumante des serres chaudes l'entourait, qu'il entrait définitivement dans le monde supérieur des adultères patriciens et des hautes intrigues. Pour y tenir la première place, il suffisait d'une femme comme celle-là. Avide, sans doute, de pouvoir et d'action, et mariée à un homme médiocre qu'elle avait prodigieusement servi, elle désirait quelqu'un de fort pour le conduire? Rien d'impossible maintenant! Il se sentait capable de faire deux cents lieues à cheval, de travailler pendant plusieurs nuits de suite sans fatigue; son cœur débordait d'orgueil.

Sur le trottoir, devant lui, un homme couvert d'un vieux paletot marchait la tête basse et avec un tel air d'accablement, que Frédéric se retourna pour le voir. L'autre releva sa figure. C'était Deslauriers. Il hésitait. Frédéric lui sauta au cou.

«Ah! mon pauvre vieux! Comment! c'est toi!»

Et il l'entraîna vers sa maison, en lui faisant beaucoup de questions à la fois.

L'ex-commissaire de Ledru-Rollin conta d'abord les tourments qu'il avait eus. Comme il prêchait la fraternité aux conservateurs et le respect des lois aux socialistes, les uns lui avaient tiré des coups de fusil, les autres apporté une corde pour le pendre. Après juin, on l'avait destitué brutalement. Il s'était jeté dans un complot, celui des armes saisies à Troyes. On l'avait relâché faute de preuves. Puis le comité d'action l'avait envoyé à Londres, où il s'était flanqué des gifles avec ses frères au milieu d'un banquet. De retour à Paris...

«Pourquoi n'es-tu pas venu chez moi?

—Tu étais toujours absent! Ton suisse avait des allures mystérieuses, je ne savais que penser, et puis je ne voulais pas reparaître en vaincu.»

Il avait frappé aux portes de la démocratie, s'offrant à la servir de sa plume, de sa parole, de ses démarches; partout on l'avait repoussé; on se méfiait de lui, et il avait vendu sa montre, sa bibliothèque, son linge.

«Mieux vaudrait crever sur les pontons de Belle-Isle, avec Sénécal!

Frédéric, qui arrangeait alors sa cravate, n'eut pas l'air très ému par cette nouvelle.

«Ah! il est déporté, ce bon Sénécal?»

Deslauriers répliqua, en parcourant les murailles d'un air envieux:

«Tout le monde n'a pas ta chance!

—Excuse-moi, dit Frédéric, sans remarquer l'allusion, mais je dîne en ville. On va te faire à manger; commande ce que tu voudras! Prends même mon lit.»

Devant une cordialité si complète, l'amertume de Deslauriers disparut.

«Ton lit? Mais... ça te gênerait!

—Eh non! J'en ai d'autres!

—Ah! très bien, reprit l'avocat en riant. Où dînes-tu donc?

—Chez Mme Dambreuse.

—Est-ce que... par hasard... ce serait?...

—Tu es trop curieux», dit Frédéric avec un sourire, qui confirmait cette supposition.

Puis, ayant regardé la pendule, il se rassit.

«C'est comme ça! et il ne faut pas désespérer, vieux défenseur du peuple!

—Miséricorde! que d'autres s'en mêlent!»

L'avocat détestait les ouvriers, pour en avoir souffert dans sa province, un pays de houille. Chaque puits d'extraction avait nommé un gouvernement provisoire lui intimant des ordres.

«D'ailleurs, leur conduite a été charmante partout: à Lyon, à Lille, au Havre, à Paris! Car, à l'exemple des fabricants qui voudraient exclure les produits de l'étranger, ces messieurs réclament pour qu'on bannisse les travailleurs anglais, allemands, belges et savoyards! Quant à leur intelligence, à quoi a servi, sous la Restauration, leur fameux compagnonnage? En 1830, ils sont entrés dans la garde nationale, sans même avoir le bon sens de la dominer! Est-ce que, dès le lendemain de 48, les corps de métiers n'ont pas reparu avec des étendards à eux! Ils demandaient même des représentants du peuple à eux, lesquels n'auraient parlé que pour eux! Tout comme les députés de la betterave ne s'inquiètent que de la betterave!—Ah! j'en ai assez de ces cocos-là, se prosternant tour à tour devant l'échafaud de Robespierre, les bottes de l'empereur, le parapluie de Louis-Philippe, racaille éternellement dévouée à qui lui jette du pain dans la gueule! On crie toujours contre la vénalité de Talleyrand et de Mirabeau; mais le commissionnaire d'en bas vendrait la patrie pour cinquante centimes, si on lui promettait de tarifer sa course à trois francs! Ah! quelle faute! Nous aurions dû mettre le feu aux quatre coins de l'Europe!»

Frédéric lui répondit:

«L'étincelle manquait! Vous étiez simplement de petits bourgeois, et les meilleurs d'entre vous, des cuistres! Quant aux ouvriers, ils peuvent se plaindre; car, si l'on excepte un million soustrait à la liste civile, et que vous leur avez octroyé avec la plus basse flagornerie, vous n'avez rien fait pour eux que des phrases! Le livret demeure aux mains du patron, et le salarié (même devant la justice) reste l'inférieur de son maître, puisque sa parole n'est pas crue. Enfin, la république me paraît vieille. Qui sait? Le progrès, peut-être, n'est réalisable que par une aristocratie ou par un homme? L'initiative vient toujours d'en haut! Le peuple est mineur, quoi qu'on prétende!

—C'est peut-être vrai,» dit Deslauriers.

Selon Frédéric, la grande masse des citoyens n'aspirait qu'au repos (il avait profité à l'hôtel Dambreuse), et toutes les chances étaient pour les conservateurs. Ce parti-là, cependant, manquait d'hommes neufs.

«Si tu te présentais, je suis sûr...»

Il n'acheva pas. Deslauriers comprit, se passa les deux mains sur le front; puis, tout à coup:

«Mais toi? Rien ne t'empêche? Pourquoi ne serais-tu pas député?» Par suite d'une double élection, il y avait, dans l'Aube, une candidature vacante. M. Dambreuse, réélu à la Législative, appartenait à un autre arrondissement. «Veux-tu que je m'en occupe?» Il connaissait beaucoup de cabaretiers, d'instituteurs, de médecins, de clercs d'étude et leurs patrons. «D'ailleurs, on fait accroire aux paysans tout ce qu'on veut!»

Frédéric sentait se rallumer son ambition.

Deslauriers ajouta:

«Tu devrais bien me trouver une place à Paris.

—Oh! ce ne sera pas difficile par M. Dambreuse.

—Puisque nous parlions de houilles, reprit l'avocat, que devient sa grande société? C'est une occupation de ce genre qu'il me faudrait!—et je leur serais utile, tout en gardant mon indépendance.»

Frédéric promit de le conduire chez le banquier avant trois jours.

Son repas en tête à tête avec Mme Dambreuse fut une chose exquise. Elle souriait en face de lui, de l'autre côté de la table, par-dessus des fleurs dans une corbeille, à la lumière de la lampe suspendue; et comme la fenêtre était ouverte, on apercevait des étoiles. Ils causèrent fort peu, se méfiant d'eux-mêmes sans doute; mais, dès que les domestiques tournaient le dos, ils s'envoyaient un baiser du bout des lèvres. Il dit son idée de candidature. Elle l'approuva, s'engageant même à y faire travailler M. Dambreuse.

Le soir, quelques amis se présentèrent pour la féliciter et pour la plaindre; elle devait être si chagrine de n'avoir plus sa nièce! C'était fort bien, d'ailleurs, aux jeunes mariés de s'être mis en voyage; plus tard, les embarras, les enfants surviennent! Mais l'Italie ne répondait pas à l'idée qu'on s'en faisait. Après cela, ils étaient dans l'âge des illusions! et puis la lune de miel embellissait tout! Les deux derniers qui restèrent furent M. de Grémonville et Frédéric. Le diplomate ne voulait pas s'en aller. Enfin, à minuit, il se leva. Mme Dambreuse fit signe à Frédéric de partir avec lui et le remercia de cette obéissance par une pression de main plus suave que tout le reste.

La Maréchale poussa un cri de joie en le revoyant. Elle l'attendait depuis cinq heures. Il donna pour excuse une démarche indispensable dans l'intérêt de Deslauriers. Sa figure avait un air de triomphe, une auréole, dont Rosanette fut éblouie.

«C'est peut-être à cause de ton habit noir qui te va bien; mais je ne t'ai jamais trouvé si beau! Comme tu es beau!»

Dans un transport de sa tendresse, elle se jura intérieurement de ne plus appartenir à d'autres, quoi qu'il advînt, quand elle devrait crever de misère!

Ses jolis yeux humides pétillaient d'une passion tellement puissante, que Frédéric l'attira sur ses genoux, et il se dit: «Quelle canaille je fais!» en s'applaudissant de sa perversité.

IV

M. Dambreuse, quand Deslauriers se présenta chez lui, songeait à raviver sa grande affaire de houilles. Mais cette fusion de toutes les compagnies en une seule était mal vue; on criait au monopole, comme s'il ne fallait pas, pour de telles exploitations, d'immenses capitaux!

Deslauriers, qui venait de lire exprès l'ouvrage de Gobet et les articles de M. Chappe dans le *Journal des Mines*, connaissait la question parfaitement. Il démontra que la loi de 1810 établissait au profit du concessionnaire un droit impermutable. D'ailleurs, on pouvait donner à l'entreprise une couleur démocratique: empêcher les réunions houillères était un attentat contre le principe même d'association.

M. Dambreuse lui confia des notes pour rédiger un mémoire. Quant à la manière dont il payerait son travail, il fit des promesses d'autant meilleures qu'elles n'étaient pas précises.

Deslauriers s'en revint chez Frédéric et lui rapporta la conférence. De plus, il avait vu Mme Dambreuse au bas de l'escalier, comme il sortait.

«Je t'en fais mes compliments, saprelotte!»

Puis ils causèrent de l'élection. Il y avait quelque chose à inventer.

Trois jours après, Deslauriers reparut avec une feuille d'écriture destinée aux journaux et qui était une lettre familière, où M. Dambreuse approuvait la candidature de leur ami. Soutenue par un conservateur et prônée par un rouge, elle devait réussir. Comment le capitaliste signait-il une pareille élucubration? L'avocat, sans le moindre embarras, de lui-même avait été la montrer à Mme Dambreuse, qui, la trouvant fort bien, s'était chargée du reste.

Cette démarche surprit Frédéric. Il l'approuva cependant; puis, comme Deslauriers s'aboucherait avec M. Roque, il lui conta sa position vis-à-vis de Louise.

«Dis-leur tout ce que tu voudras, que mes affaires sont troubles; je les arrangerai; elle est assez jeune pour attendre.»

Deslauriers partit, et Frédéric se considéra comme un homme très fort. Il éprouvait, d'ailleurs, un assouvissement, une satisfaction profonde. Sa joie de posséder une femme riche n'était gâtée par aucun contraste; le sentiment s'harmonisait avec le milieu. Sa vie, maintenant, avait des douceurs partout.

La plus exquise, peut-être, était de contempler Mme Dambreuse, entre plusieurs personnes, dans son salon. La convenance de ses manières le faisait rêver à d'autres attitudes; pendant qu'elle causait d'un ton froid, il se rappelait ses mots d'amour balbutiés; tous les respects pour sa vertu le délectaient comme un hommage retournant vers lui, et il avait parfois des envies de s'écrier: «Mais je la connais mieux que vous! Elle est à moi!»

Leur liaison ne tarda pas à être une chose convenue, acceptée. Mme Dambreuse, durant tout l'hiver, traîna Frédéric dans le monde.

Il arrivait presque toujours avant elle, et il la voyait entrer, les bras nus, l'éventail à la main, des perles dans les cheveux. Elle s'arrêtait sur le seuil (le linteau de la porte l'entourait comme un cadre) et elle avait un léger mouvement d'indécision, en clignant les paupières, pour découvrir s'il était là. Elle le ramenait dans sa voiture; la pluie fouettait les vasistas; les passants, tels que des ombres, s'agitaient dans la boue; et, serrés l'un contre l'autre, ils apercevaient tout cela confusément, avec un dédain tranquille. Sous des prétextes différents, il restait encore une bonne heure dans sa chambre.

C'était par ennui surtout que Mme Dambreuse avait cédé. Mais cette dernière épreuve ne devait pas être perdue. Elle voulait un grand amour, et elle se mit à le combler d'adulations et de caresses.

Elle lui envoyait des fleurs; elle lui fit une chaise en tapisserie; elle lui donna un porte-cigares, une écritoire, mille petites choses d'un usage quotidien, pour qu'il n'eût pas une action indépendante de son souvenir. Ces prévenances le charmèrent d'abord et bientôt lui parurent toutes simples.

Elle montait dans un fiacre, le renvoyait à l'entrée d'un passage, sortait par l'autre bout; puis, se glissant le long des murs, avec un double voile sur le visage, elle atteignait la rue où Frédéric en sentinelle lui prenait le bras vivement pour la conduire dans sa maison. Ses deux domestiques se promenaient, le portier faisait des courses; elle jetait les yeux tout à l'entour; rien à craindre! et elle poussait comme un soupir d'exilé qui revoit sa patrie. La chance les enhardit. Leurs rendez-vous se multiplièrent. Un soir même, elle se présenta tout à coup en grande toilette de bal. Ces surprises pouvaient être dangereuses; il la blâma de son imprudence; elle lui déplut, du reste. Son corsage ouvert découvrait trop sa poitrine maigre.

Il reconnut alors ce qu'il s'était caché, la désillusion de ses sens. Il n'en feignait pas moins de grandes ardeurs; mais pour les ressentir, il lui fallait évoquer l'image de Rosanette ou de Mme Arnoux.

Cette atrophie sentimentale lui laissait la tête entièrement libre, et plus que jamais il ambitionnait une haute position dans le monde. Puisqu'il avait un marchepied pareil, c'était bien le moins qu'il s'en servît.

Vers le milieu de janvier, un matin, Sénécal entra dans son cabinet et, à son exclamation d'étonnement, répondit qu'il était secrétaire de Deslauriers.

Il lui apportait même une lettre. Elle contenait de bonnes nouvelles et le blâmait cependant de sa négligence; il fallait venir là-bas.

Le futur député dit qu'il se mettrait en route le surlendemain.

Sénécal n'exprima pas d'opinion sur cette candidature. Il parla de sa personne et des affaires du pays.

Si lamentables qu'elles fussent, elles le réjouissaient; car on marchait au communisme. D'abord, l'Administration y menait d'elle-même, puisque, chaque jour, il y avait plus de choses régies par le gouvernement. Quant à la propriété, la Constitution de 48, malgré ses faiblesses, ne l'avait pas ménagée; au nom de l'utilité publique, l'État pouvait prendre désormais ce qu'il jugeait lui convenir. Sénécal se déclara pour l'autorité, et Frédéric aperçut dans ses discours l'exagération de ses propres paroles à Deslauriers. Le républicain tonna même contre l'insuffisance des masses.

«Robespierre, en défendant le droit du petit nombre, amena Louis XVI devant la Convention nationale et sauva le peuple. La fin des choses les rend légitimes. La dictature est quelquefois indispensable. Vive la tyrannie, pourvu que le tyran fasse le bien!»

Leur discussion dura longtemps, et, comme il s'en allait, Sénécal avoua (c'était le but de sa visite peut-être) que Deslauriers s'impatientait beaucoup du silence de M. Dambreuse.

Mais M. Dambreuse était malade. Frédéric le voyait tous les jours, sa qualité d'intime le faisait admettre près de lui.

La révocation du général Changarnier avait ému extrêmement le capitaliste. Le soir même, il fut pris d'une grande chaleur dans la poitrine, avec une oppression à ne pouvoir se tenir couché. Des sangsues amenèrent un soulagement immédiat. La toux sèche disparut, la respiration devint plus calme; et, huit jours après, il dit en avalant un bouillon:

«Ah! ça va mieux! Mais j'ai manqué faire le grand voyage!

—Pas sans moi!» s'écria Mme Dambreuse, notifiant par ce mot qu'elle n'aurait pu lui survivre.

Au lieu de répondre, il étala sur elle et sur son amant un singulier sourire, où il y avait à la fois de la résignation, de l'indulgence, de l'ironie, et même comme une pointe, un sous-entendu presque gai.

Frédéric voulut partir pour Nogent, Mme Dambreuse s'y opposa, et il défaisait et refaisait tour à tour ses paquets, selon les alternatives de la maladie.

Tout à coup, M. Dambreuse cracha le sang abondamment. «Les princes de la science», consultés, n'avisèrent à rien de nouveau. Ses jambes enflaient, et la faiblesse augmentait. Il avait témoigné plusieurs fois le désir de voir Cécile, qui était à l'autre bout de la France avec son mari, nommé receveur depuis un mois. Il ordonna expressément qu'on la fît venir. Mme Dambreuse écrivit trois lettres et les lui montra.

Sans se fier même à la religieuse, elle ne le quittait pas d'une seconde, ne se couchait plus. Les personnes qui se faisaient inscrire chez le concierge s'informaient d'elle avec admiration, et les passants étaient saisis de respect devant la quantité de paille qu'il y avait dans la rue sous les fenêtres.

Le 12 février, à cinq heures, une hémoptysie effrayante se déclara. Le médecin de garde dit le danger. On courut vite chez un prêtre.

Pendant la confession de M. Dambreuse, Madame le regardait de loin curieusement. Après quoi, le jeune docteur posa un vésicatoire et attendit.

La lumière des lampes, masquée par des meubles, éclairait la chambre inégalement. Frédéric et Mme Dambreuse, au pied de la couche, observaient le moribond. Dans l'embrasure d'une croisée, le prêtre et le médecin causaient à demi-voix; la bonne sœur, à genoux, marmottait des prières.

Enfin, un râle s'éleva. Les mains se refroidissaient, la face commençait à pâlir. Quelquefois, il tirait tout à coup une aspiration énorme; elles devinrent de plus en plus rares; deux ou trois paroles confuses lui échappèrent; il exhala un petit souffle en même temps qu'il tournait ses yeux, et la tête retomba de côté sur l'oreiller.

Tous, pendant une minute, restèrent immobiles.

Mme Dambreuse s'approcha; et, sans effort, avec la simplicité du devoir, elle lui ferma les paupières.

Puis elle écarta les deux bras, en se tordant la taille comme dans le spasme d'un désespoir contenu, et sortit de l'appartement, appuyée sur le médecin et la religieuse. Un quart d'heure après, Frédéric monta dans sa chambre.

On y sentait une odeur indéfinissable, émanation des choses délicates qui l'emplissaient. Au milieu du lit, une robe noire s'étalait, tranchant sur le couvre-pied rose.

Mme Dambreuse était au coin de la cheminée, debout. Sans lui supposer de violents regrets, il la croyait un peu triste, et d'une voix dolente:

«Tu souffres?

—Moi? Non, pas du tout.»

Comme elle se retournait, elle aperçut la robe, l'examina; puis elle lui dit de ne pas se gêner.

«Fume si tu veux! Tu es chez moi!»

Et avec un grand soupir:

«Ah! sainte Vierge! quel débarras!»

Frédéric fut étonné de l'exclamation. Il reprit en lui baisant la main:

«On était libre pourtant!»

Cette allusion à l'aisance de leurs amours parut blesser Mme Dambreuse.

«Eh! tu ne sais pas les services que je lui rendais, ni dans quelles angoisses j'ai vécu!

—Comment?

—Mais oui! Était-ce une sécurité que d'avoir toujours près de soi cette bâtarde, une enfant introduite dans la maison au bout de cinq ans de ménage, et qui, sans moi, bien sûr, l'aurait amené à quelque sottise?»

Alors, elle expliqua ses affaires. Ils s'étaient mariés sous le régime de la séparation. Son patrimoine était de trois cent mille francs. M. Dambreuse, par leur contrat, lui avait assuré, en cas de survivance, quinze mille livres de rente avec la propriété de l'hôtel. Mais, peu de temps après, il avait fait un testament où il lui donnait toute sa fortune; et elle l'évaluait, autant qu'il était possible de le savoir maintenant, à plus de trois millions.

Frédéric ouvrit de grands yeux.

«Ça en valait la peine, n'est-ce pas? J'y ai contribué, du reste! C'était mon bien que je défendais; Cécile m'aurait dépouillée injustement.

—Pourquoi n'est-elle pas venue voir son père?» dit Frédéric.

A cette question, Mme Dambreuse le considère; puis, d'un ton sec:

«Je n'en sais rien! Faute de cœur, sans doute! Oh! je la connais! Aussi elle n'aura pas de moi une obole!»

Elle n'était guère gênante, du moins depuis son mariage.

«Ah! son mariage!» fit en ricanant Mme Dambreuse.

Et elle s'en voulait d'avoir trop bien traité cette pécore-là, qui était jalouse, intéressée, hypocrite. «Tous les défauts de son père!» Elle le dénigrait de plus en plus. Personne d'une fausseté aussi profonde, impitoyable d'ailleurs, dur comme un caillou, «un mauvais homme, un mauvais homme».

Il échappe des fautes, même aux plus sages. Mme Dambreuse venait d'en faire une, par ce débordement de haine. Frédéric, en face d'elle, dans une bergère, réfléchissait, scandalisé.

Elle se leva, se mit doucement sur ses genoux.

«Toi seul es bon! Il n'y a que toi que j'aime!»

En le regardant, son cœur s'amollit, une réaction nerveuse lui amena des larmes aux paupières, et elle murmura:

«Veux-tu m'épouser?»

Il crut d'abord n'avoir pas compris. Cette richesse l'étourdissait. Elle répéta plus haut:

«Veux-tu m'épouser?»

Enfin, il dit en souriant:

«Tu en doutes?»

Puis une pudeur le prit, et, pour faire au défunt une sorte de réparation, il s'offrit à le veiller lui-même. Mais comme il avait honte de ce pieux sentiment, il ajouta d'un ton dégagé:

«Ce serait peut-être plus convenable.»

—Oui, peut-être bien, dit-elle, à cause des domestiques!»

On avait tiré le lit complètement hors de l'alcôve. La religieuse était au pied, et au chevet se tenait un prêtre, un autre, un grand homme maigre, l'air espagnol et fanatique. Sur la table de nuit, couverte d'une serviette blanche, trois flambeaux brûlaient.

Frédéric prit une chaise et regarda le mort.

Son visage était jaune comme de la paille; un peu d'écume sanguinolente marquait les coins de sa bouche. Il avait un foulard autour du crâne, un gilet de tricot, et un crucifix d'argent sur la poitrine, entre ses bras croisés.

Elle était finie, cette existence pleine d'agitation! Combien n'avait-il pas fait de courses dans les bureaux, aligné de chiffres, tripoté d'affaires, entendu de rapports! Que de boniments, de sourires, de courbettes! Car il avait acclamé Napoléon, les Cosaques, Louis XVIII, 1830, les ouvriers, tous les régimes, chérissant le pouvoir d'un tel amour, qu'il aurait payé pour se vendre.

Mais il laissait le domaine de la Fortelle, trois manufactures en Picardie, le bois de Crancé dans l'Yonne, une ferme près d'Orléans, des valeurs mobilières considérables.

Frédéric fit ainsi la récapitulation de sa fortune, et elle allait pourtant lui appartenir! Il songea d'abord à «ce qu'on dirait», à un cadeau pour sa mère, à ses futurs attelages, à un vieux cocher de sa famille, dont il voulait faire le concierge. La livrée ne serait plus la même naturellement. Il prendrait le grand salon comme cabinet de travail. Rien n'empêchait, en abattant trois murs, d'avoir, au second étage, une galerie de tableaux. Il y avait moyen peut-être d'organiser en bas une salle de bains turcs. Quant au bureau de M. Dambreuse, pièce déplaisante, à quoi pouvait-elle servir?

Le prêtre qui venait à se moucher, ou la bonne sœur arrangeant le feu, interrompait brutalement ces imaginations. Mais la réalité les confirmait; le cadavre était toujours là. Ses paupières s'étaient rouvertes; et les pupilles, bien que noyées dans des ténèbres visqueuses, avaient une expression énigmatique, intolérable. Frédéric croyait y voir comme un jugement porté sur lui; et il sentait presque un remords, car il n'avait jamais eu à se plaindre de cet homme, qui, au contraire... «Allons donc! un vieux misérable!» et il le considérait de plus près, pour se raffermir, en lui criant mentalement:

«Eh bien, quoi? Est-ce que je t'ai tué?»

Cependant le prêtre lisait son bréviaire; la religieuse, immobile, sommeillait; les mèches des trois flambeaux s'allongeaient.

On entendit, pendant deux heures, le roulement sourd des charrettes défilant vers les Halles. Les carreaux blanchirent, un fiacre passa, puis une compagnie d'ânesses qui trottinaient sur le pavé, et des coups de marteau, des cris de vendeurs ambulants, des éclats de trompette; tout déjà se confondait dans la grande voix de Paris qui s'éveille.

Frédéric se mit en courses. Il se transporta premièrement à la mairie pour faire la déclaration; puis, quand le médecin des morts eut donné un certificat, il revint à la mairie dire quel cimetière la famille choisissait, et pour s'entendre avec le bureau des pompes funèbres.

L'employé exhiba un dessin et un programme, l'un indiquant les diverses classes d'enterrement, l'autre le détail complet du décor. Voulait-on un char avec galerie ou un char avec panaches, des tresses aux chevaux, des aigrettes aux valets, des initiales ou un blason, des lampes funèbres, un homme pour porter les honneurs, et combien de voitures? Frédéric fut large; Mme Dambreuse tenait à ne rien ménager.

Puis, il se rendit à l'église.

Le vicaire des convois commença par blâmer l'exploitation des pompes funèbres; ainsi l'officier pour les pièces d'honneur était vraiment inutile; beaucoup de cierges valait mieux! On convint d'une messe basse relevée de musique. Frédéric signa ce qui était convenu, avec obligation solidaire de payer tous les frais.

Il alla ensuite à l'Hôtel de Ville pour l'achat du terrain. Une concession de deux mètres en longueur sur un de largeur coûtait cinq cents francs. Était-ce une concession mi-séculaire ou perpétuelle?

«Oh! perpétuelle!» dit Frédéric!

Il prenait la chose au sérieux, se donnait du mal. Dans la cour de l'hôtel, un marbrier l'attendait pour lui montrer des devis et plans de tombeaux grecs, égyptiens, mauresques; mais l'architecte de la maison en avait déjà conféré avec Madame; et, sur la table, dans le vestibule, il y avait toute sorte de prospectus relatifs au nettoyage des matelas, à la désinfection des chambres, à divers procédés d'embaumement.

Après son dîner, il retourna chez le tailleur pour le deuil des domestiques et il dut faire une dernière course, car il avait commandé des gants de castor, et c'étaient des gants de filoselle qui convenaient.

Quand il arriva le lendemain, à dix heures, le grand salon s'emplissait de monde, et presque tous, en s'abordant d'un air mélancolique, disaient:

«Moi qui l'ai encore vu il y a un mois! Mon Dieu! c'est notre sort à tous!

—Oui, mais tâchons que ce soit le plus tard possible!»

Alors, on poussait un petit rire de satisfaction, et même on engageait des dialogues parfaitement étrangers à la circonstance. Enfin, le maître des cérémonies, en habit noir à la française et culotte courte, avec manteau, pleureuses, brette au côté et tricorne sous le bras, articula, en saluant, les mots d'usage:

«Messieurs, quand il vous fera plaisir.» On partit.

C'était jour de marché aux fleurs sur la place de la Madeleine. Il faisait un temps clair et doux, et la brise, qui secouait un peu les baraques de toile, gonflait, par les bords, l'immense drap noir accroché sur le portail. L'écusson de M. Dambreuse, occupant un carré de velours, s'y répétait trois fois. Il était *de sable au senestrochère d'or, à poing fermé, ganté d'argent*, avec la couronne de comte et cette devise: *Par toutes voies.*

Les porteurs montèrent jusqu'au haut de l'escalier le lourd cercueil, et l'on entra.

Les six chapelles, l'hémicycle et les chaises étaient tendus de noir. Le catafalque, au bas du chœur, formait avec ses grands cierges un seul foyer de lumières jaunes. Aux deux angles, sur des candélabres, des flammes d'esprit-de-vin brûlaient.

Les plus considérables prirent place dans le sanctuaire, les autres dans la nef; et l'office commença.

A part quelques-uns, l'ignorance religieuse de tous était si profonde, que le maître des cérémonies, de temps à autre, leur faisait signe de se lever, de s'agenouiller, de se rasseoir. L'orgue et deux contre-basses alternaient avec les voix; dans les intervalles de silence, on entendait le marmottement du prêtre à l'autel; puis la musique et les chants reprenaient.

Un jour mat tombait des trois coupoles; mais la porte ouverte envoyait horizontalement comme un fleuve de clarté blanche qui frappait toutes les têtes nues; et dans l'air, à mi-hauteur du vaisseau, flottait une ombre, pénétrée par le reflet des ors décorant la nervure des pendentifs et le feuillage des chapiteaux.

Frédéric, pour se distraire, écouta le *Dies iræ*; il considérait les assistants, tâchait de voir les peintures trop élevées qui représentent la vie de Madeleine. Heureusement, Pellerin vint se mettre près de lui et commença tout de suite, à propos de fresques, une longue dissertation. La cloche tinta. On sortit de l'église.

Le corbillard, orné de draperies pendantes et de hauts plumets, s'achemina vers le Père-Lachaise, tiré par quatre chevaux noirs ayant des tresses dans la crinière, des panaches sur la tête, et qu'enveloppaient jusqu'aux sabots de larges caparaçons brodés d'argent. Leur cocher, en bottes à l'écuyère, portait un chapeau à trois cornes avec un long crêpe retombant. Les cordons étaient tenus par quatre personnages: un questeur de la Chambre des députés, un membre du conseil général de l'Aube, un délégué des houilles,—et Fumichon, comme ami. La calèche du défunt et douze voitures de deuil suivaient. Les conviés, par derrière, emplissaient le milieu du boulevard.

Pour voir tout cela, les passants s'arrêtaient; des femmes, leur marmot entre les bras, montaient sur des chaises, et des gens qui prenaient des chopes dans les cafés apparaissaient aux fenêtres, une queue de billard à la main.

La route était longue, et—comme dans les repas de cérémonie où l'on est réservé d'abord, puis expansif—la tenue générale se relâcha bientôt. On ne causait que du refus d'allocation fait par la Chambre au Président. M. Piscatory s'était montré trop acerbe, Montalembert, «magnifique, comme d'habitude», et MM. Chambolle, Pidoux, Creton, enfin toute la commission, auraient dû suivre peut-être l'avis de MM. Quentin-Bauchart et Dufour.

Ces entretiens continuèrent dans la rue de la Roquette, bordée par des boutiques, où l'on ne voit que des chaînes en verre de couleur et des rondelles noires couvertes de dessins et de lettres d'or,—ce qui les fait ressembler à des grottes pleines de stalactites et à des magasins de faïence. Mais, devant la grille du cimetière, tout le monde instantanément se tut.

Les tombes se levaient au milieu des arbres, colonnes brisées, pyramides, temples, dolmens, obélisques, caveaux étrusques à porte de bronze. On apercevait dans quelques-uns des espèces de boudoirs funèbres, avec des fauteuils rustiques et des pliants. Des toiles d'araignée pendaient comme des haillons aux chaînettes des urnes, et de la poussière couvrait les bouquets à rubans de satin et les crucifix. Partout, entre les balustres, sur les tombeaux, des couronnes d'immortelles et des chandeliers, des vases, des fleurs des disques noirs rehaussés de lettres d'or, des statuettes de plâtre: petits garçons et petites demoiselles ou petits anges tenus en l'air par un fil de laiton; plusieurs même ont un toit de zinc sur la tête. D'énormes câbles en verre filé, noir, blanc et azur, descendent du haut des stèles jusqu'au pied des dalles, avec de longs replis, comme des boas. Le soleil, frappant dessus, les faisait scintiller entre les croix de bois noir;—et le corbillard s'avançait dans les grands chemins, qui sont pavés comme les rues d'une ville. De temps à autre, les essieux claquaient. Des femmes à genoux, la robe traînant dans l'herbe, parlaient doucement aux morts. Des fumignons blanchâtres sortaient de la verdure des ifs. C'étaient des offrandes abandonnées, des débris que l'on brûlait.

La fosse de M. Dambreuse était dans le voisinage de Manuel et de Benjamin Constant. Le terrain dévale, en cet endroit, par une pente abrupte. On a sous les pieds des sommets d'arbres verts; plus loin, des cheminées de pompes à feu, puis toute la grande ville.

Frédéric put admirer le paysage pendant qu'on prononçait les discours.

Le premier fut au nom de la Chambre des députés, le deuxième au nom du conseil général de l'Aube, le troisième au nom de la Société houillère de Saône-et-Loire, le quatrième au nom de la Société d'agriculture de l'Yonne, et il y en eut un autre, au nom d'une Société philanthropique. Enfin, on s'en allait, lorsqu'un inconnu se mit à lire un sixième discours, au nom de la Société des antiquaires d'Amiens.

Et tous profitèrent de l'occasion pour tonner contre le socialisme, dont M. Dambreuse était mort victime. C'était le spectacle de l'anarchie et son dévouement à l'ordre qui avait abrégé ses jours. On exalta ses lumières, sa probité, sa générosité et même son mutisme comme représentant du peuple, car, s'il n'était pas orateur, il possédait en revanche ces qualités solides, mille fois préférables, etc., avec tous les mots qu'il faut dire: «Fin prématurée,— regrets éternels;—l'autre patrie,—adieu, ou plutôt non, au revoir!»

La terre, mêlée de cailloux, retomba, et il ne devait plus en être question dans le monde.

On en parla encore un peu en descendant le cimetière et on ne se gênait pas pour l'apprécier. Hussonnet, qui devait rendre compte de l'enterrement dans les journaux, reprit même, en blague, tous les discours;—car enfin le bonhomme Dambreuse avait été un des *potdevinistes* les plus distingués du dernier règne. Puis les voitures de deuil reconduisirent les bourgeois à leurs affaires. La cérémonie n'avait pas duré trop longtemps; on s'en félicitait.

Frédéric, fatigué, rentra chez lui.

Quand il se présenta le lendemain à l'hôtel Dambreuse, on l'avertit que Madame travaillait en bas, dans le bureau. Les cartons, les tiroirs étaient ouverts pêle-mêle, les livres de comptes jetés de droite et de gauche; un rouleau de paperasses ayant pour titre: «Recouvrements désespérés», traînait par terre; il manqua tomber dessus et le ramassa. Mme Dambreuse disparaissait ensevelie dans le grand fauteuil.

«Eh bien? Où êtes-vous donc? qu'y a-t-il?»

Elle se leva d'un bond.

«Ce qu'il y a? Je suis ruinée, ruinée! entends-tu?»

M. Adolphe Langlois, le notaire, l'avait fait venir en son étude et lui avait communiqué un testament, écrit par son mari avant leur mariage. Il léguait tout à Cécile, et l'autre testament était perdu. Frédéric devint très pâle. Sans doute elle avait mal cherché.

«Mais regarde donc!» dit Mme Dambreuse, en lui montrant l'appartement.

Les deux coffres-forts bâillaient, défoncés à coups de merlin, et elle avait retourné le pupitre, fouillé les placards, secoué les paillassons, quand, tout à coup, poussant un cri aigu, elle se précipita dans un angle où elle venait d'apercevoir une petite boîte à serrure de cuivre; elle l'ouvrit, rien!

«Ah! le misérable! Moi qui l'ai soigné avec tant de dévouement!»

Puis elle éclata en sanglots.

«Il est peut-être ailleurs? dit Frédéric.

—Eh non! Il était là! dans ce coffre-fort. Je l'ai vu dernièrement. Il est brûlé! j'en suis certaine!»

Un jour, au commencement de sa maladie, M. Dambreuse était descendu pour donner des signatures.

«C'est alors qu'il aura fait le coup!»

Et elle retomba sur une chaise, anéantie. Une mère en deuil n'est pas plus lamentable près d'un berceau vide que ne l'était Mme Dambreuse devant les coffres-forts béants. Enfin sa douleur—malgré la bassesse du motif—semblait tellement profonde, qu'il tâcha de la consoler en lui disant qu'après tout, elle n'était pas réduite à la misère.

«C'est la misère, puisque je ne puis pas t'offrir une grande fortune!»

Elle n'avait plus que trente mille livres de rente, sans compter l'hôtel, qui en valait de dix-huit à vingt, peut-être.

Bien que ce fût de l'opulence pour Frédéric, il n'en ressentait pas moins une déception. Adieu ses rêves, et toute la grande vie qu'il aurait menée! L'honneur le forçait à épouser Mme Dambreuse. Il réfléchit une minute; puis, d'un air tendre:

«J'aurai toujours ta personne!»

Elle se jeta dans ses bras, et il la serra contre sa poitrine, avec un attendrissement où il y avait un peu d'admiration pour lui-même. Mme Dambreuse, dont les larmes ne coulaient plus, releva sa figure, toute rayonnante de bonheur, et, lui prenant la main:

«Ah! je n'ai jamais douté de toi! J'y comptais!»

Cette certitude anticipée de ce qu'il regardait comme une belle action déplut au jeune homme.

Puis elle l'emmena dans sa chambre, et ils firent des projets. Frédéric devait songer maintenant à se pousser. Elle lui donna même sur sa candidature d'admirables conseils.

Le premier point était de savoir deux ou trois phrases d'économie politique. Il fallait prendre une spécialité, comme les haras, par exemple, écrire plusieurs mémoires sur une question d'intérêt local, avoir toujours à sa disposition des bureaux de poste ou de tabac, rendre une foule de petits services. M. Dambreuse s'était montré là-dessus un vrai modèle. Ainsi, une fois à la campagne, il avait fait arrêter son char à bancs, plein d'amis, devant l'échoppe d'un savetier, avait pris pour ses hôtes douze paires de chaussures, et pour lui des bottes épouvantables—qu'il eut même l'héroïsme de porter durant quinze jours. Cette anecdote les rendit gais. Elle en conta d'autres, et avec un revif de grâce, de jeunesse et d'esprit.

Elle approuva son idée d'un voyage immédiat à Nogent. Leurs adieux furent tendres; puis, sur le seuil, elle murmura encore une fois:

«Tu m'aimes, n'est-ce pas?

—Éternellement!» répondit-il.

Un commissionnaire l'attendait chez lui avec un mot au crayon, le prévenant que Rosanette allait accoucher. Il avait eu tant d'occupations depuis quelques jours, qu'il n'y pensait plus. Elle s'était mise dans un établissement spécial, à Chaillot.

Frédéric prit un fiacre et partit.

Au coin de la rue de Marbeuf, il lut sur une planche en grosses lettres: «Maison de santé et d'accouchement tenue par Mme Alessandri, sage-femme de première classe, ex-élève de la Maternité, auteur de divers ouvrages, etc.» Puis, au milieu de la rue, sur la porte, une petite porte bâtarde, l'enseigne répétait (sans le mot accouchement): «Maison de santé de Mme Alessandri», avec tous ses titres.

Frédéric donna un coup de marteau.

Une femme de chambre, à tournure de soubrette, l'introduisit dans le salon, orné d'une table en acajou, de fauteuils en velours grenat, et d'une pendule sous globe.

Presque aussitôt, Madame parut. C'était une grande brune de quarante ans, la taille mince, de beaux yeux, l'usage du monde. Elle apprit à Frédéric l'heureuse délivrance de la mère et le fit monter dans sa chambre.

Rosanette se mit à sourire ineffablement; et, comme submergée sous les flots d'amour qui l'étouffaient, elle dit d'une voix basse:

«Un garçon, là, là» en désignant près de son lit une barcelonnette.

Il écarta les rideaux et aperçut, au milieu des linges, quelque chose d'un rouge jaunâtre, extrêmement ridé, qui sentait mauvais et vagissait.

«Embrasse-le!»

Il répondit, pour cacher sa répugnance:

«Mais j'ai peur de lui faire mal!

—Non! non!»

Alors, il baisa, du bout des lèvres, son enfant.

«Comme il te ressemble!»

Et, de ses deux bras faibles, elle se suspendit à son cou, avec une effusion de sentiment qu'il n'avait jamais vue.

Le souvenir de Mme Dambreuse lui revint. Il se reprocha comme une monstruosité de trahir ce pauvre être, qui aimait et souffrait dans toute la franchise de sa nature. Pendant plusieurs jours, il lui tint compagnie jusqu'au soir.

Elle se trouvait heureuse dans cette maison discrète; les volets de la façade restaient même constamment fermés; sa chambre, tendue en perse claire, donnait sur un grand jardin; Mme Alessandri, dont le seul défaut était de citer comme intimes les médecins illustres, l'entourait d'attentions; ses compagnes, presque toutes des demoiselles de la province, s'ennuyaient beaucoup, n'ayant personne qui vînt les voir; Rosanette s'aperçut qu'on l'enviait, et le dit à Frédéric avec fierté. Il fallait parler bas cependant; les cloisons étaient minces et tout le monde se tenait aux écoutes, malgré le bruit continuel des pianos.

Il allait enfin partir pour Nogent, quand il reçut une lettre de Deslauriers.

Deux candidats nouveaux se présentaient, l'un conservateur, l'autre rouge; un troisième, quel qu'il fût, n'avait pas de chances. C'était la faute de Frédéric; il avait laissé passer le bon moment, il aurait dû venir plus tôt, se remuer. «On ne t'a même pas vu aux comices agricoles!» L'avocat le blâmait de n'avoir aucune attache dans les journaux. «Ah! si tu avais suivi autrefois mes conseils! Si nous avions une feuille publique à nous!» Il insistait là-dessus. Du reste, beaucoup de personnes qui auraient voté en sa faveur, par considération pour M. Dambreuse, l'abandonneraient maintenant. Deslauriers était de ceux-là. N'ayant plus rien à attendre du capitaliste, il lâchait son protégé.

Frédéric porta sa lettre à Mme Dambreuse.

«Tu n'as donc pas été à Nogent? dit-elle.

—Pourquoi?

—C'est que j'ai vu Deslauriers il y a trois jours.»

Sachant la mort de son mari, l'avocat était venu rapporter des notes sur les houilles et lui offrir ses services comme homme d'affaires. Cela parut étrange à Frédéric, et que faisait son ami là-bas?

Mme Dambreuse voulut savoir l'emploi de son temps depuis leur séparation.

«J'ai été malade, répondit-il.

—Tu aurais dû me prévenir, au moins.

—Oh! cela n'en valait pas la peine»; d'ailleurs, il avait eu une foule de dérangements, des rendez-vous, des visites.

Il mena dès lors une existence double, couchant religieusement chez la Maréchale et passant l'après-midi chez Mme Dambreuse, si bien qu'il lui restait à peine, au milieu de la journée, une heure de liberté.

L'enfant était à la campagne, à Andilly. On allait le voir toutes les semaines.

La maison de la nourrice se trouvait sur la hauteur du village, au fond d'une petite cour, sombre comme un puits, avec de la paille par terre, des poules çà et là, une charrette à légumes sous le hangar. Rosanette commençait par baiser frénétiquement son poupon; et, prise d'une sorte de délire, allait et venait, essayait de traire la chèvre, mangeait du gros pain, aspirait l'odeur du fumier, voulait en mettre un peu dans son mouchoir.

Puis ils faisaient de grandes promenades; elle entrait chez les pépiniéristes, arrachait les branches de lilas qui pendaient en dehors des murs, criait: «Hue, bourriquet!» aux ânes traînant une carriole, s'arrêtait à contempler, par la grille, l'intérieur des beaux jardins; ou bien la nourrice prenait l'enfant, on le posait à l'ombre sous un noyer; et les deux femmes débitaient, pendant des heures, d'assommantes niaiseries.

Frédéric, près d'elles, contemplait les carrés de vignes sur les pentes du terrain, avec la touffe d'un arbre de place en place, les sentiers poudreux pareils à des rubans grisâtres, les maisons étalant dans la verdure des taches blanches et rouges; et, quelquefois, la fumée d'une locomotive allongeait horizontalement, au pied des collines couvertes de feuillages, comme une gigantesque plume d'autruche dont le bout léger s'envolait.

Puis ses yeux retombaient sur son fils. Il se le figurait jeune homme, il en ferait son compagnon; mais ce serait peut-être un sot, un malheureux à coup sûr. L'illégalité de sa naissance l'opprimerait toujours; mieux aurait valu pour lui ne pas naître, et Frédéric murmurait: «Pauvre enfant!» le cœur gonflé d'une incompréhensible tristesse.

Souvent, ils manquaient le dernier départ. Alors, Mme Dambreuse le grondait de son inexactitude. Il lui faisait une histoire.

Il fallait en inventer aussi pour Rosanette. Elle ne comprenait pas à quoi il employait toutes ses soirées; et, quand on envoyait chez lui il n'y était jamais! Un jour, comme il s'y trouvait, elles apparurent presque à la fois. Il fit sortir la Maréchale et cacha Mme Dambreuse, en disant que sa mère allait arriver.

Bientôt ces mensonges le divertirent; il répétait à l'une le serment qu'il venait de faire à l'autre, leur envoyait deux bouquets semblables, leur écrivait en même temps, puis établissait entre elles des comparaisons;—il y en avait une troisième toujours présente à sa pensée. L'impossibilité de l'avoir le justifiait de ses perfidies, qui avivaient le plaisir, en y mettant de l'alternance; et plus il avait trompé n'importe laquelle des deux, plus elle l'aimait, comme si leurs amours se fussent échauffées réciproquement et que, dans une sorte d'émulation, chacune eût voulu lui faire oublier l'autre.

«Admire ma confiance! lui dit un jour Mme Dambreuse, en dépliant un papier, où on la prévenait que M. Moreau vivait conjugalement avec une certaine Rose Bron. Est-ce la demoiselle des courses, par hasard?

—Quelle absurdité! reprit-il. Laisse-moi voir.» La lettre, écrite en caractères romains, n'était pas signée. Mme Dambreuse, au début, avait toléré cette maîtresse qui couvrait leur adultère. Mais, sa passion devenant plus forte, elle avait exigé une rupture, chose faite depuis longtemps, selon Frédéric; et, quand il eut fini ses protestations, elle répliqua, tout en clignant ses paupières où brillait un regard pareil à la pointe d'un stylet sous de la mousseline:

«Eh bien, et l'autre?

—Quelle autre?

—La femme du faïencier!»

Il leva les épaules dédaigneusement. Elle n'insista pas.

Mais, un mois plus tard, comme ils parlaient d'honneur et de loyauté, et qu'il vantait la sienne (d'une manière incidente, par précaution), elle lui dit:

«C'est vrai, tu es honnête, tu n'y retournes plus.»

Frédéric, qui pensait à la Maréchale, balbutia:

«Où donc?

—Chez Mme Arnoux.»

Il la supplia de lui avouer d'où elle tenait ce renseignement. C'était par sa couturière en second, Mme Regimbart.

Ainsi, elle connaissait sa vie, et lui ne savait rien de la sienne!

Cependant il avait découvert dans son cabinet de toilette la miniature d'un monsieur à longues moustaches: était-ce le même sur lequel on lui avait conté autrefois une vague histoire de suicide? Mais il n'existait aucun moyen d'en savoir davantage! A quoi bon, du reste? Les cœurs des femmes sont comme ces petits meubles à secret, pleins de tiroirs emboîtés les uns dans les autres; on se donne du mal, on se casse les ongles, et on trouve au fond quelque fleur desséchée, des brins de poussière—ou le vide! Et puis, il craignait peut-être d'en trop apprendre.

Elle lui faisait refuser les invitations où elle ne pouvait se rendre avec lui, le tenait à ses côtés, avait peur de le perdre; et, malgré cette union chaque jour plus grande, tout à coup des abîmes se découvraient entre eux, à propos de choses insignifiantes, l'appréciation d'une personne, d'une œuvre d'art.

Elle avait une façon de jouer du piano, correcte et dure. Son spiritualisme (Mme Dambreuse croyait à la transmigration des âmes dans les étoiles) ne l'empêchait pas de tenir sa caisse admirablement. Elle était hautaine avec ses gens; ses yeux restaient secs devant les haillons des pauvres. Un égoïsme ingénu éclatait dans ses locutions ordinaires: «Qu'est-ce que cela me fait? je serais bien bonne! est-ce que j'ai besoin!» et mille petites actions inanalysables, odieuses. Elle aurait écouté derrière les portes; elle devait mentir à son confesseur. Par esprit de domination, elle voulut que Frédéric l'accompagnât le dimanche à l'église. Il obéit et porta le livre.

La perte de son héritage l'avait considérablement changée. Ces marques d'un chagrin qu'on attribuait à la mort de M. Dambreuse la rendaient intéressante; et, comme autrefois, elle recevait beaucoup de monde. Depuis l'insuccès électoral de Frédéric, elle ambitionnait pour eux deux une délégation en Allemagne; aussi la première chose à faire était de se soumettre aux idées régnantes.

Les uns désiraient l'Empire, d'autres les Orléans, d'autres le comte de Chambord; mais tous s'accordaient sur l'urgence de la décentralisation, et plusieurs moyens étaient proposés, tels que ceux-ci: couper Paris en une foule de grandes rues afin d'y établir des villages, transférer à Versailles le siège du gouvernement, mettre à Bourges les écoles, supprimer les bibliothèques, confier tout aux généraux de division;—et on exaltait les campagnes, l'homme illettré ayant naturellement plus de sens que les autres! Les haines foisonnaient: haine contre les instituteurs primaires et contre les marchands de vin, contre les classes de philosophie, contre les cours d'histoire, contre les romans, les gilets rouges, les barbes longues, contre toute indépendance, toute manifestation individuelle; car il fallait «relever le principe d'autorité», qu'elle s'exerçât au nom de n'importe qui, qu'elle vînt de n'importe où, pourvu que ce fût la force, l'autorité! Les conservateurs parlaient maintenant comme Sénécal. Frédéric ne comprenait plus, et il retrouvait chez son ancienne maîtresse les mêmes propos, débités par les mêmes hommes.

Les salons des filles (c'est de ce temps-là que date leur importance) étaient un terrain neutre, où les réactionnaires de bords différents se rencontraient. Hussonnet, qui se livrait au dénigrement des gloires contemporaines (bonne chose pour la restauration de l'ordre), inspira l'envie à Rosanette d'avoir, comme une autre, ses soirées; il en ferait des comptes rendus, et il amena d'abord un homme sérieux, Fumichon; puis parurent Nonancourt, M. de Grémonville, le sieur de Larsillois, ex-préfet, et Cisy, qui était maintenant agronome, bas Breton et plus que jamais chrétien.

Il venait, en outre, d'anciens amants de la Maréchale, tels que le baron de Comaing, le comte de Jumillac et quelques autres; la liberté de leurs allures blessait Frédéric.

Afin de se poser comme le maître, il augmenta le train de la maison. Alors, on prit un groom, on changea de logement, et on eut un mobilier nouveau. Ces dépenses étaient inutiles pour faire paraître son mariage moins disproportionné à sa fortune. Aussi diminuait-elle effroyablement;—et Rosanette ne comprenait rien à tout cela!

Bourgeoise déclassée, elle adorait la vie de ménage, un petit intérieur paisible. Cependant elle était contente d'avoir «un jour»; disait: «Ces femmes-là!» en parlant de ses pareilles; voulait être «une dame du monde», s'en croyait une. Elle le pria de ne plus fumer dans le salon, essaya de lui faire faire maigre, par bon genre.

Elle mentait à son rôle enfin, car elle devenait sérieuse et même, avant de se coucher, montrait toujours un peu de mélancolie, comme il y a des cyprès à la porte d'un cabaret.

Il en découvrit la cause: elle rêvait mariage,—elle aussi! Frédéric en fut exaspéré. D'ailleurs, il se rappelait son apparition chez Mme Arnoux, et puis il lui gardait rancune pour sa longue résistance.

Il n'en cherchait pas moins quels avaient été ses amants. Elle les niait tous. Une sorte de jalousie l'envahit. Il s'irrita des cadeaux qu'elle avait reçus, qu'elle recevait;—et, à mesure que le fond même de sa personne l'agaçait davantage, un goût des sens âpre et bestial l'entraînait vers elle, illusions d'une minute qui se résolvaient en haine.

Ses paroles, sa voix, son sourire, tout vint à lui déplaire, ses regards surtout, cet œil de femme éternellement limpide et inepte. Il s'en trouvait tellement excédé quelquefois, qu'il l'aurait vue mourir sans émotion. Mais comment se fâcher? Elle était d'une douceur désespérante.

Deslauriers reparut et expliqua son séjour à Nogent en disant qu'il y marchandait une étude d'avoué. Frédéric fut heureux de le revoir; c'était quelqu'un! Il le mit en tiers dans leur compagnie.

L'avocat dînait chez eux de temps à autre, et, quand il s'élevait de petites contestations, se déclarait toujours pour Rosanette, si bien qu'une fois Frédéric lui dit:

«Eh! couche avec elle si ça t'amuse!» tant il souhaitait un hasard qui l'en débarrassât.

Vers le milieu du mois de juin, elle reçut un commandement où maître Athanase Gautherot, huissier, lui enjoignait de solder quatre mille francs dus à la demoiselle Clémence Vatnaz; sinon, qu'il viendrait le lendemain la saisir.

En effet, des quatre billets autrefois souscrits un seul était payé;— l'argent qu'elle avait pu avoir depuis lors ayant passé à d'autres besoins.

Elle courut chez Arnoux. Il habitait le faubourg Saint-Germain, et le portier ignorait la rue. Elle se transporta chez plusieurs amis, ne trouva personne et rentra désespérée. Elle ne voulait rien dire à Frédéric, tremblant que cette nouvelle histoire ne fît du tort à son mariage.

Le lendemain matin, Me Athanase Gautherot se présenta, flanqué de deux acolytes, l'un blême, à figure chafouine, l'air dévoré d'envie, l'autre portant un faux-col et des sous-pieds très tendus, avec un délot de taffetas noir à l'index;—et tous deux, ignoblement sales, avaient des cols gras, des manches de redingote trop courtes.

Leur patron, un fort bel homme, au contraire, commença par s'excuser de sa mission pénible, tout en regardant l'appartement, «plein de jolies choses, ma parole d'honneur»! Il ajouta «outre celles qu'on ne peut saisir». Sur un geste, les deux recors disparurent.

Alors, ses compliments redoublèrent. Pouvait-on croire qu'une personne aussi... charmante n'eût pas d'ami sérieux! Une vente par autorité de justice était un véritable malheur! On ne s'en relève jamais. Il tâcha de l'effrayer, puis, la voyant émue, prit subitement un ton paterne. Il connaissait le monde, il avait eu affaire à toutes ces dames; et, en les nommant, il examinait les cadres sur les murs. C'étaient d'anciens tableaux du brave Arnoux, des esquisses de Sombaz, des aquarelles de Burieu, trois paysages de Dittmer. Rosanette n'en savait pas le prix, évidemment. Maître Gautherot se tourna vers elle:

«Tenez! Pour vous montrer que je suis un bon garçon, faisons-une chose: cédez-moi ces Dittmer-là! et je paye tout. Est-ce convenu?»

A ce moment, Frédéric, que Delphine avait instruit dans l'antichambre et qui venait de voir les deux praticiens, entra le chapeau sur la tête, d'un air brutal. Maître Gautherot reprit sa dignité, et comme la porte était restée ouverte:

«Allons, messieurs, écrivez! Dans la seconde pièce, nous disons: une table de chêne, avec ses deux rallonges, deux buffets...»

Frédéric l'arrêta, demandant s'il n'y avait pas quelque moyen d'empêcher la saisie.

«Oh! parfaitement! Qui a payé les meubles?

—Moi.

—Eh bien, formulez une revendication; c'est toujours du temps que vous aurez devant vous.»

Maître Gautherot acheva vivement ses écritures, et, dans le même procès-verbal, assigna en référé Mlle Bron, puis se retira.

Frédéric ne fit pas un reproche. Il contemplait, sur le tapis, les traces de boue laissées par les chaussures des praticiens; et, se parlant à lui-même:

«Il va falloir chercher de l'argent!

—Ah! mon Dieu, que je suis bête!» dit la Maréchale.

Elle fouilla dans un tiroir, prit une lettre et s'en alla vivement à la Société d'éclairage du Languedoc, afin d'obtenir le transfert de ses actions.

Elle revint une heure après. Les titres étaient vendus à un autre! Le commis lui avait répondu en examinant son papier, la promesse écrite par Arnoux:

«Cet acte ne vous constitue nullement propriétaire. La Compagnie ne connaît pas cela.» Bref, il l'avait congédiée, elle en suffoquait; et Frédéric devait se rendre à l'instant même chez Arnoux, pour éclaircir la chose.

Mais Arnoux croirait peut-être qu'il venait pour recouvrer indirectement les quinze mille francs de son hypothèque perdue; et puis cette réclamation à un homme qui avait été l'amant de sa maîtresse lui semblait une turpitude. Choisissant un moyen terme, il alla prendre à l'hôtel Dambreuse l'adresse de Mme Regimbart, envoya chez elle un commissionnaire et connut ainsi le café que hantait maintenant le citoyen.

C'était un petit café sur la place de la Bastille, où il se tenait toute la journée, dans le coin de droite, au fond, ne bougeant pas plus que s'il avait fait partie de l'immeuble.

Après avoir passé successivement par la demi-tasse, le grog, le bischof, le vin chaud et même l'eau rougie, il était revenu à la bière et, de demi-heure en demi-heure, laissait tomber ce mot: «Bock!» ayant réduit son langage à l'indispensable. Frédéric lui demanda s'il voyait quelquefois Arnoux.

«Non!

—Tiens, pourquoi?

—Un imbécile!»

La politique peut-être les séparait, et Frédéric crut bien faire de s'informer de Compain.

«Quelle brute! dit Regimbart.

—Comment cela?

—Sa tête de veau!

—Ah! apprenez-moi ce que c'est que la tête de veau!»

Regimbart eut un sourire de pitié.

«Des bêtises!»

Frédéric, après un long silence, reprit:

«Il a donc changé de logement?

—Qui?

—Arnoux!

—Oui: rue de Fleurus!

—Quel numéro?

—Est-ce que je fréquente les jésuites!

—Comment, jésuites!»

Le citoyen répondit, furieux:

«Avec l'argent d'un patriote que je lui ai fait connaître, ce cochon-là s'est établi marchand de chapelets!

—Pas possible!

—Allez-y voir!»

Rien de plus vrai; Arnoux, affaibli par une attaque, avait tourné à la religion; d'ailleurs, «il avait toujours eu un fonds de religion», et (avec l'alliage de mercantilisme et d'ingénuité qui lui était naturel), pour faire son salut et sa fortune, il s'était mis dans le commerce des objets religieux.

Frédéric n'eut pas de mal à découvrir son établissement, dont l'enseigne portait: «*Aux arts gothiques.*—Restauration du culte.—Ornements d'église.—Sculpture polychrome.—Encens des rois mages, etc.»

Aux deux coins de la vitrine s'élevaient deux statues en bois, bariolées d'or, de cinabre et d'azur; un saint Jean-Baptiste avec sa peau de mouton, et une sainte Geneviève, des roses dans son tablier et une quenouille sous son bras; puis des groupes en plâtre; une bonne sœur instruisant une petite fille, une mère à genoux près d'une couchette, trois collégiens devant la sainte table. Le plus joli était une manière de chalet figurant l'intérieur de la crèche avec l'âne, le bœuf et l'enfant Jésus étalé sur de la paille, de la vraie paille. Du haut en bas des étagères, on voyait des médailles à la douzaine, des chapelets de toute espèce, des bénitiers en forme de coquille, et les portraits des gloires ecclésiastiques, parmi lesquelles brillaient Mgr Affre et notre Saint-Père, tous deux souriant.

Arnoux, à son comptoir, sommeillait la tête basse. Il était prodigieusement vieilli, avait même autour des tempes une couronne de boutons roses, et le reflet des croix d'or frappées par le soleil tombait dessus.

Frédéric, devant cette décadence, fut pris de tristesse. Par dévouement pour la Maréchale, il se résigna cependant et il s'avançait; au fond de la boutique, Mme Arnoux parut; alors, il tourna les talons.

«Je ne l'ai pas trouvé», dit-il en rentrant.

Et il eut beau répondre qu'il allait écrire tout de suite à son notaire du Havre pour avoir de l'argent, Rosanette s'emporta. On n'avait jamais vu un homme si faible, si mollasse; pendant qu'elle endurait mille privations, les autres se gobergeaient.

Frédéric songeait à la pauvre Mme Arnoux, se figurant la médiocrité navrante de son intérieur. Il s'était mis au secrétaire; et, comme la voix aigre de Rosanette continuait:

«Ah! au nom du ciel, tais-toi!

—Vas-tu les défendre, par hasard?

—Eh bien oui! s'écria-t-il, car d'où vient cet acharnement?

—Mais toi, pourquoi ne veux-tu pas qu'ils payent? C'est dans la peur d'affliger ton ancienne, avoue-le!»

Il eut envie de l'assommer avec la pendule; les paroles lui manquèrent. Il se tut. Rosanette, tout en marchant dans la chambre, ajouta:

«Je vais lui flanquer un procès, à ton Arnoux. Oh! je n'ai pas besoin de toi!» et, pinçant les lèvres: «Je consulterai.»

Trois jours après, Delphine entra brusquement.

«Madame, madame, il y a là un homme avec un pot de colle qui me fait peur.»

Rosanette passa dans la cuisine et vit un chenapan, la face criblée de petite vérole, paralytique d'un bras, aux trois quarts ivre et bredouillant.

C'était l'afficheur de maître Gautherot. L'opposition à la saisie ayant été repoussée, la vente, naturellement, s'ensuivait.

Pour sa peine d'avoir monté l'escalier, il réclama d'abord un petit verre;—puis il implora une autre faveur, à savoir des billets de spectacle, croyant que Madame était une actrice. Il fut ensuite plusieurs minutes à faire des clignements d'yeux incompréhensibles; enfin, il déclara que, moyennant quarante sous il déchirerait les coins de l'affiche déjà posée en bas, contre la porte. Rosanette s'y trouvait désignée par son nom, rigueur exceptionnelle qui marquait toute la haine de la Vatnaz.

Elle avait été sensible autrefois, et même, dans une peine de cœur, avait écrit à Béranger pour en obtenir un conseil. Mais elle s'était aigrie sous les bourrasques de l'existence, ayant tour à tour donné des leçons de piano, présidé une table d'hôte, collaboré à des journaux de modes, sous-loué des appartements, fait le trafic des dentelles dans le monde des femmes légères,—où ses relations lui permirent d'obliger beaucoup de personnes, Arnoux entre autres. Elle avait travaillé auparavant dans une maison de commerce.

Elle y soldait les ouvrières, et il y avait pour chacune d'elles deux livres, dont l'un restait toujours entre ses mains. Dussardier, qui tenait par obligeance celui d'une nommée Hortense Baslin, se présenta un jour à la caisse au moment où Mlle Vatnaz apportait le compte de cette fille, 1,682 francs, que le caissier lui paya. Or, la veille même, Dussardier n'en avait inscrit que 1,082 sur le livre de la Baslin. Il le redemanda sous un prétexte; puis, voulant ensevelir cette histoire de vol, lui conta qu'il l'avait perdu. L'ouvrière redit naïvement son mensonge à Mlle Vatnaz; celle-ci, pour en avoir le cœur net, d'un air indifférent, vint en parler au brave commis. Il se contenta de répondre: «Je l'ai brûlé»; ce fut tout. Elle quitta la maison peu de temps après, sans croire à l'anéantissement du livre, et s'imaginant que Dussardier le gardait.

A la nouvelle de sa blessure, elle était accourue chez lui dans l'intention de le reprendre. Puis, n'ayant rien découvert, malgré les perquisitions les plus fines, elle avait été saisie de respect, et bientôt d'amour, pour ce garçon, si loyal, si doux, si héroïque et si fort! Une pareille bonne fortune à son âge était inespérée. Elle se jeta dessus avec un appétit d'ogresse,—et elle en avait abandonné la littérature, le socialisme, «des doctrines consolantes et les utopies généreuses», le cours qu'elle professait sur la *Désubalternisation de la femme*, tout, Delmar lui-même; enfin, elle offrit à Dussardier de s'unir par un mariage.

Bien qu'elle fût sa maîtresse, il n'en était nullement amoureux. D'ailleurs, il n'avait pas oublié son vol. Puis elle était trop riche. Il la refusa. Alors, elle lui dit, en pleurant, les rêves qu'elle avait faits: c'était d'avoir à eux deux un magasin de confection. Elle possédait les premiers fonds indispensables, qui s'augmenteraient de quatre mille francs la semaine prochaine; et elle narra ses poursuites contre la Maréchale.

Dussardier en fut chagrin, à cause de son ami. Il se rappelait le porte-cigares offert au corps de garde, les soirs du quai Napoléon, tant de bonnes causeries, de livres prêtés, les mille complaisances de Frédéric. Il pria la Vatnaz de se désister.

Elle le railla de sa bonhomie, en manifestant contre Rosanette une exécration incompréhensible; elle ne souhaitait même la fortune que pour l'écraser plus tard avec son carrosse.

Ces abîmes de noirceur effrayèrent Dussardier; et, quand il sut positivement le jour de la vente, il sortit. Dès le lendemain matin, il entrait chez Frédéric avec une contenance embarrassée.

«J'ai des excuses à vous faire.

—De quoi donc?

—Vous devez me prendre pour un ingrat, moi dont elle est... Il balbutiait. Oh! je ne la verrai plus, je ne serai pas son complice! Et, l'autre le regardant tout surpris: Est-ce qu'on ne va pas, dans trois jours, vendre les meubles de votre maîtresse?

—Qui vous a dit cela?

—Elle-même, la Vatnaz! Mais j'ai peur de vous offenser...

—Impossible, cher ami!

—Ah! c'est vrai? vous êtes si bon!»

Et il lui tendit, d'une main discrète, un petit portefeuille de basane.

C'était quatre mille francs, toutes ses économies.

«Comment! Ah! non!—non!...

—Je savais bien que je vous blesserais, répliqua Dussardier, avec une larme au bord des yeux.

Frédéric lui serra la main, et le brave garçon reprit d'une voix dolente:

«Acceptez-les! Faites-moi ce plaisir-là! Je suis tellement désespéré! Est-ce que tout n'est pas fini, d'ailleurs? J'avais cru, quand la révolution est arrivée, qu'on serait heureux. Vous rappelez-vous comme c'était beau! comme on respirait bien! Mais nous voilà retombés pire que jamais.»

Et, fixant ses yeux à terre:

«Maintenant, ils tuent notre république, comme ils ont tué l'autre, la romaine! et la pauvre Venise, la pauvre Pologne, la pauvre Hongrie! Quelles abominations! D'abord, on a abattu les arbres de la liberté, puis restreint le droit de suffrage, fermé les clubs, rétabli la censure et livré renseignement aux prêtres, en attendant l'Inquisition. Pourquoi pas? Des conservateurs nous souhaitent bien les Cosaques! On condamne les journaux quand ils parlent contre la peine de mort; Paris regorge de baïonnettes, seize départements sont en état de siège;—et l'amnistie qui est encore une fois repoussée!»

Il se prit le front à deux mains; puis, écartant les bras comme dans une grande détresse:

«Si on tâchait cependant, si on était de bonne foi, on pourrait s'entendre! Mais non! Les ouvriers ne valent pas mieux que les bourgeois, voyez-vous! A Elbeuf, dernièrement, ils ont refusé leur secours dans un incendie. Des misérables traitent Barbès d'aristocrate! Pour qu'on se moque du peuple, ils veulent nommer à la présidence Nadaud, un maçon, je vous demande un peu! Et il n'y a pas de moyen! pas de remède! Tout le monde est contre nous!—Moi, je n'ai jamais fait de mal; et, pourtant, c'est comme un poids qui me pèse sur l'estomac. J'en deviendrai fou, si ça continue. J'ai envie de me faire tuer. Je vous dis que je n'ai pas besoin de mon argent! Vous me le rendrez, parbleu! je vous le prête.»

Frédéric, que la nécessité contraignait, finit par prendre ses quatre mille francs. Ainsi, du côté de la Vatnaz, ils n'avaient plus d'inquiétude.

Mais Rosanette perdit bientôt son procès contre Arnoux, et, par entêtement, voulait en appeler.

Deslauriers s'exténuait à lui faire comprendre que la promesse d'Arnoux ne constituait ni une donation ni une cession régulière; elle n'écoutait même pas, trouvant la loi injuste; c'est parce qu'elle était une femme, les hommes se soutenaient entre eux! A la fin, cependant, elle suivit ses conseils.

Il se gênait si peu dans la maison, que plusieurs fois il amena Sénécal y dîner. Ce sans-façon déplut à Frédéric, qui lui avançait de l'argent, le faisait même habiller par son tailleur; et l'avocat donnait ses vieilles redingotes au socialiste, dont les moyens d'existence étaient inconnus.

Il aurait voulu servir Rosanette cependant. Un jour qu'elle lui montrait douze actions de la Compagnie du kaolin (cette entreprise qui avait fait condamner Arnoux à trente mille francs), il lui dit:

«Mais c'est véreux! c'est superbe!»

Elle avait le droit de l'assigner pour le remboursement de ses créances. Elle prouverait d'abord qu'il était tenu solidairement à payer tout le passif de la Compagnie, puisqu'il avait déclaré comme dettes collectives des dettes personnelles, enfin qu'il avait diverti plusieurs effets à la Société.

«Tout cela le rend coupable de banqueroute frauduleuse, articles 586 et 587 du Code de commerce; et nous l'emballerons, soyez-en sûre, ma mignonne.»

Rosanette lui sauta au cou. Il la recommanda le lendemain à son ancien patron, ne pouvant s'occuper lui-même du procès, car il avait besoin à Nogent; Sénécal lui écrirait en cas d'urgence.

Ses négociations pour l'achat d'une étude étaient un prétexte. Il passait son temps chez M. Roque, où il avait commencé non seulement par faire l'éloge de leur ami, mais par l'imiter d'allures et de langage autant que possible;—ce qui lui avait obtenu la confiance de Louise, tandis qu'il gagnait celle de son père en se déchaînant contre Ledru-Rollin.

Si Frédéric ne revenait pas, c'est qu'il fréquentait le grand monde; et peu à peu Deslauriers leur apprit qu'il aimait quelqu'un, qu'il avait un enfant, qu'il entretenait une créature.

Le désespoir de Louise fut immense, l'indignation de Mme Moreau non moins forte. Elle voyait son fils tourbillonnant vers le fond d'un gouffre vague, était blessée dans sa religion des convenances et en éprouvait comme un déshonneur personnel, quand tout à coup sa physionomie changea. Aux questions qu'on lui faisait sur Frédéric, elle répondait d'un air narquois:

«Il va bien, très bien.»

Elle savait son mariage avec Mme Dambreuse.

L'époque en était fixée, et même il cherchait comment faire avaler la chose à Rosanette.

Vers le milieu de l'automne, elle gagna son procès relatif aux actions de kaolin. Frédéric l'apprit en rencontrant à sa porte Sénécal, qui sortait de l'audience.

On avait reconnu M. Arnoux complice de toutes les fraudes, et l'ex-répétiteur avait un tel air de s'en réjouir, que Frédéric l'empêcha d'aller plus loin, en assurant qu'il se chargeait de sa commission près de Rosanette. Il entra chez elle la figure irritée.

«Eh bien, te voilà contente!»

Mais, sans remarquer ces paroles:

«Regarde donc!»

Et elle lui montra son enfant couché dans un berceau, près du feu. Elle l'avait trouvé si mal le matin chez sa nourrice, qu'elle l'avait ramené à Paris.

Tous ses membres étaient maigris extraordinairement et ses lèvres couvertes de points blancs, qui faisaient dans l'intérieur de sa bouche comme des caillots de lait.

«Qu'a dit le médecin?

—Ah! le médecin! Il prétend que le voyage a augmenté son... je ne sais plus, un nom en *ite*... enfin qu'il a le muguet. Connais-tu cela?»

Frédéric n'hésita pas à répondre: «Certainement», ajoutant que ce n'était rien.

Mais dans la soirée, il fut effrayé par l'aspect débile de l'enfant et le progrès de ces taches blanchâtres, pareilles à de la moisissure, comme si la vie, abandonnant déjà ce pauvre petit corps, n'eût laissé qu'une matière où la végétation poussait. Ses mains étaient froides; il ne pouvait plus boire maintenant; et la nourrice, une autre que le portier avait été prendre au hasard dans un bureau, répétait:

«Il me paraît bien bas, bien bas!»

Rosanette fut debout toute la nuit.

Le matin, elle alla trouver Frédéric.

«Viens donc voir. Il ne remue plus.»

En effet, il était mort. Elle le prit, le secoua, l'étreignait en l'appelant des noms les plus doux, le couvrait de baisers et de sanglots, tournait sur elle-même éperdue, s'arrachait les cheveux, poussait des cris;—et se laissa tomber au bord du divan, où elle restait la bouche ouverte, avec un flot de larmes tombant de ses yeux fixes. Puis une torpeur la gagna, et tout devint tranquille dans l'appartement. Les meubles étaient renversés. Deux ou trois serviettes traînaient. Six heures sonnèrent. La veilleuse s'éteignit.

Frédéric, en regardant tout cela, croyait presque rêver. Son cœur se serrait d'angoisse. Il lui semblait que cette mort n'était qu'un commencement, et qu'il y avait par derrière un malheur plus considérable près de survenir.

Tout à coup Rosanette dit d'une voix tendre:

«Nous le conserverons, n'est-ce pas?»

Elle désirait le faire embaumer. Bien des raisons s'y opposaient. La meilleure, selon Frédéric, c'est que la chose était impraticable sur des enfants si jeunes. Un portrait valait mieux. Elle adopta cette idée. Il écrivit un mot à Pellerin, et Delphine courut le porter.

Pellerin arriva promptement, voulant effacer par ce zèle tout souvenir de sa conduite. Il dit d'abord:

«Pauvre petit ange! Ah! mon Dieu, quel malheur!»

Mais, peu à peu (l'artiste en lui l'emportant), il déclara qu'on ne pouvait rien faire avec ces yeux bistrés, cette face livide, que c'était une véritable nature morte, qu'il faudrait beaucoup de talent; et il murmurait:

«Oh! pas commode, pas commode!»

—Pourvu que ce soit ressemblant, objecta Rosanette.

—Eh! je me moque de la ressemblance! A bas le réalisme! C'est l'esprit qu'on peint! Laissez-moi! Je vais tâcher de me figurer ce que ça devait être.»

Il réfléchit, le front dans la main gauche, le coude dans la droite; puis, tout à coup:

«Ah! une idée! un pastel! Avec des demi-teintes colorées, passées presque à plat, on peut obtenir un beau modelé, sur les bords seulement.»

Il envoya la femme de chambre chercher sa boîte; puis, ayant une chaise sous les pieds et une autre près de lui, il commença à jeter de grands traits, aussi calme que s'il eût travaillé d'après la bosse. Il vantait les petits saint Jean de Corrège, l'infante Rose de Vélasquez, les chairs lactées de Reynolds, la distinction de Lawrence, et surtout l'enfant aux longs cheveux qui est sur les genoux de lady Gower.

«D'ailleurs, peut-on rien trouver de plus charmant que ces crapauds-là! Le type du sublime (Raphaël l'a prouvé par ses madones), c'est peut-être une mère avec son enfant?»

Rosanette, qui suffoquait, sortit; et Pellerin dit aussitôt:

«Eh bien, Arnoux!... vous savez ce qui arrive?

—Non! Quoi?

—Ça devait finir comme ça, du reste!

—Qu'est-ce donc?

—Il est peut-être maintenant... Pardon!»

L'artiste se leva pour exhausser la tête du petit cadavre.

«Vous disiez... reprit Frédéric.»

Et Pellerin, tout en clignant pour mieux prendre ses mesures:

«Je disais que notre ami Arnoux est peut-être maintenant coffré!»

Puis, d'un ton satisfait:

«Regardez un peu! Est-ce ça?

—Oui, très bien! Mais Arnoux?»

Pellerin déposa son crayon.

«D'après ce que j'ai pu comprendre, il se trouve poursuivi par un certain Mignot, un intime de Regimbart, une bonne tête, celui-là, hein? Quel idiot! Figurez-vous qu'un jour...

—Eh! il ne s'agit pas de Regimbart!

—C'est vrai. Eh bien, Arnoux, hier au soir, devait trouver douze mille francs, sinon, il était perdu.

—Oh! c'est peut-être exagéré, dit Frédéric.

—Pas le moins du monde! Ça m'avait l'air grave, très grave!»

Rosanette, à ce moment, reparut avec des rougeurs sous les paupières, ardentes comme des plaques de fard. Elle se mit près du carton et regarda. Pellerin fit signe qu'il se taisait à cause d'elle. Mais Frédéric, sans y prendre garde:

«Cependant je ne peux pas croire...

—Je vous répète que je l'ai rencontré hier, dit l'artiste, à sept heures du soir, rue Jacob. Il avait même son passeport, par précaution, et il parlait de s'embarquer au Havre, lui et toute sa smala.

—Comment! Avec sa femme?

—Sans doute! Il est trop bon père de famille pour vivre tout seul.

—Et vous en êtes sûr?...

—Parbleu! Où voulez-vous qu'il ait trouvé douze mille francs?»

Frédéric fit deux ou trois tours dans la chambre. Il haletait, se mordait les lèvres, puis saisit son chapeau.

«Où vas-tu donc? dit Rosanette.

Il ne répondit pas et disparut.

V

Il fallait douze mille francs, ou bien il ne reverrait plus Mme Arnoux; et, jusqu'à présent, un espoir invincible lui était resté. Est-ce qu'elle ne faisait pas comme la substance de son cœur, le fond même de sa vie? Il fut pendant quelques minutes à chanceler sur le trottoir, se rongeant d'angoisses, heureux néanmoins de n'être plus chez l'autre.

Où avoir de l'argent? Frédéric savait par lui-même combien il est difficile d'en obtenir tout de suite, à n'importe quel prix. Une seule personne pouvait l'aider, Mme Dambreuse. Elle gardait toujours dans son secrétaire plusieurs billets de banque. Il alla chez elle, et d'un ton hardi:

«As-tu douze mille francs à me prêter?

—Pourquoi?»

C'était le secret d'un autre. Elle voulait le connaître. Il ne céda pas. Tous deux s'obstinaient. Enfin, elle déclara ne rien donner, avant de savoir dans quel but. Frédéric devint très rouge. Un de ses camarades avait commis un vol. La somme devait être restituée aujourd'hui même.

«Tu l'appelles? Son nom? Voyons, son nom?

—Dussardier!»

Et il se jeta à ses genoux, en la suppliant de n'en rien dire.

«Quelle idée as-tu de moi? reprit Mme Dambreuse. On croirait que tu es le coupable. Finis donc tes airs tragiques! Tiens, les voilà! et grand bien lui fasse!»

Il courut chez Arnoux. Le marchand n'était pas dans sa boutique. Mais il logeait toujours rue Paradis, car il possédait deux domiciles.

Rue Paradis le portier jura que M. Arnoux était absent depuis la veille; quant à Madame, il n'osait rien dire; et Frédéric, ayant monté l'escalier comme une flèche, colla son oreille contre la serrure. Enfin on ouvrit. Madame était partie avec Monsieur. La bonne ignorait quand ils reviendraient; ses gages étaient payés; elle-même s'en allait.

Tout à coup, un craquement de porte se fit entendre.

«Mais il y a quelqu'un?

—Oh! non, monsieur! c'est le vent.»

Alors, il se retira. N'importe! une disparition si prompte avait quelque chose d'inexplicable.

Regimbart, étant l'intime de Mignot, pouvait peut-être l'éclairer? Et Frédéric se fit conduire chez lui, à Montmartre, rue de l'Empereur.

Sa maison était flanquée d'un jardinet clos par une grille que bouchaient des plaques de fer. Un perron de trois marches relevait la façade blanche, et en passant sur le trottoir, on apercevait les deux pièces du rez-de-chaussée, dont la première était un salon avec des robes partout sur les meubles, et la seconde l'atelier où se tenaient les ouvrières de Mme Regimbart.

Toutes étaient convaincues que Monsieur avait de grandes occupations, de grandes relations, que c'était un homme complètement hors ligne. Quand il traversait le couloir, avec son chapeau à bords retroussés, sa longue figure sérieuse et sa redingote verte, elles en interrompaient leur besogne. D'ailleurs, il ne manquait pas de leur adresser toujours quelque mot d'encouragement, une politesse sous forme de sentence;—et, plus tard, dans leur ménage, elles se trouvaient malheureuses parce qu'elles l'avaient gardé pour idéal.

Aucune cependant ne l'aimait comme Mme Regimbart, petite personne intelligente qui le faisait vivre avec son métier.

Dès que M. Moreau eut dit son nom, elle vint prestement le recevoir, sachant par les domestiques ce qu'il était à Mme Dambreuse. Son mari «rentrait à l'instant même»; et Frédéric, tout en la suivant, admira la tenue du logis et la profusion de toile cirée qu'il y avait. Puis il attendit quelques minutes dans une manière de bureau où le citoyen se retirait pour penser.

Son accueil fut moins rébarbatif que d'habitude.

Il conta l'histoire d'Arnoux. L'ex-fabricant de faïences avait enguirlandé Mignot, un patriote, possesseur de cent actions du *Siècle*, en lui démontrant qu'il fallait, au point de vue démocratique, changer la gérance et la rédaction du journal; et, sous prétexte de faire triompher son avis dans la prochaine assemblée des actionnaires, il lui avait demandé cinquante actions, en disant qu'il les repasserait à des amis sûrs, lesquels appuieraient son vote; Mignot n'aurait aucune responsabilité, ne se fâcherait avec personne; puis, le succès obtenu, il lui ferait avoir dans l'administration une bonne place, de cinq à six mille francs pour le moins. Les actions avaient été livrées. Mais Arnoux, tout de suite, les avait vendues et avec l'argent s'était associé à un marchand d'objets religieux. Là-dessus, réclamations de Mignot, lanternements d'Arnoux; enfin le patriote l'avait menacé d'une plainte en escroquerie, s'il ne restituait ses titres ou la somme équivalente: cinquante mille francs.

Frédéric eut l'air désespéré.

«Ce n'est pas tout, dit le citoyen. Mignot, qui est un brave homme, s'est rabattu sur le quart. Nouvelles promesses de l'autre, nouvelles farces naturellement. Bref, avant-hier matin, Mignot l'a sommé d'avoir à lui rendre dans les vingt-quatre heures, sans préjudice du reste, douze mille francs.»

«Mais je les ai!» dit Frédéric.

Le citoyen se retourna lentement:

«Blagueur!

—Pardon! Ils sont dans ma poche. Je les apportais.

—Comme vous y allez, vous! Nom d'un petit bonhomme! Du reste, il n'est plus temps; la plainte est déposée, et Arnoux parti.

—Seul?

—Non! avec sa femme. On les a rencontrés à la gare du Havre.»

Frédéric pâlit extraordinairement. Mme Regimbart crut qu'il allait s'évanouir. Il se contint et même il eut la force d'adresser deux ou trois questions sur l'aventure. Regimbart s'en attristait, tout cela en somme nuisant à la démocratie. Arnoux avait toujours été sans conduite et sans ordre.

«Une vraie tête de linotte! Il brûlait la chandelle par les deux bouts! Le cotillon l'a perdu! Ce n'est pas lui que je plains, mais sa pauvre femme!» car le citoyen admirait les femmes vertueuses et faisait grand cas de Mme Arnoux. «Elle a dû joliment souffrir!»

Frédéric lui sut gré de cette sympathie; et, comme s'il en avait reçu un service, il serra sa main avec effusion.

«As-tu fait toutes les courses nécessaires?» dit Rosanette en le revoyant.

Il n'en avait pas eu le courage, répondit-il, et avait marché au hasard, dans les rues, pour s'étourdir.

A huit heures, ils passèrent dans la salle à manger; mais ils restèrent silencieux l'un devant l'autre, poussaient par intervalle un long soupir et renvoyaient leur assiette. Frédéric but de l'eau-de-vie. Il se sentait tout délabré, écrasé, anéanti, n'ayant plus conscience de rien que d'une extrême fatigue.

Elle alla chercher le portrait. Le rouge, le jaune, le vert et l'indigo s'y heurtaient par taches violentes, en faisaient une chose hideuse, presque dérisoire.

D'ailleurs, le petit mort était méconnaissable maintenant. Le ton violacé de ses lèvres augmentait la blancheur de sa peau; les narines étaient encore plus minces, les yeux plus caves, et sa tête reposait sur un oreiller de taffetas bleu, entre des pétales de camélias, des roses d'automne et des violettes; c'était une idée de la femme de chambre; elles l'avaient ainsi arrangé toutes les deux dévotement. La cheminée, couverte d'une housse en guipure, supportait des flambeaux de vermeil espacés par des bouquets de buis bénit: aux coins, dans les deux vases, des pastilles du sérail brûlaient; tout cela formait avec le berceau une manière de reposoir, et Frédéric se rappela sa veillée près de M. Dambreuse.

Tous les quarts d'heure, à peu près, Rosanette ouvrait les rideaux pour contempler son enfant. Elle l'apercevait dans quelques mois d'ici, commençant à marcher, puis au collège au milieu de la cour, jouant aux barres; puis à vingt ans, jeune homme; et toutes ces images, qu'elle se créait, lui faisaient comme autant de fils qu'elle aurait perdus,—l'excès de la douleur multipliant sa maternité.

Frédéric, immobile dans l'autre fauteuil, pensait à Mme Arnoux.

Elle était en chemin de fer sans doute, le visage au carreau d'un wagon, et regardant la campagne s'enfuir derrière elle du côté de Paris, ou bien sur le pont d'un bateau à vapeur, comme la première fois qu'il l'avait rencontrée; mais celui-là s'en allait indéfiniment vers des pays d'où elle ne sortirait plus. Puis il la voyait dans une chambre d'auberge, avec des malles par terre, un papier de tenture en lambeaux, la porte qui tremblait au vent. Et après? que deviendrait-elle? Institutrice, dame de compagnie, femme de chambre peut-être? Elle était livrée à tous les hasards de la misère. Cette ignorance de son sort le torturait. Il aurait dû s'opposer à sa fuite ou partir derrière elle. N'était-il pas son véritable époux? Et, en songeant qu'il ne la retrouverait jamais, que c'était bien fini, qu'elle était irrévocablement perdue, il sentait comme un déchirement de tout son être; ses larmes accumulées depuis le matin débordèrent.

Rosanette s'en aperçut.

«Ah! tu pleures comme moi! Tu as du chagrin?

—Oui! oui! j'en ai!....»

Il la serra contre son cœur, et tous deux sanglotaient en se tenant embrassés.

Mme Dambreuse aussi pleurait, couchée sur son lit, à plat ventre, la tête dans ses mains.

Olympe Regimbart, étant venue le soir lui essayer sa première robe de couleur, avait conté la visite de Frédéric, et même qu'il tenait tout prêts douze mille francs destinés à M. Arnoux.

Ainsi cet argent, son argent à elle, était pour empêcher le départ de l'autre, pour se conserver une maîtresse?

Elle eut d'abord un accès de rage et elle avait résolu de le chasser comme un laquais. Des larmes abondantes la calmèrent. Il valait mieux tout renfermer, ne rien dire.

Frédéric, le lendemain, rapporta les douze mille francs.

Elle le pria de les garder, en cas de besoin, pour son ami, et elle l'interrogea beaucoup sur ce monsieur. Qui donc l'avait poussé à un tel abus de confiance? Une femme, sans doute! Les femmes vous entraînent à tous les crimes.

Ce ton de persiflage décontenança Frédéric. Il éprouvait un grand remords de sa calomnie. Ce qui le rassurait, c'est que Mme Dambreuse ne pouvait connaître la vérité.

Elle y mit de l'entêtement cependant; car, le surlendemain, elle s'informa encore de son petit camarade, puis d'un autre, de Deslauriers.

«Est-ce un homme sûr et intelligent?»

Frédéric le vanta.

«Priez-le de passer à la maison un de ces matins; je désirerais le consulter pour une affaire.»

Elle avait trouvé un rouleau de paperasses contenant des billets d'Arnoux parfaitement protestés, et sur lesquels Mme Arnoux avait mis sa signature. C'était pour ceux-là que Frédéric était venu une fois chez M. Dambreuse pendant son déjeuner; et, bien que le capitaliste n'eût pas voulu en poursuivre le recouvrement, il avait fait prononcer par le tribunal de commerce, non seulement la condamnation d'Arnoux, mais celle de sa femme, qui l'ignorait, son mari n'ayant pas jugé convenable de l'en avertir.

C'était une arme, cela! Mme Dambreuse n'en doutait pas. Mais son notaire lui conseillerait peut-être l'abstention; elle eût préféré quelqu'un d'obscur; et elle s'était rappelé ce grand diable, à mine impudente, qui lui avait offert ses services.

Frédéric fit naïvement sa commission.

L'avocat fut enchanté d'être mis en rapport avec une si grande dame.

Il accourut.

Elle le prévint que la succession appartenait à sa nièce, motif de plus pour liquider ces créances qu'elle rembourserait, tenant à accabler les époux Martinon des meilleurs procédés.

Deslauriers comprit qu'il y avait là-dessous un mystère; il y rêvait en considérant les billets. Le nom de Mme Arnoux, tracé par elle-même, lui remit devant les yeux toute sa personne et l'outrage qu'il en avait reçu. Puisque la vengeance s'offrait, pourquoi ne pas la saisir?

Il conseilla donc à Mme Dambreuse de faire vendre aux enchères les créances désespérées qui dépendaient de la succession. Un homme de paille les rachèterait en sous-main et exercerait les poursuites. Il se chargeait de fournir cet homme-là.

Vers la fin du mois de novembre, Frédéric, en passant dans la rue de Mme Arnoux, leva les yeux vers ses fenêtres et aperçut contre la porte une affiche, où il y avait en grosses lettres:

«Vente d'un riche mobilier, consistant en batterie de cuisine, linge de corps et de table, chemises, dentelles, jupons, pantalons, cachemires français et de l'Inde, piano d'Érard, deux bahuts de chêne Renaissance, miroirs de Venise, poteries de Chine et du Japon.»

«C'est leur mobilier!» se dit Frédéric, et le portier confirma ses soupçons.

Quant à la personne qui faisait vendre, il l'ignorait. Mais le commissaire-priseur, Me Berthelmot, donnerait peut-être des éclaircissements.

L'officier ministériel ne voulut point tout d'abord dire quel créancier poursuivait la vente. Frédéric insista. C'était un sieur Sénécal, agent d'affaires, et Me Berthelmot poussa même la complaisance jusqu'à prêter son journal des *Petites Affiches*.

Frédéric, en arrivant chez Rosanette, le jeta sur la table tout ouvert.

«Lis donc!

—Eh bien, quoi? dit-elle avec une figure tellement placide, qu'il en fut révolté.

—Ah! garde ton innocence!

—Je ne comprends pas.

—C'est toi qui fais vendre Mme Arnoux?»

Elle relut l'annonce.

«Où est son nom?

—Eh! c'est son mobilier! Tu le sais mieux que moi!

—Qu'est-ce que ça me fait? dit Rosanette en haussant les épaules.

—Ce que ça te fait? Mais tu te venges, voilà tout! C'est la suite de tes persécutions! Est-ce que tu ne l'as pas outragée jusqu'à venir chez elle! Toi, une fille de rien. La femme la plus sainte, la plus charmante et la meilleure! Pourquoi t'acharnes-tu à la ruiner?

—Tu te trompes, je t'assure!

—Allons donc! Comme si tu n'avais pas mis Sénécal en avant!

—Quelle bêtise!»

Alors, une fureur l'emporta.

«Tu mens! tu mens, misérable! Tu es jalouse d'elle! Tu possèdes une condamnation contre son mari! Sénécal s'est déjà mêlé de tes affaires! Il déteste Arnoux, vos deux haines s'entendent. J'ai vu sa joie quand tu as gagné ton procès pour le kaolin. Le nieras-tu, celui-là?

—Je te donne ma parole...

—Oh! je la connais, ta parole!»

Et Frédéric lui rappela ses amants par leurs noms, avec des détails circonstanciés. Rosanette, toute pâlissante, se reculait.

«Cela t'étonne! Tu me croyais aveugle parce que je fermais les yeux. J'en ai assez aujourd'hui! On ne meurt pas pour les trahisons d'une femme de ton espèce. Quand elles deviennent trop monstrueuses, on s'en écarte, ce serait se dégrader que de les punir!»

Elle se tordait les bras.

«Mon Dieu, qui est-ce donc qui l'a changé?

—Pas d'autres que toi-même!

—Et tout cela pour Mme Arnoux!...» s'écria Rosanette en pleurant.

Il reprit froidement:

«Je n'ai jamais aimé qu'elle!»

A cette insulte, ses larmes s'arrêtèrent.

«Ça prouve ton bon goût! Une personne d'un âge mûr, le teint couleur de réglisse, la taille épaisse, des yeux grands comme des soupiraux de cave, et vides comme eux! Puisque ça te plaît, va la rejoindre!

—C'est ce que j'attendais! Merci!»

Rosanette demeura immobile, stupéfiée par ces façons extraordinaires. Elle laissa même la porte se refermer; puis d'un bond elle le rattrapa dans l'antichambre, et l'entourant de ses bras:

«Mais tu es fou! tu es fou! c'est absurde! je t'aime! Elle le suppliait: Mon Dieu, au nom de notre petit enfant!

—Avoue que c'est toi qui as fait le coup!» dit Frédéric.

Elle protesta encore de son innocence.

«Tu ne veux pas avouer?

—Non!

—Eh bien, adieu! et pour toujours!

—Écoute-moi!»

Frédéric se retourna.

«Si tu me connaissais mieux, tu saurais que ma décision est irrévocable!

—Oh! oh! tu me reviendras!

—Jamais de la vie!»

Et il fit claquer la porte violemment.

Rosanette écrivit à Deslauriers qu'elle avait besoin de lui tout de suite.

Il arriva cinq jours après, un soir; et, quand elle eut conté sa rupture:

«Ce n'est que ça! Beau malheur!»

Elle avait cru d'abord qu'il pourrait lui ramener Frédéric; mais, à présent, tout était perdu. Elle avait appris, par son portier, son prochain mariage avec Mme Dambreuse.

Deslauriers lui fit de la morale, se montra même singulièrement gai, farceur; et, comme il était fort tard, demanda la permission de passer la nuit sur un fauteuil. Puis, le lendemain matin, il repartit pour Nogent, en la prévenant qu'il ne savait pas quand ils se reverraient; d'ici à peu, il y aurait peut-être un grand changement dans sa vie.

Deux heures après son retour, la ville était en révolution. On disait que M. Frédéric allait épouser Mme Dambreuse. Enfin, les trois demoiselles Auger, n'y tenant plus, se transportèrent chez Mme Moreau, qui confirma cette nouvelle avec orgueil. Le père Roque en fut malade. Louise s'enferma. Le bruit courut même qu'elle était folle.

Cependant Frédéric ne pouvait cacher sa tristesse. Mme Dambreuse, pour l'en distraire sans doute, redoublait d'attentions. Toutes les après-midi, elle le promenait dans sa voiture; et, une fois qu'ils passaient sur la place de la Bourse, elle eut l'idée d'entrer dans l'hôtel des commissaires-priseurs, par amusement.

C'était le 1er décembre, jour même où devait se faire la vente de Mme Arnoux. Il se rappela la date et manifesta sa répugnance, en déclarant ce lieu intolérable à cause de la foule et du bruit. Elle désirait y jeter un coup d'œil seulement. Le coupé s'arrêta. Il fallait bien la suivre.

On voyait, dans la cour, des lavabos sans cuvettes, des bois de fauteuils, de vieux paniers, des tessons de porcelaine, des bouteilles vides, des matelas; et des hommes en blouse ou en sale redingote, tout gris de poussière, la figure ignoble, quelques-uns avec des sacs de toile sur l'épaule, causaient par groupes distincts ou se hélaient tumultueusement.

Frédéric objecta les inconvénients d'aller plus loin.

«Ah bah!»

Et ils montèrent l'escalier.

Dans la première salle, à droite, des messieurs, un catalogue à la main, examinaient des tableaux; dans une autre, on vendait une collection d'armes chinoises; Mme Dambreuse voulut descendre. Elle regardait les numéros au-dessus des portes, et elle le mena jusqu'à l'extrémité du corridor, vers une pièce encombrée de monde.

Il reconnut immédiatement les deux étagères de *l'Art industriel*, sa table à ouvrage, tous ses meubles! Entassés au fond, par rang de taille, ils formaient un large talus depuis le plancher jusqu'aux fenêtres; et, sur les autres côtés de l'appartement, les tapis et les rideaux pendaient droit le long des murs. Il y avait, en dessous, des gradins occupés par de vieux bonshommes qui sommeillaient. A gauche, s'élevait une espèce de comptoir, où le commissaire-priseur en cravate blanche brandissait légèrement un petit marteau. Un jeune homme, près de lui, écrivait; et, plus bas, debout, un robuste gaillard, tenant du commis-voyageur et du marchand de contremarques, criait les meubles à vendre. Trois garçons les apportaient sur une table, que bordaient, assis en ligne, des brocanteurs et des revendeuses. La foule circulait derrière eux.

Quand Frédéric entra, les jupons, les fichus, les mouchoirs et jusqu'aux chemises étaient passés de main en main, retournés; quelquefois, on les jetait de loin, et des blancheurs traversaient l'air tout à coup. Ensuite, on vendit ses robes, puis un de ses chapeaux dont la plume cassée retombait, puis ses fourrures, puis trois paires de bottines;—et le partage de ces reliques, où il retrouvait confusément les formes de ses membres, lui semblait une atrocité, comme s'il avait vu des corbeaux déchiquetant son cadavre. L'atmosphère de la salle, toute chargée d'haleines, l'écœurait. Mme Dambreuse lui offrit son flacon; elle se divertissait beaucoup, disait-elle.

On exhiba les meubles de la chambre à coucher.

Me Berthelmot annonçait un prix. Le crieur, tout de suite, le répétait plus fort; et les trois commissaires attendaient tranquillement le coup de marteau, puis emportaient l'objet dans une pièce contiguë. Ainsi disparurent, les uns après les autres, le grand tapis bleu semé de camélias que ses pieds mignons frôlaient en venant vers lui, la petite bergère de tapisserie où il s'asseyait toujours en face d'elle quand ils étaient seuls; les deux écrans de la cheminée, dont l'ivoire était rendu plus doux par le contact de ses mains; une pelote de velours, encore hérissée d'épingles. C'était comme des parties de son cœur qui s'en allaient avec ces choses, et la monotonie des mêmes voix, des mêmes gestes l'engourdissait de fatigue, lui causait une torpeur funèbre, une dissolution.

Un craquement de soie se fit à son oreille; Rosanette le touchait.

Elle avait eu connaissance de cette vente par Frédéric lui-même. Son chagrin passé, l'idée d'en tirer profit lui était venue. Elle arrivait pour la voir, en gilet de satin blanc à boutons de perles, avec une robe à falbalas, étroitement gantée, l'air vainqueur.

Il pâlit de colère. Elle regarda la femme qui l'accompagnait.

Mme Dambreuse l'avait reconnue; et, pendant une minute, elles se considérèrent de haut en bas, scrupuleusement, afin de découvrir le défaut, la tare,—l'une enviant peut-être la jeunesse de l'autre, et celle-ci dépitée par l'extrême bon ton, la simplicité aristocratique de sa rivale.

Enfin, Mme Dambreuse détourna la tête, avec un sourire d'une insolence inexprimable.

Le crieur avait ouvert un piano,—son piano! Tout en restant debout, il fit une gamme de la main droite et annonça l'instrument pour douze cents francs, puis se rabattit à mille, à huit cents, à sept cents.

Mme Dambreuse, d'un ton folâtre, se moquait du sabot.

On posa devant les brocanteurs un petit coffret avec des médaillons, des angles et des fermoirs d'argent, le même qu'il avait vu au premier dîner dans la rue de Choiseul, qui ensuite avait été chez Rosanette, était revenu chez Mme Arnoux; souvent, pendant leurs conversations, ses yeux le rencontraient; il était lié à ses souvenirs les plus chers, et son âme se fondait d'attendrissement, quand Mme Dambreuse dit tout à coup:

«Tiens! je vais l'acheter.

—Mais ce n'est pas curieux», reprit-il.

Elle le trouvait, au contraire, fort joli, et le crieur en prônait la délicatesse:

«Un bijou de la Renaissance! Huit cents francs, messieurs! En argent presque tout entier! Avec un peu de blanc d'Espagne, ça brillera!»

Et, comme elle se poussait dans la foule:

«Quelle singulière idée!» dit Frédéric.

—Cela vous fâche?

—Non! Mais que peut-on faire de ce bibelot?

—Qui sait? y mettre des lettres d'amour peut-être!»

Elle eut un regard qui rendait l'allusion fort claire.

«Raison de plus pour ne pas dépouiller les morts de leurs secrets.

—Je ne la croyais pas si morte. Elle ajouta distinctement: Huit cent quatre-vingts francs!

—Ce que vous faites n'est pas bien», murmura Frédéric.

Elle riait.

«Mais, chère amie, c'est la première grâce que je vous demande.

—Mais vous ne serez pas un mari aimable, savez-vous?»

Quelqu'un venait de lancer une surenchère; elle leva la main:

«Neuf cents francs!

—Neuf cents francs! répéta Me Berthelmot.

—Neuf cent dix... quinze... vingt... trente! glapissait le crieur, tout en parcourant du regard l'assistance avec des hochements de tête saccadés.

«Prouvez-moi que ma femme est raisonnable», dit Frédéric.

Il l'entraîna doucement vers la porte.

Le commissaire-priseur continuait.

«Allons, allons, messieurs, neuf cent trente! Y a-t-il marchand à neuf cent trente?»

Mme Dambreuse, qui était arrivée sur le seuil, s'arrêta, et d'une voix haute:

«Mille francs!»

Il y eut un frisson dans le public, un silence.

«Mille francs, messieurs, mille francs! Personne ne dit rien? bien vu? mille francs!—Adjugé!»

Le marteau d'ivoire s'abattit.

Elle fit passer sa carte, on lui envoya le coffret. Elle le plongea dans son manchon.

Frédéric sentit un grand froid lui traverser le cœur.

Mme Dambreuse n'avait pas quitté son bras, et elle n'osa le regarder en face que dans la rue, où l'attendait sa voiture.

Elle s'y jeta comme un voleur qui s'échappe, et, quand elle fut assise, se retourna vers Frédéric. Il avait son chapeau à la main.

«Vous ne montez pas?

—Non, madame!»

Et, la saluant froidement, il ferma la portière, puis fit signe au cocher de partir.

Il éprouva d'abord un sentiment de joie et d'indépendance reconquise. Il était fier d'avoir vengé Mme Arnoux en lui sacrifiant une fortune; puis il fut étonné de son action, et une courbature infinie l'accabla.

Le lendemain matin, son domestique lui apprit les nouvelles. L'état de siège était décrété, l'Assemblée dissoute, et une partie des représentants du peuple à Mazas. Les affaires publiques le laissèrent indifférent, tant il était préoccupé des siennes.

Il écrivit à des fournisseurs pour décommander plusieurs emplettes relatives à son mariage, qui lui apparaissait maintenant comme une spéculation un peu ignoble; et il exécrait Mme Dambreuse parce qu'il avait manqué, à cause d'elle, commettre une bassesse. Il en oubliait la Maréchale, ne s'inquiétait même pas de Mme Arnoux,—ne songeant qu'à lui, à lui seul,—perdu dans les décombres de ses rêves, malade, plein de douleur et de découragement; et, en haine du milieu factice où il avait tant souffert, il souhaita la fraîcheur de l'herbe, le repos de la province, une vie somnolente passée à l'ombre du toit natal avec des cœurs ingénus. Le mercredi soir enfin, il sortit.

Des groupes nombreux stationnaient sur le boulevard. De temps à autre, une patrouille les dissipait; ils se reformaient derrière elle. On parlait librement, on vociférait contre la troupe des plaisanteries et des injures, sans rien de plus.

«Comment! est-ce qu'on ne va pas se battre?» dit Frédéric à un ouvrier.

L'homme en blouse lui répondit:

«Pas si bêtes de nous faire tuer pour les bourgeois! Qu'ils s'arrangent!»

Et un monsieur grommela, tout en regardant de travers le faubourien:

«Canailles de socialistes! Si on pouvait, cette fois, les exterminer!»

Frédéric ne comprenait rien à tant de rancune et de sottise. Son dégoût de Paris en augmenta; et, le surlendemain, il partit pour Nogent par le premier convoi.

Les maisons bientôt disparurent, la campagne s'élargit. Seul dans son wagon et les pieds sur la banquette, il ruminait les événements des derniers jours, tout son passé. Le souvenir de Louise lui revint.

«Elle m'aimait, celle-là! J'ai eu tort de ne pas saisir ce bonheur... Bah! n'y pensons plus!»

Puis, cinq minutes après:

«Qui sait cependant?... plus tard, pourquoi pas?»

Sa rêverie, comme ses yeux, s'enfonçait dans de vagues horizons.

«Elle était naïve, une paysanne, presque une sauvage, mais si bonne!»

A mesure qu'il avançait vers Nogent, elle se rapprochait de lui. Quand on traversa les prairies de Sourdun, il l'aperçut sous les peupliers comme autrefois, coupant des joncs au bord des flaques d'eau; on arrivait, il descendit.

Puis il s'accouda sur le pont, pour revoir l'île et le jardin où ils s'étaient promenés un jour de soleil;—et l'étourdissement du voyage et du grand air, la faiblesse qu'il gardait de ses émotions récentes, lui causant une sorte d'exaltation, il se dit:

«Elle est peut-être sortie; si j'allais la rencontrer!»

La cloche de Saint-Laurent tintait, et il y avait sur la place, devant l'église, un rassemblement de pauvres, avec une calèche, la seule du pays (celle qui servait pour les noces), quand, sous le portail, tout à coup, dans un flot de bourgeois en cravate blanche, deux nouveaux mariés parurent.

Il se crut halluciné. Mais non! C'était bien elle, Louise!—couverte d'un voile blanc qui tombait de ses cheveux rouges à ses talons; et c'était bien lui, Deslauriers!—portant un habit bleu brodé d'argent, un costume de préfet. Pourquoi donc?

Frédéric se cacha dans l'angle d'une maison pour laisser passer le cortège.

Honteux, vaincu, écrasé, il retourna vers le chemin de fer et s'en revint à Paris.

Son cocher de fiacre assura que les barricades étaient dressées depuis le Château-d'Eau jusqu'au Gymnase, et prit par le faubourg Saint-Martin. Au coin de la rue de Provence, Frédéric mit pied à terre pour gagner les boulevards.

Il était cinq heures, une pluie fine tombait. Des bourgeois occupaient le trottoir du côté de l'Opéra. Les maisons d'en face étaient closes. Personne aux fenêtres. Dans toute la largeur du boulevard, des dragons galopaient, à fond de train, penchés sur leurs chevaux, le sabre nu, et les crinières de leurs casques et leurs grands manteaux blancs soulevés derrière eux passaient sur la lumière des becs de gaz, qui se tordaient au vent dans la brume. La foule les regardait, muette, terrifiée.

Entre les charges de cavalerie, des escouades de sergents de ville survenaient, pour faire refluer le monde dans les rues.

Mais, sur les marches de Tortoni, un homme,—Dussardier,—remarquable de loin à sa haute taille, restait sans plus bouger qu'une cariatide.

Un des agents qui marchait en tête, le tricorne sur les yeux, le menaça de son épée.

L'autre alors, s'avançant d'un pas, se mit à crier:

«Vive la république!»

Il tomba sur le dos, les bras en croix.

Un hurlement d'horreur s'éleva de la foule. L'agent fit un cercle autour de lui avec son regard; et Frédéric, béant, reconnut Sénécal.

VI

Il voyagea.

Il connut la mélancolie des paquebots, les froids réveils sous la tente, l'étourdissement des paysages et des ruines, l'amertume des sympathies interrompues.

Il revint.

Il fréquenta le monde, et il eut d'autres amours encore. Mais le souvenir continuel du premier les lui rendait insipides; et puis la véhémence du désir, la fleur même de la sensation était perdue. Ses ambitions d'esprit avaient également diminué. Des années passèrent, et il supportait le désœuvrement de son intelligence et l'inertie de son cœur.

Vers la fin de mars 1867, à la nuit tombante, comme il était seul dans son cabinet, une femme entra.

«Mme Arnoux!

—Frédéric!»

Elle le saisit par les mains, l'attira doucement vers la fenêtre, et elle le considérait tout en répétant:

«C'est lui! C'est donc lui!»

Dans la pénombre du crépuscule, il n'apercevait que ses yeux sous la voilette de dentelle noire qui masquait sa figure.

Quand elle eut déposé au bord de la cheminée un petit portefeuille de velours grenat, elle s'assit. Tous deux restèrent sans pouvoir parler, se souriant l'un à l'autre.

Enfin, il lui adressa quantité de questions sur elle et son mari.

Ils habitaient le fond de la Bretagne, pour vivre économiquement et payer leurs dettes. Arnoux, presque toujours malade, semblait un vieillard maintenant. Sa fille était mariée à Bordeaux, et son fils en garnison à Mostaganem. Puis elle releva la tête:

«Mais je vous revois! Je suis heureuse!»

Il ne manqua pas de lui dire qu'à la nouvelle de leur catastrophe, il était accouru chez eux.

«Je le savais!

—Comment?»

Elle l'avait aperçu dans la cour et s'était cachée.

«Pourquoi?»

Alors, d'une voix tremblante, et avec de longs intervalles entre ses mots:

«J'avais peur! Oui... peur de vous... de moi!»

Cette révélation lui donna comme un saisissement de volupté. Son cœur battait à grands coups. Elle reprit:

«Excusez-moi de n'être pas venue plus tôt.» Et désignant le petit portefeuille grenat couvert de palmes d'or: «Je l'ai brodé à votre intention, tout exprès. Il contient cette somme, dont les terrains de Belleville devaient répondre.»

Frédéric la remercia du cadeau, tout en la blâmant de s'être dérangée.

«Non! Ce n'est pas pour cela que je suis venue! Je tenais à cette visite, puis je m'en retournerai... là-bas.»

Et elle lui parla de l'endroit qu'elle habitait.

C'était une maison basse, à un seul étage, avec un jardin rempli de buis énormes et une double avenue de châtaigniers montant jusqu'au haut d'une colline, d'où l'on découvre la mer.

«Je vais m'asseoir là, sur un banc, que j'ai appelé le banc Frédéric.»

Puis elle se mit à regarder les meubles, les bibelots, les cadres, avidement, pour les emporter dans sa mémoire. Le portrait de la Maréchale était à demi caché par un rideau. Mais les ors et les blancs, qui se détachaient au milieu des ténèbres, l'attirèrent.

«Je connais cette femme, il me semble?

—Impossible! dit Frédéric. C'est une vieille peinture italienne.»

Elle avoua qu'elle désirait faire un tour à son bras, dans les rues.

Ils sortirent.

La lueur des boutiques éclairait, par intervalles, son profil pâle; puis l'ombre l'enveloppait de nouveau; et, au milieu des voitures, de la foule et du bruit, ils allaient sans se distraire d'eux-mêmes, sans rien entendre, comme ceux qui marchent ensemble dans la campagne sur un lit de feuilles mortes.

Ils se racontèrent leurs anciens jours, les dîners du temps de l'*Art industriel*, les manies d'Arnoux, sa façon de tirer les pointes de son faux-col, d'écraser du cosmétique sur ses moustaches, d'autres choses plus intimes et plus profondes. Quel ravissement il avait eu la première fois en l'entendant chanter! Comme elle était belle, le jour de sa fête, à Saint-Cloud! Il lui rappela le petit jardin d'Auteuil, des soirs au théâtre, une rencontre sur le boulevard, d'anciens domestiques, sa négresse.

Elle s'étonnait de sa mémoire. Cependant elle lui dit:

«Quelquefois, vos paroles me reviennent comme un écho lointain, comme le son d'une cloche apporté par le vent, et il me semble que vous êtes là quand je lis des passages d'amour dans les livres.

—Tout ce qu'on y blâme d'exagéré, vous me l'avez fait ressentir, dit Frédéric. Je comprends Werther, que ne dégoûtent pas les tartines de Charlotte.

—Pauvre cher ami!»

Elle soupira, et après un long silence:

«N'importe, nous nous serons bien aimés.

—Sans nous appartenir pourtant!

—Cela vaut peut-être mieux, reprit-elle.

—Non! non! Quel bonheur nous aurions eu!

—Oh! je le crois, avec un amour comme le vôtre!»

Et il devait être bien fort pour durer après une séparation si longue!

Frédéric lui demanda comment elle l'avait découvert.

«C'est un soir que vous m'avez baisé le poignet entre le gant et la manchette. Je me suis dit: «Mais «il m'aime... il m'aime.» J'avais peur de m'en assurer cependant. Votre réserve était si charmante, que j'en jouissais comme d'un hommage involontaire et continu.»

Il ne regretta rien. Ses souffrances d'autrefois étaient payées.

Quand ils rentrèrent, Mme Arnoux ôta son chapeau. La lampe, posée sur une console, éclaira ses cheveux blancs. Ce fut comme un heurt en pleine poitrine.

Pour lui cacher cette déception, il se posa par terre à ses genoux, et, prenant ses mains, se mit à lui dire des tendresses.

«Votre personne, vos moindres mouvements me semblaient avoir dans le monde une importance extra-humaine. Mon cœur, comme de la poussière, se soulevait derrière vos pas. Vous me faisiez l'effet d'un clair de lune par une nuit d'été, quand tout est parfums, ombres douces, blancheurs, infini; et les délices de la chair et de l'âme étaient contenues pour moi dans votre nom, que je me répétais, en tâchant de le baiser sur mes lèvres. Je n'imaginais rien au delà. C'était Mme Arnoux telle que vous étiez, avec ses deux enfants, tendre, sérieuse, belle à éblouir, et si bonne! Cette image-là effaçait toutes les autres. Est-ce que j'y pensais seulement! puisque j'avais toujours au fond de moi-même la musique de votre voix et la splendeur de vos yeux!»

Elle acceptait avec ravissement ces adorations pour la femme qu'elle n'était plus. Frédéric, se grisant par ses paroles, arrivait à croire ce qu'il disait. Mme Arnoux, le dos tourné à la lumière, se penchait vers lui. Il sentait sur son front la caresse de son haleine, à travers ses vêtements le contact indécis de tout son corps. Leurs mains se serrèrent; la pointe de sa bottine s'avançait un peu sous sa robe, et il lui dit, presque défaillant:

«La vue de votre pied me trouble.»

Un mouvement de pudeur la fit se lever. Puis, immobile, et avec l'intonation singulière des somnambules:

«A mon âge! lui! Frédéric!... Aucune n'a jamais été aimée comme moi! Non, non! à quoi sert d'être jeune? Je m'en moque bien! je les méprise, toutes celles qui viennent ici!

—Oh! il n'en vient guère!» reprit-il complaisamment.

Son visage s'épanouit, et elle voulut savoir s'il se marierait.

Il jura que non.

«Bien sûr? pourquoi?

—A cause de vous», dit Frédéric en la serrant dans ses bras.

Elle y restait, la taille en arrière, la bouche entr'ouverte, les yeux levés. Tout à coup, elle le repoussa avec un air de désespoir; et, comme il la suppliait de lui répondre, elle dit en baissant la tête:

«J'aurais voulu vous rendre heureux.»

Frédéric soupçonna Mme Arnoux d'être venue pour s'offrir, et il était repris par une convoitise plus forte que jamais, furieuse, enragée. Cependant il sentait quelque chose d'inexprimable, une répulsion et comme l'effroi d'un inceste. Une autre crainte l'arrêta, celle d'en avoir dégoût plus tard. D'ailleurs, quel embarras ce serait!—et tout à la fois par prudence et pour ne pas dégrader son idéal, il tourna sur ses talons et se mit à faire une cigarette.

Elle le contemplait, tout émerveillée.

«Comme vous êtes délicat! Il n'y a que vous! Il n'y a que vous!» Onze heures sonnèrent.

«Déjà! dit-elle; au quart, je m'en irai.»

Elle se rassit; mais elle observait la pendule, et il continuait à marcher en fumant. Tous les deux ne trouvaient plus rien à se dire. Il y a un moment, dans les séparations, où la personne aimée n'est déjà plus avec nous.

Enfin, l'aiguille ayant dépassé vingt-cinq minutes, elle prit son chapeau par les brides lentement.

«Adieu, mon ami, mon cher ami! Je ne vous reverrai jamais! C'était ma dernière démarche de femme. Mon âme ne vous quittera pas. Que toutes les bénédictions du ciel soient sur vous!»

Et elle le baisa au front comme une mère.

Mais elle parut chercher quelque chose et lui demanda des ciseaux.

Elle défit son peigne; tous ses cheveux blancs tombèrent.

Elle s'en coupa brutalement, à la racine, une longue mèche.

«Gardez-les! Adieu!»

Quand elle fut sortie, Frédéric ouvrit sa fenêtre. Mme Arnoux, sur le trottoir, fit signe d'avancer à un fiacre qui passait. Elle monta dedans. La voiture disparut.

Et ce fut tout.

VII

Vers le commencement de cet hiver, Frédéric et Deslauriers causaient au coin du feu, réconciliés encore une fois, par la fatalité de leur nature qui les faisait toujours se rejoindre et s'aimer.

L'un expliqua sommairement sa brouille avec Mme Dambreuse, laquelle s'était remariée à un Anglais.

L'autre, sans dire comment il avait épousé Mlle Roque, conta que sa femme, un beau jour, s'était enfuie avec un chanteur. Pour se laver un peu du ridicule, il s'était compromis dans sa préfecture par des excès de zèle gouvernemental. On l'avait destitué. Il avait été ensuite chef de colonisation en Algérie, secrétaire d'un pacha, gérant d'un journal, courtier d'annonces, pour être finalement employé au contentieux dans une compagnie industrielle.

Quant à Frédéric, ayant mangé les deux tiers de sa fortune, il vivait en petit bourgeois.

Puis, ils s'informèrent mutuellement de leurs amis.

Martinon était maintenant sénateur.

Hussonnet occupait une haute place, où il se trouvait avoir sous sa main tous les théâtres et toute la presse.

Cisy, enfoncé dans la religion et père de huit enfants, habitait le château de ses aïeux.

Pellerin, après avoir donné dans le fouriérisme, l'homœopathie, les tables tournantes, l'art gothique et la peinture humanitaire, était devenu photographe; et sur toutes les murailles de Paris, on le voyait représenté en habit noir avec un corps minuscule et une grosse tête.

«Et ton intime Sénécal? demanda Frédéric.

—Disparu! Je ne sais! Et toi, ta grande passion, Mme Arnoux?

—Elle doit être à Rome avec son fils, lieutenant de chasseurs.

—Et son mari?

—Mort l'année dernière.

—Tiens!» dit l'avocat.

Puis se frappant le front:

«A propos, l'autre jour, dans une boutique, j'ai rencontré cette bonne Maréchale, tenant par la main un petit garçon qu'elle a adopté. Elle est veuve d'un certain M. Oudry, et très grosse maintenant, énorme. Quelle décadence! Elle qui avait autrefois la taille si mince.»

Deslauriers ne cacha pas qu'il avait profité de son désespoir pour s'en assurer par lui-même.

«Comme tu me l'avais permis, du reste.»

Cet aveu était une compensation au silence qu'il gardait touchant sa tentative près de Mme Arnoux. Frédéric l'eût pardonnée, puisqu'elle n'avait pas réussi.

Bien que vexé un peu de la découverte, il fit semblant d'en rire, et l'idée de la Maréchale lui amena celle de la Vatnaz.

Deslauriers ne l'avait jamais vue, non plus que bien d'autres qui venaient chez Arnoux; mais il se souvenait parfaitement de Regimbart.

«Vit-il encore?

—A peine! Tous les soirs, régulièrement, depuis la rue de Grammont jusqu'à la rue Montmartre, il se traîne devant les cafés, affaibli, courbé en deux, vidé, un spectre!

—Eh bien, et Compain?»

Frédéric poussa un cri de joie et pria l'ex-délégué du gouvernement provisoire de lui apprendre le mystère de la tête de veau.

«C'est une importation anglaise. Pour parodier la cérémonie que les royalistes célébraient le 30 janvier, des indépendants fondèrent un banquet annuel, où l'on mangeait des têtes de veau, et on buvait du vin rouge dans des crânes de veau, en portant des toasts à l'extermination des Stuarts. Après thermidor, des terroristes organisèrent une confrérie toute pareille, ce qui prouve que la bêtise est féconde.

—Tu me parais bien calmé sur la politique?

—Effet de l'âge», dit l'avocat.

Et ils résumèrent leur vie.

Ils l'avaient manquée tous les deux, celui qui avait rêvé l'amour, celui qui avait ambitionné le pouvoir. Quelle en était la raison?

«C'est peut-être le défaut de ligne droite, dit Frédéric.

—Pour toi, cela se peut. Moi, au contraire, j'ai péché par excès de rectitude, sans tenir compte de mille choses secondaires, plus fortes que tout. J'avais trop de logique, et toi de sentiment.»

Puis, ils accusèrent le hasard, les circonstances, l'époque où ils étaient nés. Frédéric reprit:

«Ce n'est pas là ce que nous croyions devenir autrefois, à Sens, quand tu voulais faire une histoire critique de la philosophie, et moi, un grand roman moyen âge sur Nogent, dont j'avais trouvé le sujet dans Froissard: Comment messire Brokars de Fénestranges et l'évêque de Troyes assaillirent messire Eustache d'Ambrecicourt. Te rappelles-tu?»

Et, exhumant leur jeunesse, à chaque phrase, ils se disaient:

«Te rappelles-tu?»

Ils revoyaient la cour du collège, la chapelle, le parloir, la salle d'armes au bas de l'escalier, des figures de pions et d'élèves, un nommé Angelmarre, de Versailles, qui se taillait des sous-pieds dans de vieilles bottes, M. Mirbal et ses favoris rouges, les deux professeurs de dessin linéaire et de grand dessin, Varaud et Suriret, toujours en dispute, et le Polonais, le compatriote de Copernic, avec son système planétaire en carton, astronome ambulant dont on avait payé la séance par un repas au réfectoire,—puis une terrible ribote en promenade, leurs premières pipes fumées, les distributions des prix, la joie des vacances.

C'était pendant celles de 1837 qu'ils avaient été chez la Turque.

On appelait ainsi une femme qui se nommait de son vrai nom Zoraïde Turc; et beaucoup de personnes la croyaient une musulmane, une Turque, ce qui ajoutait à la poésie de son établissement, situé au bord de l'eau, derrière le rempart; même en plein été, il y avait de l'ombre autour de sa maison, reconnaissable à un bocal de poissons rouges près d'un pot de réséda sur une fenêtre. Des demoiselles en camisole blanche, avec du fard aux pommettes et de longues boucles d'oreilles, frappaient aux carreaux quand on passait, et, le soir, sur le pas de la porte, chantonnaient doucement d'une voix rauque.

Ce lieu de perdition projetait dans tout l'arrondissement un éclat fantastique. On le désignait par des périphrases: «L'endroit que vous savez,—une certaine rue,—au bas des Ponts.» Les fermières des alentours en tremblaient pour leurs maris, les bourgeoises le redoutaient pour leurs bonnes, parce que la cuisinière de M. le sous-préfet y avait été surprise; et c'était, bien entendu, l'obsession secrète de tous les adolescents.

Or, un dimanche, pendant qu'on était aux vêpres, Frédéric et Deslauriers, s'étant fait préalablement friser, cueillirent des fleurs dans le jardin de Mme Moreau, puis sortirent par la porte des champs, et, après un grand détour dans les vignes, revinrent par la Pêcherie et se glissèrent chez la Turque, en tenant toujours leurs gros bouquets.

Frédéric présenta le sien, comme un amoureux à sa fiancée. Mais la chaleur qu'il faisait, l'appréhension de l'inconnu, une espèce de remords, et jusqu'au plaisir de voir, d'un seul coup d'œil, tant de femmes à sa disposition, l'émurent tellement, qu'il devint très pâle et restait sans avancer, sans rien dire. Toutes riaient, joyeuses de son embarras; croyant qu'on s'en moquait, il s'enfuit; et, comme Frédéric avait l'argent, Deslauriers fut bien obligé de le suivre.

On les vit sortir. Cela fit une histoire, qui n'était pas oubliée trois ans après.

Ils se la contèrent prolixement, chacun complétant les souvenirs de l'autre, et quand ils eurent fini:

«C'est là ce que nous avons eu de meilleur! dit Frédéric.

—Oui, peut-être bien? C'est là ce que nous avons eu de meilleur!» dit Deslauriers.

FIN DU DEUXIÈME VOLUME.

Buy Books Online from

www.Booksophile.com

Explore our collection of books written in various languages and uncommon topics from different parts of the world, including history, art and culture, poems, autobiography and bibliographies, cooking, action & adventure, world war, fiction, science, and law.

Add to your bookshelf or gift to another lover of books - first editions of some of the most celebrated books ever published. From classic literature to bestsellers, you will find many first editions that were presumed to be out-of-print.

Free shipping globally for orders worth US$ 100.00.

Use code "Shop_10" to avail additional 10% on first order.

Visit today
www.booksophile.com